第3版

ユーキャンの

全国

通訳案内士

地理 歴史 一般常識 実務

速習テキスト&予想模試

※本書は 2022 年 12 月現在の情報に基づいて編集されています。

はじめに

2022年10月、訪日観光客の受け入れが本格的に再開されました。日本政府は、訪日外国人旅行者数を2025年までに約3,000万人（2019年の水準）、2030年に6,000万人を目標としており、観光立国の復活に向けてさまざまな取り組みを推進しています。美しい四季、食、文化など外国にはないものを持ち合わせている日本に魅力を感じる人は多く、日本の観光ポテンシャルは高いといえます。日本にとって、民間の外交官ともいわれる全国通訳案内士をはじめとする通訳ガイドは、ますます必要不可欠な存在といえるでしょう。

合格のためには、「日本地理」「日本歴史」「一般常識」「通訳案内の実務」各科目それぞれの全体像を理解した上で知識を習得し、**問題演習を多くこなし出題パターンに慣れる**ことが必要となります。

本書は、全国通訳案内士試験合格のための知識を、**初めて学習する方にもわかりやすく、しっかりと理解しながら実力をつける**ことができます。

「少ない時間で効率的に学習できる書籍が欲しい」という受験生の声に応えるために、本書では**次のような工夫**をしています。

①充実の地図・写真でよくわかる

地図と写真をたっぷり掲載しているので、観光地や観光資源をイメージしながら楽しく読み進められます。

②学習をサポートするナビゲーションキャラと補足解説

ナビゲーションキャラのアドバイスや、『用語』『プラスアルファ』『ココに注目』などの補足解説が、学習をしっかりサポートします。

③ひと目でわかる『要点マスター』

受験生が理解しにくい箇所は、**多くの図表を用いてわかりやすく説明**し、確実に覚えておきたい事項は『要点マスター』としてまとめています。

④学習内容のアウトプットに『Let's Try 確認テスト』

レッスンごとに、学習した内容を過去問題や予想問題で確認します。レッスンを一読したら、**理解度を確認し、知識を定着**させましょう。

⑤『予想模擬試験』で学習の総仕上げ

ひととおり学習が終了したら、予想模擬試験に取り組みましょう。**本試験と同じ出題形式・レベルの問題**で、最終的な実力を確認しましょう。

全国通訳案内士を「憧れの職業」にしたいという目標を、観光庁もかかげています。受験生の皆様の努力と念願がかない、世界の人々を迎えて活躍する日を、心から祈っています。

ユーキャン全国通訳案内士試験研究会

本書の使い方

●STEP1 頻出度を確認

頻出度（★★★、★★、★の3段階）を確認しましょう。

高い ↕ 低い

頻出度：★★★

頻出度：★★

頻出度：★

●STEP2 レッスンの概要

学習のPOINTは、このレッスンで勉強する解説内容をギュッと要約したものです。レッスン内容を大まかに把握してから、本文に進みましょう。

●STEP3 本文の学習

いよいよ本文の学習です。欄外の記述やアドバイス、イラスト＆図を活用すると、より理解が深まります。

日付などを記入してくり返しの学習に役立てましょう。

一緒に学習しよう

本文中で、難しいかな？という内容を、できるだけやさしく解説していきます。合格めざして、頑張りましょう。

図表で補足

本文の内容がより深まるように、図表も適宜、掲載しました。本文の内容と合わせ、理解するようにしましょう。

LESSON 1

日本の観光の動向

学習の POINT

頻出度：★★★

観光庁が発表している「観光白書」などから、外国人旅行者統計が毎年のように出題されている。数字や新しい法律をおさえておく必要がある。

Check! ／ ／ ／

1 訪日旅行者の状況

①観光の統計

2021（令和３）年の訪日外国人旅行者数は25万人で、2019年比99.2％減です。2020（令和２）年１月下旬以降、**新型コロナウイルス感染症の影響**で観光目的の入国が認められていませんでしたが、2022（令和４）年10月から外国人旅行客の受入れが本格的に再開されました。

「**観光白書**」は毎年6月頃に**観光庁**より発表されています。本書は2020（令和2）～2022（令和4）年版を元に執筆していますが、最新版の観光白書を必ずチェックしましょう！

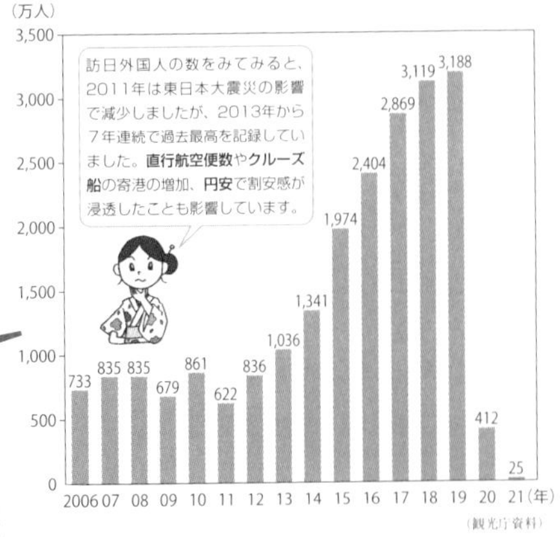
(万人)
3,500
3,000
2,500
2,000
1,500
1,000
500
0
733 835 835 679 861 622 836 1,036 1,341 1,974 2,404 2,869 3,119 3,188 412 25
2006 07 08 09 10 11 12 13 14 15 16 17 18 19 20 21(年)
訪日外国人の数をみてみると、2011年は東日本大震災の影響で減少しましたが、2013年から7年連続で過去最高を記録していました。直行航空便数やクルーズ船の寄港の増加、円安で割安感が浸透したことも影響しています。
（観光庁資料）

訪日外国人旅行者数の推移

●STEP4
レッスン末の問題にチャレンジ

学習した内容を復習し、理解度の確認をするために、「Let's Try 確認テスト」に挑戦しましょう。できなかった問題は、本文に戻ってもう一度確認しておきましょう。

Let's Try 確認テスト

正解したらチェックマーク☑を入れましょう

□ ① 2019年の訪日外国人旅行者数は約何万人か、次から一つ選びなさい。予想
ア 1,188万人　イ 2,188万人
ウ 3,188万人　エ 4,188万人

□ ② 2019年の訪日外国人が多い国・地域を順に並べた組み合わせを次から一つ

●STEP5
予想模擬試験(P.235~)にチャレンジ

学習の成果を確認するために、また、本試験前の力試しとして、「予想模擬試験」に挑戦しましょう。解答後は、別冊「解答・解説編」で採点し、間違えた問題は、理解できるまで何度でも取り組みましょう。

日本地理

LESSON1　旅程管理、関係法令の知識

要点マスター　通訳案内士制度と関係法令

通訳案内士	全国通訳案内士と地域通訳案内士がある
通訳案内士試験科目	通訳案内の実務が新たに追加された
旅行の種類	企画旅行と手配旅行がある
旅程管理業務	旅行業者が企画旅行を実施する場合は旅程管理業務を行う必要がある

4章 通訳案内の実務

2 旅程管理の実務

(1) 旅程管理の必要性

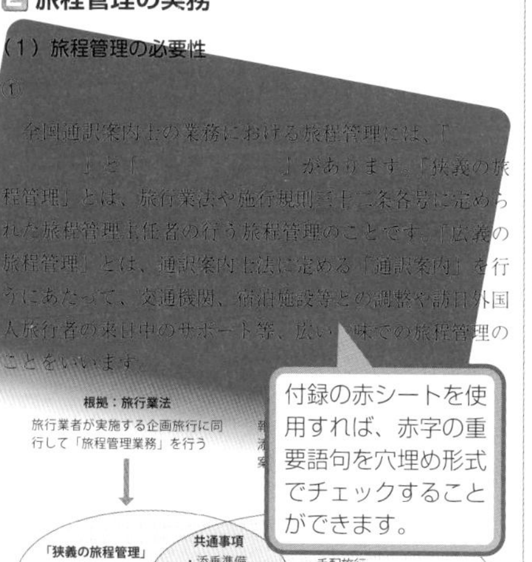

全国通訳案内士の業務における旅程管理には、「　　」と「　　」があります。「狭義の旅程管理」とは、旅行業法や施行規則第十二条各号に定められた旅程管理主任者の行う旅程管理のことです。「広義の旅程管理」とは、通訳案内士法に定める「通訳案内」を行うにあたって、交通機関、宿泊施設等との調整や訪日外国人旅行者の来日中のサポート等、広い意味での旅程管理のことをいいます。

根拠：旅行業法
旅行業者が実施する企画旅行に同行して「旅程管理業務」を行う

「狭義の旅程管理」
・企画旅行
・法定業務　等

共通事項
・添乗準備
・添乗実務
・精算
・報告　等

・手配旅行
・外国人向けの旅行情報
・アクティビティ
・個人旅行　等

狭義の旅程管理と広義の旅程管理

広義の旅程管理は、ツアーの目的や旅行者の性質、商慣習などによって異なる対応が求められる場合があるので、旅行者ごとに丁寧に確認することが大切です。

用語
アクティビティ
宿泊や輸送サービスの手配を伴わず、「ウォーキングツアー」や「茶道・料理等の体験」などを行うこと。

付録の赤シートを使用すれば、赤字の重要語句を穴埋め形式でチェックすることができます。

要点マスター
確実に覚えておきたい事項を整理し、箇条書きや表にまとめています。

欄外で理解を深めよう

用語
本文中に出てくる用語をくわしく説明しています。

プラスアルファ
本文では説明しきれなかったことを補い、さらに理解を深めるための追加解説です。

ココに注目!
本文の内容からさらに一歩進んだ補足解説や追加情報です。

※ここに掲載しているページは、「本書の使い方」を説明するための見本です。

目次

第1章 日本の地理

第2章 日本の歴史

試験の概要

1 全国通訳案内士試験とは

通訳案内士法第５条にある「全国通訳案内士として必要な知識及び能力を有するかどうかを判定すること」を目的とした、国家試験です。筆記試験（第１次）と口述試験（第２次）からなり、筆記試験は、年齢、性別、学歴、国籍等に関係なく、誰でも受験できます。筆記試験に合格すると、口述試験を受験することができます。

2 受験の流れ

◆試験の施行要領の公開…５月下旬ごろ

↓

◆出願…６月上旬ごろ～７月中旬ごろ

インターネットによる**電子申請**のみ。電子申請は、日本政府観光局（JNTO）ウェブサイトにアクセスし、メールアドレスを登録してから指示に従い登録。

↓

◆受験手数料の支払い
▶１か国語受験…11,700円
▶２か国語受験の場合…23,400円

支払い方法は、**クレジットカード**または**コンビニ決済**のみ。

詳しい募集要領は、日本政府観光局(JNTO)の「施行要領」を参照してください。

↓ 受験票交付…８月上旬ごろ

◆第１次試験（筆記）…８月中旬ごろ

↓ 合格発表…11月上旬ごろ

◆第２次試験（口述）…12月上旬ごろ

↓

◆最終合格発表…翌年２月上旬ごろ

※スケジュールの日付は、例年のおおまかなものです。毎年変動するので、詳しくは日本政府観光局（JNTO）のホームページなどでご確認ください。

3 試験科目

第１次試験

①外国語	英語、中国語、韓国語、フランス語、スペイン語、ドイツ語、イタリア語、ポルトガル語、ロシア語、タイ語	全科目マークシート方式
②日本地理		
③日本歴史		
④産業・経済・政治及び文化に関する一般常識		
⑤通訳案内の実務		

※該当資格をもつ人には、１次試験の免除科目があります。

- ・**外国語（英語）**…実用英語技能検定１級、TOEIC の一定得点以上　など
- ・**日本地理**…国内旅行業務取扱管理者　など
- ・**日本歴史**…歴史能力検定日本史１級もしくは２級　など
- ・**一般常識**…大学入試センター試験「現代社会」80 点以上　など
- ・**通訳案内の実務**…2017（平成 29）年度までに通訳案内士試験に合格していて、ほかの外国語で受験する場合、観光庁長官が行う研修を修了　など
- ・このほかに、前年度の合格実績に応じて、当該科目が免除になる場合もあります。

第２次試験

通訳案内の実務（筆記試験で選択した外国語による通訳案内の現場で必要とされるコミュニケーションを図るための実践的な能力について判定）

※詳しい試験科目は、日本政府観光局（JNTO）から発表される「全国通訳案内士ガイドライン」を参照してください

4 合格したら…

第２次試験の合格者は、居住地の都道府県知事に申請し、全国通訳案内士として認定されます。登録には期限はありません。外国在住の合格者は、日本在住の代理人の住所地に登録申請する必要があります。登録に関しては、都道府県観光担当部署が担当しています。

全国通訳案内士試験の問い合わせ先
日本政府観光局（JNTO）　URL ： https://www.jnto.go.jp/jpn/index.html

試験対策

本書では、全国通訳案内士試験第１次試験の「日本地理」「日本歴史」「一般常識」「通訳案内の実務」の内容について、カバーしています。各科目、どのような内容が問われるのか、特に近年よく出題されている内容は何か、見ていきましょう。

1 日本地理

2022（令和4）年度試験出題実績…30問：4点×10問／3点×20問／計100点

問題番号	2022（令和４）年度試験出題内容
1	北海道函館市の観光
2	山形県酒田市の観光
3	神奈川県鎌倉市の観光
4	岐阜県馬籠宿周辺の観光
5	紀伊半島周辺の自然と観光
6	愛媛県松山市周辺の観光
7	鹿児島県鹿児島市の観光
8	島根県と鳥取県の神話と観光

訪日外国人観光客のニーズを反映してか、2015（平成 27）年度試験から、**観光地**をベースにした出題が中心になっています。「日本地理」とはいえ、地理の範囲にとどまらず、歴史的な旧跡・遺産や文学作品に登場する名所もよく出題されています。**文科系の総合的な知識**が求められるでしょう。出題領域としては、右の表を見てわかるように、日本各地の主要観光スポットに焦点をあて、全体として地域のバランスがとれるように配慮されていますが、深い内容を問われる問題も出題されています。本書の「第１章 日本の地理」は、旅行ガイド風の文体を意識しながら、地図や豆知識（傍注）も充実させています。主要観光地の特色と地図上の位置を関連させて、頭に入れるようにしていきましょう。

2 日本歴史

2022（令和4）年度試験出題実績…30問：4点×10問／3点×20問／計100点

問題番号	2022（令和４）年度試験出題内容
1	律令体制成立期の人物
2	奈良時代の歌人
3	奈良時代の建築物
4	奈良時代の文化
5	最澄と空海

歴史の出題内容は、**政治史・外交史・経済史・文化史**にわけられます。この四つの点を、「**ヨコのつながり**」で、時代ごとに関連づけておさえることが大切です。足利義満の時代を例に挙げると、外交史は明との勘合貿易、経済

問題番号	2022（令和４）年度試験出題内容
6	源氏と平氏の戦い
7	御成敗式目の制定
8	鎌倉時代の文化
9	戦国時代の文化
10	安土桃山時代の歴史
11	豊臣秀吉の歴史
12	江戸時代の将軍とできごと
13	江戸時代の関所
14	江戸時代の歴史と文化
15	明治時代の歴史
16	明治時代の文化
17	昭和時代の歴史

史は商品作物の栽培拡大、文化史は金閣に代表される北山文化などと、各分野の関連事項をすぐに思い浮かべられるようにしておきましょう。

日本歴史の科目では、**地理のジャンル**に含まれそうな問題も多く出題されています。本書では、章やLESSONが異なっていても、同じ用語には参照ページを明示して、関連づけて確認できるようにしています。

なお、ここ数年は、細部を問う難度の高い問題が増えています。いわゆる、学校で習う歴史の授業レベルでは、すぐに正答が出ないものもありますので、幅広い知識を得るために、いろいろなことに興味をもって勉強するとよいでしょう。観光名所の史跡・寺社・保存地区などについては、公式ホームページで概要や歴史を確認しておきましょう。

3 一般常識

2022（令和4）年度試験出題実績…20問：3点×10問／2点×10問／計50点

問題番号	2022（令和４）年度試験出題内容
1	訪日外国人旅行者の動向
2	訪日外国人旅行者の動向
3	観光分野のデジタル化
4	パリ協定
5	地域の活性化
6	国の観光政策
7	観光復興の取組み
8	観光における危機管理
9	世界の復興支援
10	スーパーシティ
11	新札の偽札防止技術
12	ユニークベニューの活用
13	日本の伝統芸能
14	日本の習俗
15	日本の民族宗教

一般常識では、ここ数年、**訪日外国人旅行者**に関する出題がほぼ毎回ありました。訪日の際の消費動向や消費品目、宿泊日数などが、国籍や地域別で問われることが多い傾向です。2020年以降、新型コロナウイルス感染症の拡大により、インバウンドの消費動向の予測がつかみにくい状況でしたが、外国人旅行者の受入れも本格化し、今後は訪日外国人旅行者に関連する問題も増えてくると思われます。過去最多の訪日外国人旅行者数を記録した2020年版（2019年の動向）や、最新版の観光白書を必ずチェックしておきましょう。

観光スポットについての出題は、以前は多くありましたが、最近は減少傾向にあります。代わりに新しく話題性の高い問題などが出題されるようになりました。2022年度には、「スーパーシティ」や「ユニークベニューの活用」についての出題がありました。日頃から、テレビやインターネットニュース、新聞などから、新しい情報を仕入れておくことが、立派な試験対策になります。

問題番号	2022（令和４）年度試験出題内容
16	日本の食文化
17	日本の世界文化遺産

なお、2021年度試験から、基本的に大問で１問となっているので、出題内容が広がり、より幅広い知識が求められるようになっています。

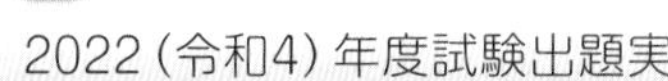

4 通訳案内の実務

2022（令和4）年度試験出題実績…18問：3点×14問／2点×4問／計50点

通訳案内の実務の科目が新設されてから５回が実施され、出題傾向も少しずつ落ち着いてきましたが、基本的に**「観光庁研修テキスト」**からの出題というのは変わりません。通訳案内士制度の基本的な内容や旅行業法などの法律に関する問題については、必ずおさえておきましょう。災害時における対応などについては、一歩踏み込んだ出題になっています。また、宗教に関する問題も毎回出題されています。本書の「第４章 通訳案内の実務」は、観光庁研修テキストをベースにして、よりコンパクトにエッセンスをまとめたものになっています。まずは、本書を読み、より深い理解は観光庁研修テキストで――という流れで学習しましょう。

問題番号	2022（令和４）年度試験出題内容
1	通訳案内士法
2	通訳案内業務
3	旅行業法に基づく旅行契約
4	旅行業法に基づく取引条件
5	旅行業者等の禁止行為
6	旅程管理主任者の義務
7	旅行ツアーの名称
8	ジャパン・レール・パスの内容
9	行程中のトラブルの対処
10	行程中の災害発生の対処
11	行程中の急病・怪我の対処
12	行程中の医療費の対処
13	著作権に関する知識
14	医薬品等の説明
15	景品表示法の不当表示
16	宗教上の注意点・食事制限の知識
17	宗教上の注意点・食事制限の知識
18	食物アレルギーの注意点

なお、一般常識と同じく、基本的に大問で１問となっているので、出題内容が広がり、より幅広い知識が求められるようになっています。

第1章 日本の地理

LESSON 1 北海道地方

学習の POINT

頻出度：★★★

Check! ／ ／ ／

北海道は大きく、①道央、②道南、③道北、④道東の４地区に分けられる。道央の札幌市が、観光の拠点。雄大な自然が広がる北海道は、夏と冬、季節によって見どころが変わる。

★ 北海道地方の主な観光資源をクイズでチェック！

1

小樽市にある、魚の名前がついた大豪邸。旧青山別邸

2

羊蹄山を一望できる、道内最大級の遊園地がある大型リゾート

3

江差町からフェリーで行ける、鍋釣岩（なべつる）など奇岩が多い島

4

美瑛町にある、不思議な色と立ち枯れのカラマツの風景が神秘的な池

5

占冠村（しむかっぷ）にある、２種類のタワーが特徴的な山岳リゾート

6

網走湖や知床半島などが眺められ、オホーツク流氷館がある山

7

「双美の滝」と呼ばれ、滝の上にある展望台から知床連山を遠望できる

8

日本最大規模のサンゴ草（アッケシソウ）の群落地で有名な湖

9

黒澤明監督の映画「夢」のロケ地。７～８本のカラマツが並ぶ丘陵地

解答 ①にしん御殿（道央）／②ルスツ（道央）／③奥尻島（道南）／④白金青い池（道北）／⑤星野リゾート トマム（道北）／⑥天都山（道東）／⑦オシンコシンの滝（道東）／⑧能取湖（のとろ）（道東）／⑨メルヘンの丘（道東）

1 道央と道南

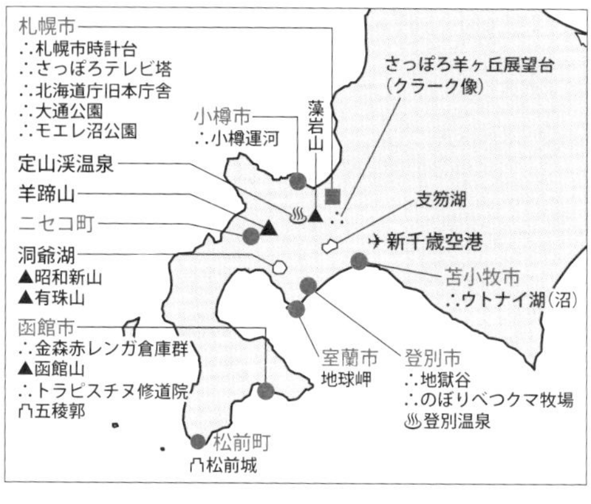

(1) 道　央

①道庁所在地の札幌市

道庁所在地の**札幌市**は、**石狩平野**の南西部にある都市。明治時代に**開拓使**が設置されて以来、発展しました。現在、北海道の人口の３分の１以上が集中しています。市のシンボルは、**札幌農学校**の演武場だった**札幌市時計台**です。ただし、高さでは**さっぽろテレビ塔**や札幌駅南口のJRタワーがはるかに勝っています。

時計台から西に向かうと、赤レンガの**北海道庁旧本庁舎**につきあたります。南に向かうと、東西に延びる**大通公園**に出ます。２月初旬に開催される**さっぽろ雪まつり**の会場もここです。市街地の南西には、標高 531mの**藻岩山**(もいわやま)が立っており、山頂からの夜景は見逃せません。

札幌駅の北側には、ポプラ並木が美しい北海道大学のキャンパスが広がっています。敷地内には、古河記念講堂や**クラークの銅像**があります。これは胸像で、右手を伸ばした銅像は、牧歌的な風景が人気の**さっぽろ羊ヶ丘展望台**にあります。

クラークの銅像
(さっぽろ羊ヶ丘展望台)

北海道は、**小麦・大豆・たまねぎ・にんじん・じゃがいも**など多くの農作物の生産量が全国一です。米の生産量も新潟県とトップを争っています。郷土料理といえば、羊肉の**ジンギスカン**、鮭の**石狩鍋**など。三平汁、ルイベ、ザンギ（濃い下味をつけた唐揚げ)、ニシンそばも外せません。

用語

札幌農学校
北海道大学の前身。日本初の農業専門学校として、1876年に開校。米国の教育者クラークが教頭として指導にあたり、**内村鑑三**、**新渡戸**(にとべ)**稲造**らを輩出した。クラーク博士の言葉「少年よ、大志を抱け」は特に有名。

プラスアルファ

狸小路
札幌市中心部にある北海道最古の商店街。開設は1873年。雪や雨を防ぐため、アーケードでおおわれている。海産物が豊富な**二条市場**も近い。

また、市の中心部から少し距離がありますが、彫刻家イサム・ノグチがデザインした**モエレ沼公園**も人気の観光スポットです。札幌の湯どころといえば、**定山渓温泉**。豊平川の上流、緑あふれる渓谷にある温泉で、「札幌の奥座敷」として知られています。

②「運河の町」小樽

石狩湾に面する小樽市は、札幌市から北西約40km。**石狩炭田**の石炭積出港、北海道の貿易拠点として栄え、「北の商都」とよばれました。

最大の観光スポットは、港に並行して南北に走る**小樽運河**でしょう。大正末期に造られた情緒あふれる運河です。規模は全盛期の半分ほどに縮小しましたが、運河沿いには、**旧篠田倉庫**をはじめ、木骨石造の建物が並んでいます。土産物には、北一硝子に代表される**小樽ガラス**やオルゴールが人気です。

小樽運河

③支笏湖と世界ジオパークの洞爺湖有珠山

支笏湖と洞爺湖は、どちらもカルデラ湖です。**支笏湖**は札幌や**新千歳空港**から約40kmと近く、札幌から日帰り観光が楽しめます。日本最北の不凍湖で、1～2月には**支笏湖氷濤まつり**という氷の祭典が開催されます。

観光スポットが多いのは、**洞爺湖**。すぐ南には、1944年に突如溶岩が盛り上がってできた**昭和新山**や火山活動の激しい**有珠山**がそびえています。洞爺湖有珠山は、国内で初めてユネスコの**世界ジオパーク**に認定されました。また洞爺湖町では、2008年に第34回サミット（洞爺湖サミット）が開かれています。

プラスアルファ

大倉山ジャンプ台
札幌郊外には、滝野すずらん丘陵公園、**大倉山展望台**、北海道開拓の村など、多くの観光スポットがある。大倉山展望台は、**冬季オリンピック**（1972年）の競技場となったスキージャンプ台。

プラスアルファ

メロンと石炭博物館
夕張市は、かつて炭鉱の町として栄えたが、2007年に事実上の財政破綻に追いこまれた。名産品の**夕張メロン**に加え、**石炭博物館**、映画『**幸福の黄色いハンカチ**』のロケ地となった炭鉱住宅など、観光資産は多い。

用語

世界ジオパーク
地質遺産が豊富で、美しい自然景観を有する公園。考古学・地質学上の高い価値をもつ。世界ジオパークはユネスコの基準によって認定される。北海道では、**洞爺湖有珠山**のほか、日高山脈の西南端に位置する**アポイ岳**も認定されている。道外では、**糸魚川**、**島原半島**、**山陰海岸**、**室戸**、**隠岐**、**阿蘇**、**伊豆半島**が認定されている(2022年10月現在)。

④ニセコと登別温泉

洞爺湖の北西の**ニセコ**には、「蝦夷(えぞ)富士」の異名をもつ**羊蹄山**(ようてい)がそびえています。

羊蹄山の西は、道内有数のリゾート地。ニセコアンヌプリの麓には、ニセコ温泉郷が広がっており、ニセコ湯本温泉や昆布温泉などが点在しています。

洞爺湖の南東の登別市には、火口跡の**地獄谷**、硫黄泉が噴出する大湯沼、ヒグマを間近で見られる**のぼりべつクマ牧場**など、見どころはつきません。地獄谷を源泉とする**登別温泉**は全国屈指の温泉で、温泉ファンに高い人気を誇っています。

⑤工業都市の室蘭と苫小牧

内浦湾に面する**室蘭市**は鉄鋼業、**夕張炭田**の石炭積出港として発展してきました。一番の観光スポットは、大海原を一望できる**地球(チキウ)岬**。最近は、ライトアップされた白鳥大橋や湾岸の工場群を海上から見学する**工場夜景クルーズ**も人気です。

室蘭の地球(チキウ)岬

苫小牧市(とまこまい)はパルプ工業がさかんで、「紙の町」として知られています。東部には、ラムサール条約の登録地で、「野鳥の楽園」と称される**ウトナイ湖(沼)**が広がっています。

要点マスター 道央の見どころ

文 化	さっぽろ雪まつり、小樽ガラス
都 市	札幌➡時計台、北海道庁旧本庁舎、藻岩山 小樽➡小樽運河(旧篠田倉庫)
景勝地	洞爺湖有珠山(世界ジオパーク) ニセコ(羊蹄山)、地球岬

用語

ニセコ
ニセコ積丹(しゃこたん)小樽海岸国定公園の一角。内外から多くの**スキー客**を集める。特にオーストラリアからの観光客などに大人気。

プラスアルファ

ウイスキーの里
積丹半島のつけ根にある**余市町**(よいち)には、**ウイスキー(ニッカ)の蒸留所**がある。東隣の小樽とセットで訪れる人も多い。

プラスアルファ

アイヌのコタン
室蘭市と苫小牧市のほぼ中間にある白老町(しらおい)に、アイヌ文化発信の拠点**「ウポポイ(民族共生象徴空間)」**がある。なお、コタンとは、アイヌ語で集落のこと。

室蘭の名物グルメには、**室蘭やきとり**がありますが、鶏肉ではなく**豚肉**を使った串焼き料理なのでお間違いのないよう。

（2）道　南

①夜景が美しい港町・函館

渡島（おしま）半島の南東にある函館市は、幕末に結んだ日米和親条約（▶P.158）によって、下田（静岡県）とともに開港して以来、国際的な貿易港として繁栄してきました。青森（新青森駅）との間に**北海道新幹線**も開通しています。

市内には、ベイエリアの**金森赤レンガ倉庫群**をはじめ、旧函館区公会堂、函館ハリストス正教会など、洋風建造物が点在しています。坂道が多いのも特徴で、市外を一望できる**函館山**からの夜景は、道南旅行のハイライトになるかもしれません。また、**函館朝市**も観光客に人気です。東部の湯の川温泉の近くには、**トラピスチヌ修道院**が建っています。

もう一つ見逃せないのが、**五稜郭**。1868年に起こった**戊辰（ぼしん）戦争**（▶P.160）で、**榎本武揚（えのもとたけあき）**率いる旧幕府が最後に立てこもった星形の洋式城郭です。整備された五稜郭公園には、箱館奉行所も復元されています。

五稜郭

②アイヌ交易の城下町

渡島半島の南西にある松前町は、江戸時代に**松前藩**の城下町が形成されました。鎖国体制のなか、松前藩は**アイヌ交易**の窓口となったことで有名です。復元された**松前城**を中心とした一帯は、約250種１万本もの桜の木が植えられ、全国有数の桜の名所として知られています。

要点マスター　道南の見どころ

都　市	函館➡赤レンガ倉庫、函館山（夜景）、函館朝市 トラピスチヌ修道院、五稜郭　松前➡松前城
景勝地	大沼国定公園（駒ヶ岳）

プラスアルファ

高田屋嘉兵衛（かへえ）
江戸時代後期の海運業者。幕府の支援を受け、函館（箱館）と大阪（大坂）を結ぶ**北前船**の交易を進めた。「箱館発展の恩人」といわれる。

用語

北海道新幹線
2016年３月、**新青森駅**と**新函館北斗駅**の間で開通した。今後、札幌を通り、旭川まで結ばれる予定。

用語

トラピスチヌ修道院
1898年に**日本初の女子修道院**として創立された。修道女たちは、現在も厳格な戒律の下、自給自足の生活をしている。院内は立ち入り禁止だが、前庭は公開されている。

プラスアルファ

大沼国定公園
函館から日帰り観光ができる**大沼国定公園**も人気。内浦湾に臨む**駒ヶ岳**の麓に大小の湖沼が点在している。

2 道 北

①動物園が人気の旭川

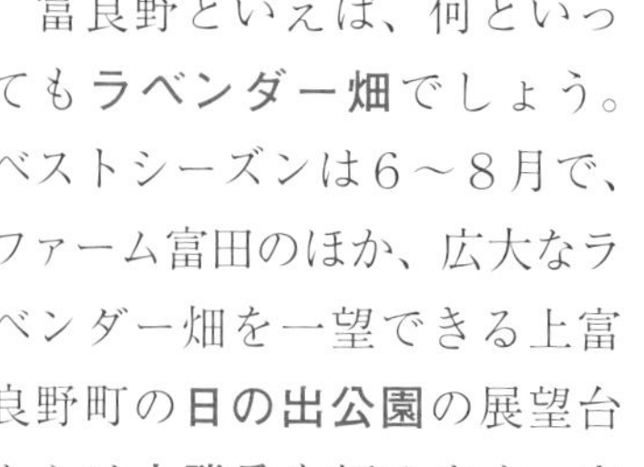

上川盆地に位置する**旭川市**が、道北観光の拠点になります。動物の行動展示が大人気の**旭山動物園**は、いつも観光客でいっぱい。季節を問わず楽しめます。サマーシーズンなら、**上野ファーム**がおすすめ。**北海道ガーデン街道**にあり、北国の代表的な花々が咲き誇っています。あさひかわラーメン村もチェックしておきたいところ。市の西、石狩川の峡谷にある**神居古潭**(かむいこたん)や南東部の丘陵地帯「就実の丘」も人気の景勝地です。

②花畑が広がる美瑛町と富良野市

旭川市に南接する**美瑛町**(びえい)は、四季彩の丘で有名。なだらかな丘陵地帯に牧草地が広がり、色鮮やかな花々が迎えてくれます。ここから南に向かう道は、ドラマ『北の国から』で知られる**富良野市**(ふらの)へと続きます。ドラマの舞台となった庭は、北海道ガーデン街道沿いに、**風のガーデン**として公開されています（冬は閉館）。

富良野といえば、何といってもラベンダー畑でしょう。ベストシーズンは6～8月で、ファーム富田のほか、広大なラベンダー畑を一望できる上富良野町の**日の出公園**の展望台からは**十勝岳**も拝めます。**富良野スキー場**は全国屈指のパウダースノーとして有名です。

ラベンダー畑（富良野）

旭山動物園は、動物たちの「**もぐもぐタイム**」も人気です。

用語

神居古潭
アイヌ語の「**神**（カムイ）**の住む土地**（コタン）」の通り、アイヌの人々にとって神聖な場所であった。

ココに注目!

北海道ガーデン街道
大雪～富良野～十勝を結ぶ全長約250kmの街道。北海道の自然と気候を生かした次の**八つの観光庭園**（ガーデン施設）が点在している。
①大雪森のガーデン（上川）
②上野ファーム（旭川）
③風のガーデン（富良野）
④十勝千年の森（十勝）
⑤真鍋庭園（〃）
⑥十勝ヒルズ（〃）
⑦紫竹(しちく)ガーデン（〃）
⑧六花の森（〃）

③「日本のてっぺん」宗谷岬

旭川市から北に向かうと、**名寄市**。夏に行くなら**ひまわり畑**の観光、冬に行くなら**サンピラー観賞**と**カーリング体験**がおすすめです。名物グルメは、作付面積日本一のもち米でつくったソフト大福。

さらに北上すると最北端の稚内市に至ります。**稚内空港**もあり、新千歳空港や羽田空港と結ばれています。ここまで来れば、**宗谷岬**を見逃すわけにはいきません。日本の最北端（北方領土を除く）の岬で、晴れた日には、サハリン（樺太）を遠望することができます。グルメでは、みずだこを使ったたこしゃぶが人気です。

④個性ある四つの離島

道北の日本海には、特徴のある四つの離島が浮かんでいます。**礼文島**は、高山植物が豊富。北端のスコトン岬は、アザラシの出没地として知られています。**利尻島**は、山すそが海岸までのびる**利尻山**（利尻富士）を中央に頂いています。一番の絶景ポイントは、アカエゾマツの原生林に囲まれた**オタトマリ沼**。利尻山登山、トレッキングのほか、シーカヤックなども楽しめます。

天売島は「海鳥の島」として知られています。絶滅危惧種のオロロン鳥（ウミガラス）、**ウトウ**（ウミスズメ科の鳥）も生息しています。ベストシーズンはウトウが帰巣する5〜7月。**焼尻島**には、天然記念物の常緑樹**イチイ**（アイヌ語でオンコ）の天然林が広がっています。

要点マスター　道北の見どころ

都　市	旭川➡旭山動物園、上野ファーム、神居古潭
景勝地	美瑛（四季彩の丘）、富良野（ラベンダー畑） 名寄（ひまわり畑、サンピラー）、宗谷岬 利尻島（利尻山、オタトマリ沼）

用語

サンピラー
空気中のダイヤモンドダストに太陽光が反射して起こる柱状の光芒。**太陽柱**ともいう。

宗谷岬
北緯45度31分22秒を示す**日本最北端**の地碑や**間宮林蔵の立像**がある。

プラスアルファ

真冬のイベント
名寄は、きめ細かいシルキースノーが自慢。2月に、**なよろ雪質日本一フェスティバル**が開催される。目玉は雪像彫刻。稚内でも2月に、**全国犬ぞり稚内大会**が開催される。

プラスアルファ

サフォーク羊
焼尻島では、**サフォーク羊**が放牧されている。高級ラム肉として、大都市のフレンチ・レストランに多く出荷されている。

3 道 東

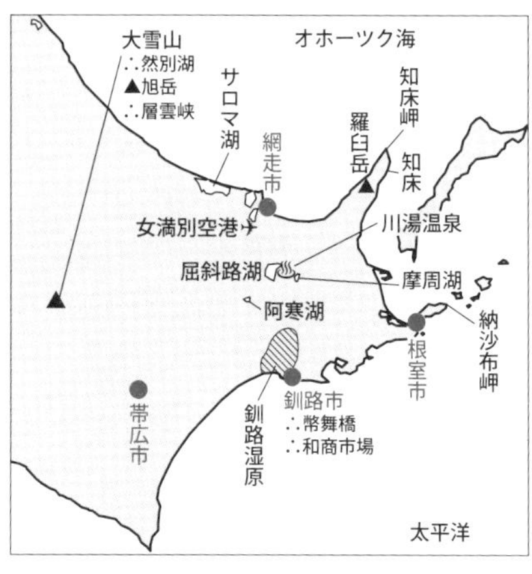

①雄大な大雪山国立公園

日本最大規模の自然公園で、**大雪山**(たいせつざん)は「北海道の屋根」とよばれています。桜や紅葉が美しい、天人峡、羽衣の滝、「天空の湖」といわれる**然別湖**(しかりべつ)など、見どころ満載です。

十勝平野の中央部にある**帯広市**が観光の拠点になりますが、最高峰の**旭岳**（2,291m）や**層雲峡**(そううんきょう)などへのアクセスは、旭川市からのほうが便利です。

②タンチョウが飛来する釧路湿原

屈斜路湖(くっしゃろ)に源を発する釧路川沿いには、日本最大の湿原・**釧路湿原**が広がっています。野生動植物の宝庫で、特に**タンチョウ**の生息地として知られています。1980年、日本で初めてラムサール条約に登録されました。

釧路湿原

観光の拠点は、道東最大の都市・**釧路市**。漁業と**濃霧**の町、そして世界屈指の夕日スポットと謳われる**幣舞橋**(ぬさまい)がある町として有名です。「釧路の台所」**和商市場**(わしょう)は魚介類が豊富。JR釧路駅に近く、観光客でにぎわっています。

プラスアルファ

北方領土
歯舞群島(はぼまい)、**色丹島**(しこたん)、**国後島**(くなしり)、**択捉島**(えとろふ)の4島。近年、ロシアとの領土問題解決の環境づくりとして、旧島民の日本人と在住のロシア人が相互に訪問し合う「**ビザなし交流**」（北方四島交流）が行われている（当面の間、見合わせ）。

プラスアルファ

しかりべつ湖コタン
氷上に出現する**冬だけの村**。

用語

層雲峡
大雪山観光の目玉。石狩川の上流、約24kmにわたって続く峡谷は、原生林に囲まれている。**層雲峡温泉**からは、黒岳の山嶺を望むことができる。**層雲峡温泉氷瀑まつり**も有名。

プラスアルファ

十勝川温泉
大雪山の南には**十勝平野**が広がっている。その中心都市は、帯広市。郊外の**十勝川温泉**は、明治時代に開かれた歴史ある温泉。「美肌の湯」として知られる。

プラスアルファ

SL冬の湿原号
一面の銀世界の**釧路湿原**を走る漆黒の**機関車**。

③三つの美しい湖

釧路湿原の北には、西から阿寒湖、屈斜路湖、摩周湖という三つの美しい湖が並んでいます。**阿寒湖**は、**まりもとフロストフラワー**で有名です。**屈斜路湖**は、世界最大級の屈斜路カルデラの北西にある湖で、美幌峠からの眺望が人気。カヌーが楽しめます。**摩周湖**は透明度が高く、濃い霧が立ちこめることでも知られます。宿泊は、弟子屈町の**川湯温泉**や阿寒湖温泉がおすすめ。

④知床のエコツーリズム

知床半島の断崖

羅臼岳を中心に手つかずの大自然が残る**知床**では、地元の人々が乱開発の危機から自然を守ってきました。**エコツーリズム**の先進地として知られています。

こうして残された動植物の多様な生態系が高い評価を受け、知床は沿岸の海を含めて**世界自然遺産**に登録されています。観光の拠点は、知床半島西岸の温泉街が広がる**ウトロ**で、知床五湖をめぐる観光バスに加え、**知床岬**までの荒々しい断崖を海から眺めるクルーズ船が出ています。半島東岸の羅臼町では、**ホエールウォッチング**も楽しめます。

⑤オホーツク海の流氷

オホーツク海に面した**網走**と紋別は、冬の**流氷ウォーク**が人気で、観光用の流氷砕氷船も出ています。オホーツクの空の玄関である**女満別空港**の近くには、印象的な木々が並ぶ**メルヘンの丘**が広がっています。

網走の北西に位置する**サロマ湖**は、オホーツク海と砂州で隔てられた潟湖。面積は琵琶湖、霞ヶ浦に次ぐ第３位の湖です。展望台は夕日を眺める絶好のビューポイント。

北海道の東端にある根室半島は、オホーツク海と太平洋

用語

フロストフラワー
厳寒期、水蒸気が氷や石に付着してできる大きな結晶。花のように見えることから、「**冬の華**」ともいわれる。

ココに注目！

北海道のおもな岬

〔道央〕
・**地球（チキウ）岬**…大海原を一望できる。室蘭市にある。
・**襟裳岬**…日高山脈の南にある岬。
・**神威岬**…積丹半島の先端にある岬。カムイは、アイヌ語で「神々」の意味。

〔道南〕
・**立待岬**…津軽海峡に面した岬。函館市。
・**白神岬**…南端の岬。松前町にある。

〔道北〕
・**宗谷岬**…北端の岬。稚内市にある。
・**スコトン岬**…礼文島にある岬。

〔道東〕
・**納沙布岬**…東端の岬。根室半島の先端。
・**知床岬**…知床半島の先端。

に面しています。中心都市の**根室市**は、「朝日にいちばん近い街」としてPRしています。最大の観光スポットは、最東端の**納沙布岬**(のさっぷ)です。

要点マスター 道東の見どころ

都市	釧路➡幣舞橋、和商市場
景勝地	大雪山国立公園（然別湖、旭岳、層雲峡） 釧路湿原（タンチョウ）、阿寒湖、摩周湖（霧） 知床（世界遺産）、網走（流氷）、納沙布岬

プラスアルファ

ピンクの芝桜

道東を5月に旅するなら、大空町東藻琴(ひがしもこと)の**芝桜**も要チェック。芝桜はハナシノブ科の多年草で、桜によく似た花びらを芝のように一面に咲かせる。

Let's Try 確認テスト

正解したらチェックマーク☑を入れましょう

□ ① 次の観光地のうち、札幌市にあるものを一つ選びなさい。2017
ア 北方文化博物館　イ モエレ沼公園　ウ 天狗山展望所　エ 北一硝子

□ ② 洞爺湖とともに世界ジオパークに認定されている火山を次から一つ選びなさい。予想
ア 斜里岳　イ 利尻山　ウ 羅臼岳　エ 有珠山

□ ③ 函館市は道南部の＿＿＿からさらに突き出た砂州上に中心市街地が立地している。＿＿＿に入る半島を次から一つ選びなさい。2022
ア 亀田半島　イ 積丹半島　ウ 知床半島　エ 松前半島

□ ④ 天然記念物イチイの自然林と高級ラム・サフォーク羊の放牧で知られる島はどれか、次から一つ選びなさい。予想
ア 礼文島　イ 奥尻島　ウ 焼尻島　エ 国後島

□ ⑤ 「日本最北端の地」を標す記念碑がある岬を次から一つ選びなさい。2019
ア 黄金岬　イ 能取岬　ウ 納沙布岬　エ 宗谷岬

□ ⑥ ＿＿＿国立公園と阿寒摩周国立公園の二つの国立公園では、わが国の宝である特別天然記念物「タンチョウ」と「阿寒湖のマリモ」を見学することができる。＿＿＿にあてはまる語句を次から一つ選びなさい。2018
ア 支笏洞爺　イ 大雪山　ウ 知床　エ 釧路湿原

解答　①イ／②エ／③ア／④ウ／⑤エ／⑥エ

LESSON 2 東北地方

学習のPOINT

頻出度：★★★

Check! ／ ／ ／

中央を南北に走る奥羽山脈を境に、日本海側と太平洋側に分かれる。日本海側は冬の積雪、太平洋側は複雑な海岸地形（リアス海岸）が観光客を魅了。東北三大祭や伝統工芸品にも注目したい。

東北地方の主な観光資源をクイズでチェック！

1

青函トンネル記念館がある、津軽半島の北端

2

岩木山を背景にした風景が有名な、日本一長い木造の三連太鼓橋

3

田沢湖にある、永遠の若さと美貌を願い龍となったとされる人物の像

4

「人間将棋」が行われる、桜の名所としても有名な山

5

鳥海山を借景とする、庭園「鶴舞園」のある美術館

6

日本三大鍾乳洞の一つ。透明度の高い「ドラゴンブルー」の湖水で有名

7

対岸からロープ伝いに籠で運ばれる、「郭公だんご」で有名な渓谷

8

蔵王にある、エメラルドグリーンの水をたたえた円型の火口湖

9

正式名称「円通三匝堂」。独特な二重螺旋構造の堂宇

解答 ①龍飛崎（青森県）／②鶴の舞橋（青森県）／③たつこ像（秋田県）／④舞鶴山（山形県）／⑤本間美術館（山形県）／⑥龍泉洞（岩手県）／⑦厳美渓（岩手県）／⑧御釜（宮城県）／⑨会津さざえ堂（福島県）

1 青森県

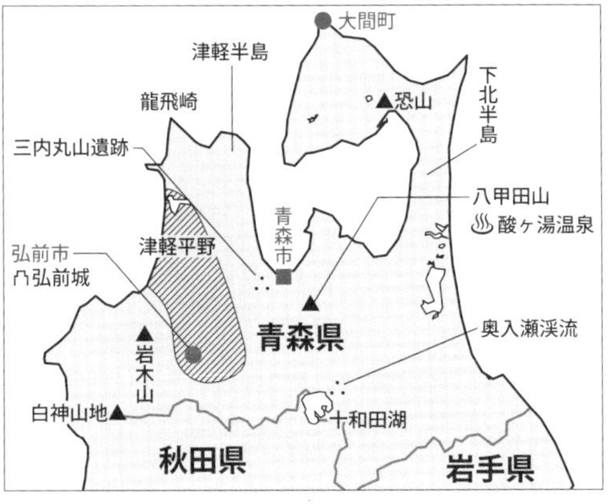

①青森市と八甲田山

県庁所在地の**青森市**は、**東北三大祭**の一つ**ねぶた祭**が有名。オフシーズンでも、市の施設「ねぶたの家 ワ・ラッセ」を訪れると、祭りで使う大型ねぶたを見ることができます。

古代遺跡というと西日本というイメージが強いですが、市内には世界遺産に登録されている**三内丸山遺跡**（さんないまるやま）（▶P.108）があります。縄文時代の遺跡としては最大の規模です。

青森市は**八甲田山**（はっこうださん）の観光拠点。八甲田山は高山植物が豊富で、秋の紅葉、冬の樹氷も見応え十分。山麓の**酸ヶ湯温泉**（すかゆ）には、圧巻の規模のヒバ千人風呂があります。

②津軽半島と歴史都市・弘前

県北西部につき出た津軽半島には、**青森ひば**の原生林が広がっています。青森ひばは、三大美林の一つ。北端の**龍飛崎**（たっぴざき）（▶P.24）まで足を延ばしてみましょう。北海道がはっきり見えます。津軽半島の南、岩木川の流域に広がる**津軽平野**は日本最大の**リンゴ**の産地です。北西には、「津軽富士」の異名で知られる**岩木山**がそびえ立っています。

この津軽平野の中心・**弘前市**（ひろさき）は歴史が古く、県一番の観光都市と言ってよいでしょう。津軽藩（弘前藩）10万石の

県庁所在地は青森市。県の名産品・郷土料理には、リンゴ、ホタテ、**せんべい汁**などがあります。

プラスアルファ

アスパム
青森駅近くに立つ**正三角形の建物**で、青森県観光物産館の別称。展望台からは、青森の市街や港を一望できる。

用語

東北三大（夏）祭
青森の**ねぶた（ねぷた）祭**、秋田の**竿燈**（かんとう）**まつり**、宮城の**仙台七夕まつり**のこと。毎年8月に開催される。

用語

三内丸山遺跡
縄文時代（前・中期）の遺跡。1992年に本格的な発掘がはじまり、住居跡、土器、土偶のほか、**黒曜石**や**ヒスイ**なども出土した。

用語

三大美林
天然の三大美林として、**青森ひば、秋田すぎ、木曽ひのき**がよく挙げられる。

城下町。**弘前城**には江戸時代に築かれた天守閣が残っています。城の周辺には武家屋敷跡が広がり、市内には明治～大正時代のレトロな洋館・教会も点在しています。

青森市と同様、夏にはねぶた祭が開催されますが、弘前市では「**ねぷた**」とよんでいます。このほか、**津軽塗**、**津軽三味線**なども有名です。

ねぷたまつり（弘前市）

③白神山地と奥入瀬渓流

津軽平野の南方、秋田県との境には**白神山地**が連なっています。手つかずの**ブナの原生林**は、1993年に世界自然遺産に登録されました。天然記念物のクマゲラ（キツツキ科の鳥）は、残念ながら絶滅の危機に瀕しています。

東に目を向けると、エリア最大の景勝地、透明度の高いカルデラ湖の**十和田湖**と変化に富んだ地形の**奥入瀬渓流**（おいらせ）があります。四季折々の風景を楽しめますが、特に新緑と紅葉の時期がおすすめ。十和田湖の湖畔には、高村光太郎作の「乙女の像」があります。

④霊場がある下北半島

県北東部の下北半島にも、青森ひばの森林が広がっています。北端の**大間**は近年、高級マグロの水揚げ港として有名になりました。半島の中心部には**恐山**（おそれざん）の霊場があり、夏と秋にはイタコ（巫女（みこ））が口寄せを行ってくれます。

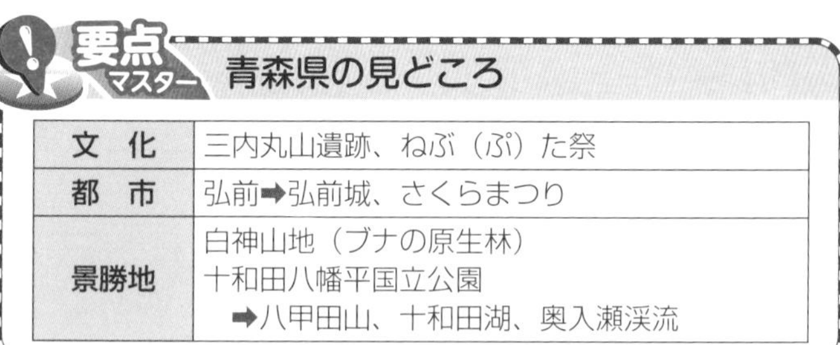

要点マスター　青森県の見どころ

文　化	三内丸山遺跡、ねぶ（ぷ）た祭
都　市	弘前➡弘前城、さくらまつり
景勝地	白神山地（ブナの原生林） 十和田八幡平国立公園 ➡八甲田山、十和田湖、奥入瀬渓流

プラスアルファ

弘前といえば桜

春は桜。**弘前さくらまつり**も人気で、「弘前といえば桜」という人も少なくない。ゴールデンウィークの頃、弘前城を中心とした弘前公園で開かれる。

プラスアルファ

禅林街

弘前城の南西、長さ約500mの通りに**曹洞宗**の33の禅寺が林のように立ち並ぶ。最奥にある**長勝寺**は、津軽藩主の菩提寺。

用語

十和田湖

火山活動（陥没）によってできたカルデラ湖。かつて魚が生息していなかったが、明治時代に和井内貞行が**ヒメマス**を放流し、養殖を成功させた。いまやヒメマスは十和田湖の名物料理になっている。八甲田山や奥入瀬渓流などとともに、**十和田八幡平国立公園**に指定されている。

用語

口寄せ

死者をよび出し、その言葉を子孫たちに伝えること。

2 秋田県と山形県

(1) 秋田県

①秋田市と郷土料理

県庁所在地の**秋田市**は、秋田藩（久保田藩）の城下町です。にぎわうのは、東北三大祭りの一つ**竿燈まつり**が開催される８月初旬。

秋田は全国有数の米どころで、米が原料のきりたんぽなどの郷土料理を味わえます。青森県（弘前駅や青森駅）とは、車窓からの景色が美しい**リゾートしらかみ**（JR東日本）が結んでいます。

②白神山地と男鹿半島

青森県とは、白神山地と十和田湖が県境になっています。白神山地の南には、**秋田すぎ**の林が広がっています。大館市は、こうした森林資源を生かした**曲げわっぱ**（木工品）の生産がさかんで、比内鶏の産地としても知られています。

八郎潟の干拓地の西、日本海につき出た**男鹿半島**は、冬の行事**なまはげ**が有名です。大潟ジオパークの潮瀬崎は、波の浸食でできた**ゴジラ岩**が人気です。また、半島北端の**入道崎**には、白黒の縞模様が印象的な灯台があります。

③観光都市・角館

横手盆地北部の仙北市**角館町**は、武家屋敷が建ち並ぶ城下町で、「みちのくの小京都」とよばれます。伝統工芸品の**樺細工**も有名。水深日本一（423m）の**田沢湖**や素朴な名湯で知られる**乳頭温泉郷**へのアクセスも悪くありません。

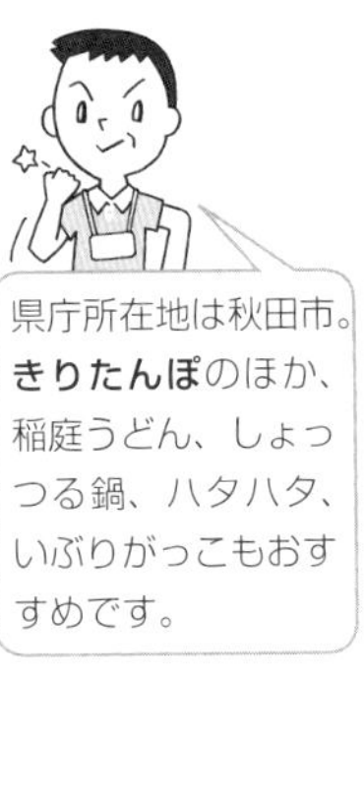

プラスアルファ

あきたこまち
「米どころ」秋田県の銘柄米。平安時代の歌人で、美人で知られる**小野小町**にちなんで名付けられた。

用語

きりたんぽ
うるち米の飯をすりつぶし、杉や竹の細い棒に握りつけ焼いたもの。鶏肉と煮込んだり、魚醤の**しょっつる**で味付けした鍋に入れたりして食べる。

用語

なまはげ
蓑をかぶり、**鬼の面**をつけた村の若者たちが、民家を訪れ、子どもやなまけ者をこらしめる。小正月（春の初め）に、祝福をもたらす神が村に降りてくるという信仰に由来。

④横手のかまくら

南部の横手市は、**かまくら**が有名。小正月の子どもの伝統行事ですが、今は２月中旬に行われます。最近は、ご当地グルメの**横手やきそば**も有名。

かまくら

山形県との県境には、「出羽富士」で知られる**鳥海山**がそびえています。ドライブコースが整っており、晴れの日には展望台から日本海に映る「影鳥海」を見ることができます。山麓の由利には、南由利原が広がっています。

要点マスター　秋田県の見どころ

文　化	竿燈まつり、なまはげ、かまくら
都　市	角館➡小京都
景勝地	鳥海山

（2）山形県

①古くからの港町・酒田

秋田県との県境にそびえる鳥海山の南には、庄内平野が広がっています。中心都市の**酒田市**は、日本三大急流の一つ最上川の舟運を利用し、古くから港町として発展してきました。江戸時代からの料亭**相馬楼**、廻船問屋の**旧鐙屋**、明治時代に建造された米の貯蔵庫の**山居倉庫**など見所が多く、酒田出身の写真家・**土門拳**の記念館もあります。また、**最上川の舟下り**も人気です。

②城下町・鶴岡と出羽三山

庄内平野南部の**鶴岡市**も、名所旧跡の多い観光都市です。庄内藩の城下町で、見所は**羽黒山五重塔**、庄内藩校の**致道館**、旧風間家住宅の**丙申堂**、クラゲの展示種類数世界一の**加茂水族館**など。春日神社に奉納される**黒川能**も人気。市

用語

かまくら
雪室をつくり、祭壇に水神をまつる。**横手のかまくら**が有名。通行人はもちや賽銭を与え、子どもたちは甘酒をお返しする。

プラスアルファ

花火師のプライド
大曲の雄物川河川敷（大仙市）では、毎年８月下旬に花火大会「**大曲の花火**」が開かれる。他の花火大会と違い、全国から集まった花火師の競技大会なので、花火師のプライドも火花を散らす。

県庁所在地は山形市。県の名産品には、さくらんぼ、洋なし、紅花、米沢牛、芋煮、**天童の将棋駒**などがあります。

用語

出羽三山
古代から山岳修行の場だった**羽黒山・月山・湯殿山**の総称。それぞれの山には、神社（出羽三山神社）がある。

の南東部には、月山を主峰とする**出羽三山**が連なっています。

③山形市と蔵王

県庁所在地の山形市は、夏の**花笠まつり**が人気。宝珠山の山腹には、**立石寺（山寺）**が建っています。市の南には、風情ある温泉が点在する**かみのやま温泉**があります。

景勝地では、宮城県とまたがる**蔵王（蔵王連峰）**は外せません。エメラルドグリーンの火口湖・**御釜**（▶P.24）が観光の中心。冬はスキー客が多く、美しい**樹氷**が見られます。**蔵王温泉**は一度に200人が入浴できる大露天風呂が有名です。

要点マスター　山形県の見どころ

文　化	花笠まつり、立石寺（山寺）
都　市	酒田➡港町　鶴岡➡城下町
景勝地	出羽三山（月山・羽黒山・湯殿山）、蔵王➡御釜

3 岩手県と宮城県

（1）岩手県

①盛岡市と八幡平

県庁所在地の**盛岡市**は、北上盆地の北部に発達した都市。**わんこそば**や**南部鉄器**、伝統行事の**チャグチャグ馬コ**が有名です。北西には「南部富士」で知られる**岩手山**がそびえ、裾野には**小岩井農場**が広がっています。

秋田県との県境では、十和田八幡平国立公園に含まれる**八幡平**の絶景が見られます。

八幡平　岩手山　盛岡市　秋田県　岩手県　花巻市　遠野市　橋野鉄鉱山　釜石市　平泉町　卍中尊寺　卍毛越寺　気仙沼市　鳴子温泉　南三陸温泉　山形県　宮城県　牡鹿半島　金華山　作並温泉　秋保温泉　仙台市　松島

用語

立石寺（山寺）
天台宗の寺。正式名は**立石寺**。松尾芭蕉の名句「**閑さや岩にしみ入る蟬の声**」に詠まれた寺として有名。奥の院までは800段を超える急な階段が続く。

プラスアルファ

銀山温泉
山形盆地の北部・**尾花沢市**にある温泉。大正時代の建物が並ぶノスタルジックな温泉街で名高い。奥には、延沢銀山の銀坑洞が残る。

県庁所在地は盛岡市。江戸時代の南部藩（盛岡藩）から、この地方の中心都市として栄えました。わんこそばのほか、**盛岡冷麺**や**じゃじゃ麺**、**南部せんべい**も人気です。

プラスアルファ

八幡平アスピーテライン
全長約27kmの山岳ドライブウェイで、**紅葉スポット**としても有名。

②世界文化遺産・平泉

盛岡市の南に隣接する**花巻市**は、**宮沢賢治**の生誕地として有名。花巻温泉郷も多くの観光客を集めています。

さらに南に向かうと、世界文化遺産に登録された**平泉**が迎えてくれます。数多い名所旧跡のなかでも、**中尊寺金色堂**と**毛越寺の浄土庭園**は見逃せません（▶P.134）。

③三陸海岸

岩手県から宮城県までの太平洋に面した**三陸海岸**は、北から陸奥・陸中・陸前の３国にまたがることから名付けられました。陸中・陸前は、出入りの激しい**リアス海岸**が続き、「海のアルプス」とよばれている**北山崎**や**浄土ヶ浜**などの絶景が見られます。中北部は、東日本大震災から復旧した**三陸鉄道リアス線**が、久慈駅と盛駅を結んでいます。

南部の中心・**釜石市**は近代製鉄発祥の地です。**橋野鉄鉱山**（橋野高炉跡）は、2015年に「明治日本の産業革命遺産」の構成資産として、世界文化遺産に登録されました。

④民話の里・遠野

釜石市から内陸に向かうと**遠野市**。各地に河童や座敷童などの妖怪伝承が残っています。これを聞き取った民俗学者・柳田国男は『**遠野物語**』としてまとめました。**遠野ふるさと村**には人が住む母屋と馬小屋がL字型につながった**曲り家（曲家）**も残っており、日本の農村の原風景を見ることができます。

要点マスター　岩手県の見どころ

文　化	世界遺産の平泉（中尊寺金色堂、毛越寺の浄土庭園）
都　市	盛岡➡南部鉄器　遠野➡民話の里
景勝地	三陸海岸（北山崎、浄土ヶ浜）

用語

平　泉
平泉は「**仏国土（浄土）を表す建築・庭園及び考古学的遺跡群**」が高く評価され、世界文化遺産に登録された。平安時代後期にこの地を支配した**奥州藤原氏**（▶P.124）が築いた寺院や庭園が点在する。

ココに注目！

三陸復興国立公園
三陸海岸の沖合は、寒流の千島海流（親潮）と暖流の日本海流（黒潮）がぶつかる**潮目**にあたるため、絶好の漁場になっている。しかし、東日本大震災をもち出すまでもなく、くり返し**津波**の被害に見舞われてきた。現在、青森県南部から宮城県北部までの海岸地域は、**三陸復興国立公園**に指定されている。

用語

浄土ヶ浜
ウミネコの繁殖地として有名。

プラスアルファ

水墨画の世界
県最南端の一関市は、**猊鼻渓舟下り**が有名。石灰岩の渓谷は、まるで水墨画のよう。

（2）宮城県

①城下町・仙台市

伊達政宗騎馬像

県庁所在地の**仙台市**は、東北地方の地方中枢都市。広瀬川が流れ、緑豊かなことから「**杜**(もり)**の都**」とよばれています。仙台城跡（青葉城跡）には、仙台藩を開いた**伊達政宗**(だてまさむね)の騎馬像があります。夏には、東北三大祭りの一つ**仙台七夕まつり**が開かれます。

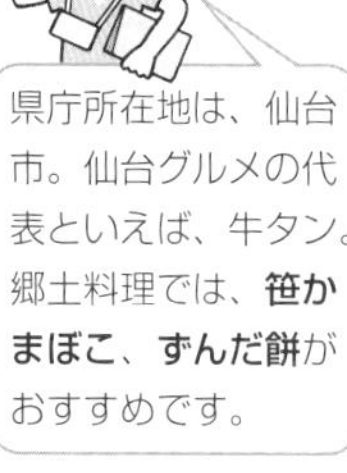

②日本三景の松島

県の最北端は、**気仙沼市**(けせんぬまし)。リアス海岸の漁港はカツオやサンマの水揚げ量が多く、カキの養殖もさかんです。南三陸町には、太平洋を望む露天風呂で有名な**南三陸温泉**があります。その南に突き出た牡鹿(おしか)半島の先には、奇岩の多い**金華山**という島が浮かんでいます。

さらに下ると、日本三景の**松島**。松におおわれた島々が独特の風景を生み出しています。遊覧船でめぐる松島湾クルーズは、宮城観光のハイライトと言ってよいでしょう。伊達政宗ゆかりの史跡も見落とせません。

③東北有数の温泉郷

仙台市の西には、**秋保**(あきう)**温泉**と**作並温泉**があります。「仙台の奥座敷」秋保温泉は、奇岩が重なる磊々峡(らいらいきょう)や秋保大滝などの自然も豊か。奥羽山脈に近い**鳴子**(なるこ)**温泉**は400近くの源泉をもち、首を回すと音が鳴る**こけし**でも有名です。

要点マスター　宮城県の見どころ

文化	仙台七夕まつり
都市	仙台➡杜の都、伊達氏の城下町
景勝地	日本三景の松島、金華山、鳴子温泉

用語

日本三景
日本三景は、宮城の**松島**と京都の**天橋立**(あまのはしだて)、そして広島の**宮島**のこと。

プラスアルファ

伊達政宗ゆかりの史跡
伊達政宗は関ヶ原の戦いのあと、神社仏閣の造営に力を入れた。円仁が開いた延福寺の衰退を嘆き、**瑞巌寺**と改め復興させた。本堂などは国宝に指定されている。また、松島の小島の上にある**五大堂**を再建。東北地方最古の桃山建築で、橋げたの間が空いた**すかし橋**がある。

プラスアルファ

奥州三名湯
鳴子温泉と**秋保温泉**は、福島県の**飯坂**(いいざか)**温泉**とともに奥州三名湯とよばれる。

4 福島県

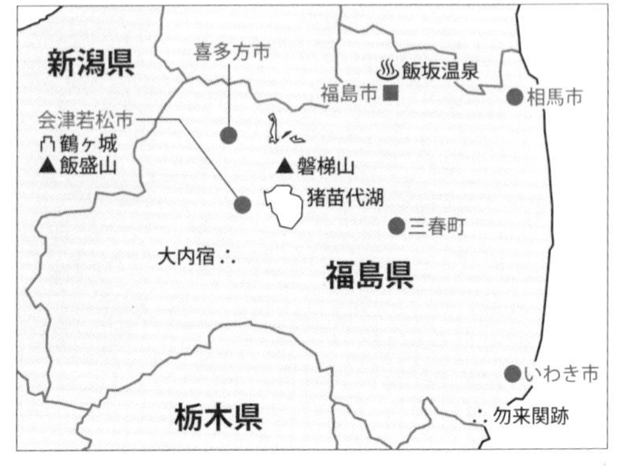

①福島市と磐梯山

県庁所在地の**福島市**は、良質の温泉にめぐまれています。北部の**飯坂温泉**は奥州三名湯の一つで、絶景が続く**磐梯吾妻スカイライン**を利用する際の拠点にもなっています。スカイラインは吾妻連峰の山並みを抜け、猪苗代湖に通じています。阿武隈山地の西に位置する**三春町**は、春の桜で知られる城下町。独特の張子人形も有名です。「会津富士」で知られる**磐梯山**の北側には**五色沼湖沼群**があり、大小30余りの湖沼は化学成分の変化で様々な美しい色合いを見せます。

②会津若松と猪苗代湖

県中心部の**猪苗代湖**は、東北地方最大の湖。磐梯朝日国立公園に属しています。西岸の**会津若松市**は会津藩の城下町として栄えました。観光スポットは、天守閣をもつ**鶴ヶ城（会津若松城）**、白虎隊の悲劇で知られる**飯盛山**などで、特産品には、**会津塗**や**赤べコ人形**があります。江戸時代の宿場町・**大内宿**までも、約30kmと遠くありません。

③太平洋側の「浜通り」

県の東部に当たる浜通り北東部の相馬市は、**相馬野馬追**

用語

白虎隊の悲劇
白虎隊は、幕末に会津藩が組織した少年兵の部隊。**戊辰戦争**のとき、明治新政府の軍隊に立ち向かったが、撃退され、20名が**飯盛山**に逃れた。そこから見た市街の煙火を鶴ヶ城が落城したと思い込み、集団自決した。

プラスアルファ

大内宿のねぎそば
大内宿の名物といえば「ねぎそば」。箸の代わりに**ねぎ**を丸々１本使って食べるのが特徴。

プラスアルファ

蔵とラーメンのまち
会津盆地北部の**喜多方市**は、情緒あふれる蔵が多いことで有名。近年はラーメンが人気で、**「蔵とラーメンのまち」**として知られる。伝統的工芸品の**会津塗**の生産もさかん。

という伝統行事で有名です。

南部の**いわき市**は、いわき湯本温泉のスパリゾートハワイアンズが有名。映画『フラガール』で知名度を上げました。茨城県との境には、奥州三関（おうしゅうさんかん）の一つ勿来関跡（なこそのせきあと）（ただし未詳）があります。また、群馬県・新潟県・栃木県との県境には、**尾瀬**（おぜ）（▶P.42）の湿原が広がっています。

用語

奥州三関
古代、蝦夷（えみし）の南下に備え、みちのくに設けられた三つの関所。**勿来関**と**白河関**（しらかわのせき）（福島県白河市）、**念珠関**（ねずがせき）（山形県鶴岡市）。

要点マスター 福島県の見どころ

文　化	会津若松➡会津塗　相馬➡相馬野馬追
都　市	会津若松➡鶴ヶ城　いわき➡いわき湯本温泉
景勝地	磐梯山、猪苗代湖

Let's Try 確認テスト

正解したらチェックマーク☑を入れましょう

□ ① 男鹿半島の最北端にある日本海を一望できる岬を次から一つ選びなさい。2020
ア 御前崎　イ 龍飛崎　ウ 入道崎　エ 黄金崎

□ ② 山形県酒田市は［ a ］中部の［ b ］の河口に位置している。aに入る平野とbに入る河川の正しい組み合わせを次から一つ選びなさい。2022
ア a庄内平野 ― b北上川　イ a庄内平野 ― b最上川
ウ a本荘平野 ― b北上川　エ a本荘平野 ― b最上川

□ ③ 松尾芭蕉が門人を伴って「奥の細道」行脚に出立し、東北地方をめぐった際、「閑さや岩にしみ入る蟬の声」と詠んだ場所を次から一つ選びなさい。2017
ア 平泉　イ 中尊寺　ウ 湯殿山　エ 立石寺

□ ④ 盛岡市の食文化にあてはまるものを次から一つ選びなさい。2021
ア サンマーメン　イ じゃじゃ麺　ウ 太平燕（たいぴーえん）　エ にゅうめん

□ ⑤ 岩手県にある世界文化遺産で正しいものを次から一つ選びなさい。2019
ア 瑞巌寺　イ 輪王寺　ウ 毛越寺　エ 立石寺

□ ⑥ 福島県に所在する宿場町で、ねぎ1本で食べる「ねぎそば」等が名物となっている宿場町で正しいものを次から一つ選びなさい。2019
ア 馬籠宿　イ 大内宿　ウ 妻籠宿　エ 奈良井宿

解答　①ウ／②イ／③エ／④イ／⑤ウ／⑥イ

関東地方

学習の POINT

頻出度：★★★

首都東京には、リピーターも魅了する名所が多い。北関東は上毛三山や尾瀬など自然豊かで、人気の日光もある。アニメやマンガの舞台となった場所も多く、これを目当てに訪問する人も多い。

Check! ／ ／ ／

関東地方の主な観光資源をクイズでチェック！

1

東京都初のラムサール条約登録湿地に指定された公園

2

生糸貿易で財を成した実業家・原氏により造成された庭園

3

1988年より熊谷～三峰口で運行されている蒸気機関車

4

「日本一のモグラ駅」と呼ばれ、駅舎まで462段の階段を下る駅

5

老神温泉の近くにあり、「東洋のナイアガラ」と呼ばれる滝

6

豆乳を加熱して表面の膜を二重にして引き上げた日光の名物

7

汐見滝吊り橋からの眺めが絶景の渓谷

8

潮来市で開催される祭。期間中は嫁入り舟なども見られる

9

日本寺や地獄のぞき、石切場跡の産業遺構などがある、標高329mの山

解答 ①葛西海浜公園（東京都）／②三溪園（神奈川県）／③秩父鉄道のSLパレオエクスプレス（埼玉県）／④土合駅（群馬県）／⑤吹割の滝（群馬県）／⑥湯波（栃木県）／⑦花貫渓谷（茨城県）／⑧水郷潮来あやめまつり（茨城県）／⑨鋸山（千葉県）

1 東京都

台東区
卍浅草寺
∴仲見世参道
∴上野公園
（国立西洋美術館、西郷隆盛像）

墨田区
∴東京スカイツリー
∴両国国技館
∴江戸東京博物館（2025年度中まで休館中）

葛飾区
卍題経寺
（柴又帝釈天）

東京都

奥多摩湖

高尾山

多摩川

千代田区
∴東京駅
∴皇居外苑
⛩靖国神社

∴お台場海浜公園

東京国際空港

伊豆諸島

小笠原諸島

①東京駅と皇居周辺

首都東京の表玄関・**東京駅**は、1914年に完成しました。ルネサンス風の駅舎（丸の内駅舎）は、**辰野金吾**（たつのきんご）の設計によるもので、国の重要文化財に指定されています。

東京駅を西に進むと**皇居外苑**（皇居前広場）。正門と中門の間には、**二重橋**（正門鉄橋）がかかっています。この北側の皇居東御苑には、大手門、二の丸庭園など、**江戸城**の遺構が多く残されています。

皇居の北西には、**靖国神社**（やすくに）が鎮座しています。1869年、戊辰戦争の犠牲者をまつるため創建されました。首相・閣僚の参拝問題で取りざたされることが多いですが、都民には**桜の名所**として親しまれています。

②下町情緒あふれる浅草と葛飾柴又

下町情緒を感じさせるのは、秘仏の観音像を安置する**浅草寺**を中心としたエリア。東京観光の目玉と言ってよいでしょう。赤い提灯がシンボルの**雷門**（風雷神門）から正門の宝蔵門まで続く参道の**仲見世**は、いつも買い物客・観光客でごった返しています。浅草寺に隣接する浅草神社で毎年5月に行われる**三社祭**（さんじゃ）も人気。五穀豊穣を願うびんざさ

世界の食が堪能できる東京ですが、歴史ある郷土料理は、**江戸前寿司**、**深川飯**、そばなど。このほか、味噌田楽にルーツをもつおでん、佃煮、雷おこし、もんじゃ焼きも外せません。

用語

江戸城
千代田城ともいう。**太田道灌**（どうかん）が1457年に築城。1590年に**徳川家康**が入城し、江戸時代には徳川将軍の居城となった。旧幕府の**勝海舟**と新政府の**西郷隆盛**が1868年に会談を行い、無血で新政府に明けわたされた。東京遷都に伴い、皇居となる。

プラスアルファ

お江戸日本橋
東京駅の北口（八重洲口）からすぐの**日本橋**は、五街道の起点。周辺は、江戸時代からの金融の中心街で、**日本銀行**の本店もある。

ら舞などが演じられます。

葛飾区柴又も下町情緒あふれるエリアで、映画『男はつらいよ』シリーズや、江戸川対岸の下矢切（千葉県松戸市）とを結ぶ**矢切の渡し**で有名です。日蓮宗の題経寺は、**柴又帝釈天**の名で知られているでしょう。

③東京スカイツリー

墨田区押上に建つ高さ634m（ムサシの国にちなむ）の電波塔・**東京スカイツリー**は、すっかり東京観光の定番になりました。隣接する商業施設「東京ソラマチ」「すみだ水族館」「コニカミノルタプラネタリウム天空」などを含めて、**東京スカイツリータウン**が形成されています。

墨田区では、大相撲の聖地・**両国国技館**や高床式の倉を模した**江戸東京博物館**も外せません。隅田川沿いで開かれる**隅田川花火大会**は、江戸時代から続く夏の風物詩です。

④上野公園の文化施設

上野公園（上野恩賜公園）は、戊辰戦争で焼け野原と化した土地を明治政府が整備したのが始まりです。

「近代建築の祖」**ル・コルビュジエ**の設計による**国立西洋美術館**や高村光雲作の**西郷隆盛像**をはじめ、東京国立博物館（▶P.164）、国立科学博物館、上野動物園など、多くの文化施設が集まっています。

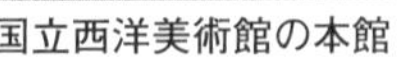
国立西洋美術館の本館

⑤変貌し続ける東京湾岸

東京国際空港（羽田空港）は、日本で最大の面積を持つ空港で、三つのターミナルすべてに展望デッキがあり、レジャー施設も充実しています。

東京湾岸では、東京臨海副都心の**お台場**が一番の人気ス

ココに注目！

江戸三大祭
・**神田祭**…神田神社（神田明神）で、隔年5月に開催。
・**山王祭**……日枝神社で、神田祭との隔年で6月に開催。
・**深川八幡祭**……富岡八幡宮で、8月に開催。

以上の三大祭は、江戸っ子に「**神輿深川、山車神田、だだっ広いが山王様**」などとうたわれてきた。特に神田祭と山王祭の二つは、江戸時代から「**天下祭**」とよばれ、隔年で行われてきた。なお、深川八幡祭の代わりに、浅草神社の**三社祭**を入れることもある。

用語

国立西洋美術館
松方コレクションの寄贈返還を機に、ル・コルビュジエの設計によって建設された。1959年に完成。2016年には、「**ル・コルビュジエの建築作品―近代建築運動への顕著な貢献―**」の構成遺産として、世界文化遺産に登録された。なお、**松方コレクション**とは、実業家・松方幸次郎がヨーロッパで集めた美術品のこと。

ポット。**お台場海浜公園**からは、**レインボーブリッジ**と東京タワーが一望できます。

お台場の砲台跡

⑥緑に抱かれた高尾山

東京都西部の多摩エリアでは、四季折々の自然を楽しめます。**高尾山**は植物の宝庫。標高は599mと低いものの、約1,600種もの植物が確認されています。ミシュランガイドで三ツ星に認定されたこともあり、年間300万人という国内最多の登山客をよび寄せています。中腹にある薬王院にも多くの参拝客が訪れます。

山梨県との県境、**多摩川**の上流の**奥多摩湖**は、都心から日帰りで楽しめる行楽地。小河内(おごうち)ダム建設に伴ってできた人造湖です。

⑦「東洋のガラパゴス」小笠原諸島

伊豆諸島と**小笠原諸島**も東京都に属しています。伊豆諸島は、大島を中心とする伊豆七島でマリンスポーツを楽しめます。東京湾の南方約1,000kmに位置する小笠原諸島は「東洋のガラパゴス」ともよばれる独自の生態系が評価され、2011年に**世界自然遺産**に登録されました。大小30余りの島々のうち、一般の人が住んでいるのは観光拠点の**父島**と母島のみ。空港がないので、船で往復するしかありません。

要点マスター 東京都の見どころ

文化	江戸三大祭、隅田川花火大会
名所	江戸城（皇居）、浅草寺（雷門）、柴又帝釈天 上野公園、東京スカイツリー、お台場
景勝地	高尾山、奥多摩湖、小笠原諸島（世界遺産）

用語

お台場
台場とは砲台のことだが、**品川台場**の代名詞になっている。幕末の1853年、黒船を従えた**ペリー**が浦賀沖（神奈川県横須賀市）に来航。このとき、沖に向かって砲台が設置された。ただし、一度も使われていない。

東京近郊の主な河川
・**利根川**(とねがわ)……関東一の長流（全長 322km）で、「**坂東太郎**(ばんどうたろう)」の異名をもつ。三国山脈の大水上山(おおみなかみやま)に源を発し、大小の支川を合わせながら関東平野を北西から南東へ流れ、銚子（千葉県）で太平洋に注ぐ。
・**多摩川**……秩父山地に源を発し、下流では東京都と神奈川県の境になっている。上流は、**秩父多摩甲斐国立公園**の景勝地。人造湖の奥多摩湖は、レジャー施設が整備されている。
・**荒川**……秩父山地に源を発し、埼玉県を貫流したあと、下流部では**隅田川**と分岐して東京湾に注ぐ。上流の**長瀞**(ながとろ)（▶P.41）は川下りが人気。

2 神奈川県

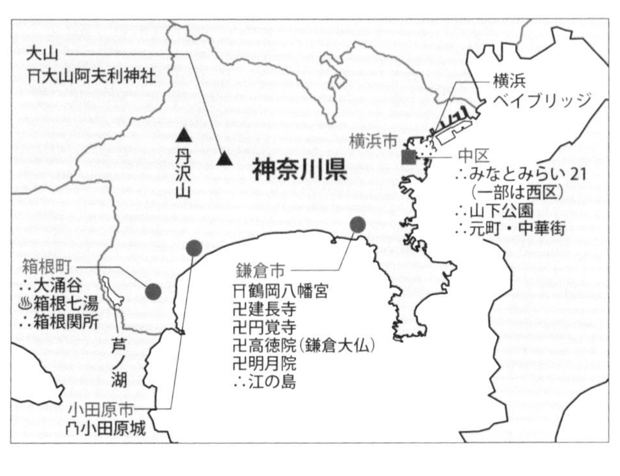

①みなと街・横浜市

県庁所在地の**横浜市**は、人口約380万人。東京特別区に次ぐ日本第2の都市です。観光スポットは、東京湾岸に集中しています。その中心は、**みなとみらい21**。高さ296mの**横浜ランドマークタワー**や明治・大正期の風情を残す**横浜赤レンガ倉庫**、横浜美術館などが集まっています。

東には、デートスポットの**山下公園**。その南には、**元町・中華街**が広がっています。横浜港の二つの埠頭を結ぶ**横浜ベイブリッジ**は、全長860mの斜張橋（しゃちょうきょう）です。

②幕府が置かれた鎌倉

三方を山で囲まれた鎌倉は、天然の要塞。12世紀末、源頼朝が史上初の武士政権を樹立しました。頼朝ゆかりの**鶴岡八幡宮**（▶P.136）を中心に、**鎌倉五山**の筆頭の**建長寺**、国宝「**舎利殿**（しゃりでん）」のある**円覚寺**（えんがくじ）、**鎌倉大仏**で知られる**高徳院**（▶P.136）、「あじさい寺」の異名をもつ**明月院**などの名刹が点在しています。

建長寺は、5代執権・北条時頼が宋から招いた**蘭渓道隆**（らんけいどうりゅう）（大覚禅師）が開山した禅寺で、多くの名僧を輩出しました。

神奈川県の名産品・郷土料理には、小田原の**かまぼこ**・梅干し・ういろう、湘南の**生しらす**、三崎の**マグロ**、大山の豆腐料理などがあります。ご当地グルメでは、横須賀のよこすか海軍カレー、ヨコスカネイビーバーガーが有名です。

プラスアルファ

横浜の公園・庭園
横浜を代表する公園といえば山下公園だが、このほか**港の見える丘公園**や**三溪園**（さんけいえん）などもある。三溪園は、実業家・原富太郎がつくった日本庭園（▶P.34）。

用語

鎌倉五山
鎌倉幕府が南宋にならって定めた五つの寺院。**建長寺、円覚寺、寿福寺**（じゅふくじ）**、浄智寺**（じょうちじ）**、浄妙寺**（じょうみょうじ）で、すべて**禅宗**の一派**臨済宗**の寺院である。

③江の島から小田原

鎌倉市の南部は、稲村ヶ崎のビーチが広がっています。西へ向かうと、七里ヶ浜（しちりがはま）、**江の島**。江の島は、頼朝が弁財天を勧請（かんじょう）して以来、多くの参拝客が訪れるようになりました。江の島をはさむ鎌倉と藤沢の間を、鉄道ファンに人気の**江ノ島電鉄**（江ノ電）が結んでいます。

さらに西に向かうと小田原市。見どころは、北条氏（小田原北条氏）の居城・**小田原城**です。また、**小田原提灯**（ちょうちん）や木象嵌（もくぞうがん）など、伝統工芸品が多いのも魅力です。

④箱根山と「天下の険」

日本有数の観光地・**箱根**は、火口原湖の**芦ノ湖**と噴気孔群の**大涌谷**（おおわくだに）がハイライト。箱根登山鉄道やロープウェイが結んでいます。宿泊は**箱根湯本温泉**など、**箱根七湯**のどれを選ぶか悩みどころですが、土産物なら**箱根寄木細工**（よせぎ）できまりでしょうか。「天下の険」ともいわれた険しい山のふもとにある**箱根関所**も、新たな観光名所になっています。

⑤登山スポットの大山

内陸部では、山梨県・静岡県との境に広がる丹沢（たんざわ）大山国定公園が人気です。丹沢山地の南東端にそびえる**大山**（おおやま）は都心から近く、高尾山とならぶ登山スポットになっています。古代から山岳信仰の中心で、頂上に建つ**大山阿夫利神社**（あふり）は**大山詣り**の参拝客を集めてきました。蛭ヶ岳（ひるがだけ）を主峰とする**丹沢山**は、変化に富んだ山容が魅力です。

要点マスター 神奈川県の見どころ

文　化	小田原提灯、箱根寄木細工
都　市	横浜➡みなとみらい21、中華街、山下公園 鎌倉➡鶴岡八幡宮、鎌倉大仏、建長寺、円覚寺
景勝地	江の島、箱根（芦ノ湖、大涌谷、箱根湯本温泉） 大山（山岳信仰）、丹沢山、三浦半島（灯台）

プラスアルファ

三浦半島
変化に富んだ地形が魅力で、観音埼、剱埼（つるぎざき）、城ヶ島などの灯台めぐりも楽しめる。中・北部を占める**横須賀市**は、軍港として発展してきた。半島東端の**浦賀**は、幕末にペリーの黒船が来航したことで知られる。半島南部の**三崎**（三浦市）は、日本有数の遠洋漁業の基地。

用語

箱根七湯
箱根温泉郷にある七つの温泉。**湯本**・**塔ノ沢**・**宮ノ下**・**底倉**・**堂ヶ島**・**木賀**（または姥子（うばこ））・**芦之湯**。江戸時代、街道の整備に伴い、多くの湯治客が訪れるようになった。

用語

箱根関所
江戸幕府が設けた東海道の関所。厳しい監視・取り調べは「**入り鉄砲**（でっぽう）**に出女**」とよばれた。復元工事が終わった2007年から、一般公開されている。

3 埼玉県と群馬県

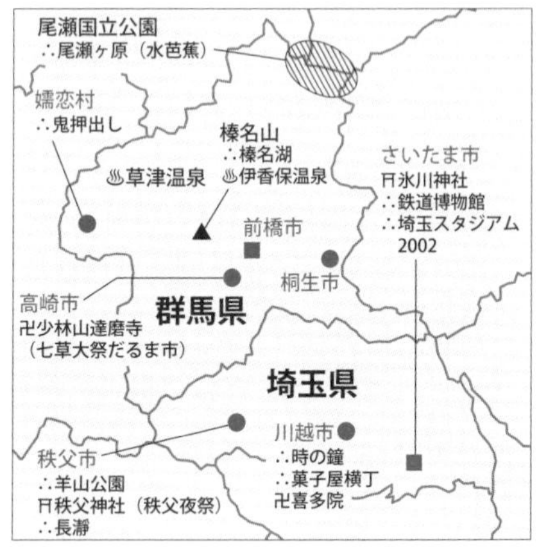

（1）埼玉県

①さいたま新都心

県庁所在地の**さいたま市**は、2001年に浦和市・大宮市・与野市が合併して誕生しました。**さいたま新都心**として、首都機能の一部を担っています。大宮地区は、武蔵国一宮の**氷川神社**の門前町、中山道の宿場町として発展してきました。新幹線をはじめ、多くの鉄道の分岐点になっています。大宮駅から一駅のところにある**鉄道博物館**も人気スポット。浦和地区にある**埼玉スタジアム2002**は、国内最大級のサッカースタジアムです。

②「小江戸」川越

中部の**川越市**は**蔵造り**の古い街並みが残り、**小江戸**とよばれています。シンボルは高さ16mの**時の鐘**。石畳の**菓子屋横丁**もノスタルジーを感じさせてくれます。円仁（えんにん）が開いた**喜多院**には、徳川家ゆかりの文化財が多く残されています。

時の鐘

埼玉県は、ねぎの生産量が千葉県に次いで全国2位。名産品や郷土料理には、**深谷ねぎ**、**草加せんべい**、冷汁うどんなどがあります。

プラスアルファ

アニメの聖地
埼玉県にはアニメの聖地が多い。狭山丘陵『**となりのトトロ**』、春日部市『**クレヨンしんちゃん**』のほか、川越市『月がきれい』、久喜市『らき☆すた』、秩父市『心が叫びたがってるんだ。』など。

プラスアルファ

渋沢栄一記念館
「近代日本経済の父」渋沢栄一の記念館で、深谷市にある。実物そっくりの「**渋沢栄一アンドロイド**」が人気。

プラスアルファ

日本の手漉（すき）和紙技術
秩父山地の東麓にある小川町と東秩父村は、古くから**和紙**の産地として知られる。なかでも、楮（こうぞ）だけを使った手漉きの**細川紙**は、**本美濃紙**（ほんみのうし）（岐阜県）、**石州半紙**（せきしゅう）（島根県）とともに「和紙：日本の手漉

③自然豊かな秩父と長瀞

西部の**秩父市**は、秩父盆地の上に発達した都市。高台の**羊山公園**では春に**芝桜**、夏にかけて花菖蒲を観賞できます。12月には、秩父神社で**秩父夜祭**が開かれます。伝統的工芸品の**秩父銘仙**も有名。武甲山は全国有数の石灰岩の産地で、秩父のセメント工業を発達させました。荒川の上流の峡谷・**長瀞**(ながとろ)は、日本の地質学発祥の地。岩畳や秩父赤壁など独特の景観は、**川下り**で楽しめます。秩父鉄道も観光に力を入れており、蒸気機関車(SLパレオエクスプレス)を走らせています。

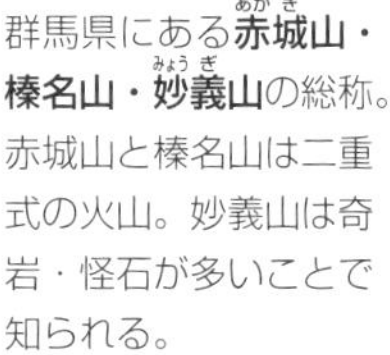

秩父夜祭

要点マスター 埼玉県の見どころ

文化	小川の和紙(細川紙)、秩父夜祭、秩父銘仙
都市	さいたま➡鉄道博物館、氷川神社　川越➡時の鐘
景勝地	長瀞(岩畳、秩父赤壁、川下り)

(2)群馬県

①高崎市と榛名山

県庁所在地は**前橋市**ですが、商業・交通の中心は**高崎市**です。保渡田(ほとだ)古墳群などの古墳や史跡が多く、郊外には**七草大祭だるま市**で有名な少林山達磨寺が建っています。

高崎市の北西部にそびえる**榛名山**(はるなさん)は、上毛三山の一つ。カルデラ内に風光明媚な**榛名湖**があり、湖の北東には**伊香保温泉**の温泉街が広がっています。伊香保の名は長い歴史を刻んできました。『万葉集』の東歌にも登場しており、徳冨蘆花(とくとみろか)や竹久夢二ら多くの文人にも愛されました。風情豊かな石段は365段を数えます。その周辺では、名物の水沢うどんが食べられます。

和紙技術」としてユネスコの無形文化遺産に登録されている。

プラスアルファ

越生梅林(おごせばいりん)

中部の越生町は、鎌倉時代に市場町として栄えた。2〜3月の**越生梅林梅まつり**は、多くの観光客を集める。

用語

秩父夜祭

秩父神社の例大祭。江戸時代に起源をもつ。豪華な笠鉾(かさぼこ)、屋台を曳き歩く。ユネスコの無形文化遺産に登録されている「**山・鉾・屋台行事**」の一つ。

群馬県は、**こんにゃくいも**の生産量が全国一。**下仁田ねぎ**(しもにたねぎ)も有名です。郷土料理には、焼きまんじゅう、おきりこみ(煮込み麺料理)などがあります。

用語

上毛三山

群馬県にある**赤城山**(あかぎさん)・**榛名山・妙義山**(みょうぎさん)の総称。赤城山と榛名山は二重式の火山。妙義山は奇岩・怪石が多いことで知られる。

②草津温泉と嬬恋

草津温泉の湯もみ

白根山（草津白根山）の南東斜面にある**草津温泉**は、日本有数の湯量を誇る温泉。高温の湯を板でかきまわす**湯もみ**、温泉街の中心にある**湯畑**の夜のライトアップが有名です。

草津町に隣接する**嬬恋村**（つまごい）は夏の避暑地、スキー場として知られますが、荒々しい溶岩風景が広がる**鬼押出し**（おにおしだ）も見逃せません。高原野菜の栽培もさかんで、特に**キャベツ**の生産量は全国一です。

③絹織物の桐生

群馬県東部の**桐生市**（きりゅう）は、渡良瀬川と桐生川の合流点付近に位置しています。古くから養蚕がさかんで、**桐生織**の産地として発展してきました。その品質の高さは「西に西陣、東に桐生」といわれたほどです。保存地区の桐生新町には、三角屋根が特徴のノコギリ屋根織物工場が並んでいます。

④四県にまたがる尾瀬国立公園

群馬県北東部を中心に、新潟県・福島県・栃木県の一部にまたがる自然公園。至仏山、会津駒ヶ岳、田代山、帝釈（たいしゃく）山などの周辺も含んでいます。群馬側からだと、鳩待峠からブナの原生林をぬけ、広大な**尾瀬ヶ原**の湿原を歩くルートが一般的。**ミズバショウ**は5月中旬、ニッコウキスゲは7月中旬、紅葉は10月頃がベストシーズンです。

要点マスター　群馬県の見どころ

文　化	七草大祭だるま市、桐生織物、富岡製糸場
景勝地	上毛三山（赤城山・榛名山・妙義山）、伊香保温泉、草津温泉、嬬恋村、尾瀬ヶ原、吹割の滝

プラスアルファ

東洋のナイアガラ
県北東部の沼田市は、河岸段丘の町として知られる。遊歩道が整備された吹割渓谷があり、観光名所の**吹割の滝**は、高さ7m、幅30mにおよぶことから、「**東洋のナイアガラ**」とよばれる（▶P.34）。

用語

鬼押出し
浅間山の噴火で流れ出た溶岩が広がるエリア。遊歩道が整備されており、黒々とした溶岩の奇勝を見ることができる。長野県の**軽井沢**からのアクセスもよい。

プラスアルファ

ヨーロッパ古城を再生
吾妻郡高山村には、英国の古城（1829年建造）をそのまま移築した**ロックハート城**がある。敷地内の「**大理石村**」とあわせて多くの映画・CMのロケ地になっている。

プラスアルファ

富岡製糸場
富岡市には、1872年に設立された官営の**富岡製糸場**がほぼ当時の姿のまま残されている。2014年には「**富岡製糸場と絹産業遺産群**」として世界文化遺産に登録された。

4 栃木県と茨城県

（1）栃木県

①県庁所在地の宇都宮市と大谷石

県庁所在地の**宇都宮市**は宇都宮氏の城下町として、また奥州街道と日光街道の追分の宿場町として発展してきました。最大の観光スポットは、**大谷石**（おおや）の採掘の歴史を伝える**大谷資料館**。地下採掘場跡の巨大地下空間は、CMや映画のロケ地になっています。

②益子焼と民芸運動

茨城県と接する益子町は、西明寺（さいみょうじ）の三重塔と**益子焼**で知られています。益子焼の起源は江戸後期にさかのぼりますが、大正末期に移住してきた**濱田庄司**が窯を開いてから国内外に知られるようになりました。濱田庄司は、**柳宗悦**（むねよし）が提唱した**民芸運動**に参加した陶芸家です。

③世界文化遺産「日光の社寺」

県北西部の**日光**は、関東有数の観光地。最大の見所である**日光東照宮**は、三仏堂を中心とする天台宗の**輪王寺**、男体山（二荒山（ふたらさん））信仰に起源をもつ**二荒山神社**とともに、「**日光の社寺**」として世界文化遺産に登録されています。東照

栃木県は、かんぴょう（ユウガオの果肉）とイチゴが生産量全国一。郷土料理では、煮込み料理の**しもつかれ**やいとこ煮、いも串など。ご当地グルメでは、**宇都宮**の**餃子**、佐野のラーメンが人気です。

用語

大谷石
大谷町から産出された**凝灰岩**。高品質で加工しやすいため、昭和の高度経済成長期まで、**石材**として利用された。宇都宮市郊外にある**大谷寺**は、大谷石の岩壁に建てられた寺院で、日本最古の石仏と伝えられる大谷観音のほか、石仏群がある。

プラスアルファ

鹿沼（かぬま）
江戸時代の宿場町。**今宮神社**の例大祭は、ユネスコの無形文化遺産「山・鉾・屋台行事」の一つとして、「**鹿沼今宮神社祭の屋台行事**」の名で登録されている。

宮で見落とせないのは、豪華絢爛な正門の**陽明門**。500を超える精緻な彫刻がほどこされ、いつまで見ても飽きないことから、「日暮の門」とよばれます。

日光東照宮の陽明門

④奥日光と鬼怒川温泉

成層火山の**男体山**の南麓から西方にかけて、堰止湖の**中禅寺湖**や**戦場ヶ原**の高原が広がる自然豊かなエリアは、奥日光とよばれます。戦場ヶ原は、満天の星空を観測できる天体スポットとしても人気です。

日光東照宮からは、馬返からつづら折りの急坂な**いろは坂**（日光道路）をぬけ、日本三名瀑の**華厳の滝**を眼下に見て、中禅寺湖へと至ります。いろは坂は紅葉の名所としても知られます。この北部の**鬼怒川温泉**は、日光参拝の大名・僧侶の御用達だったという由緒ある温泉です。

⑤那須高原と塩原温泉

県の北東部には、四季折々の自然を満喫できる**那須高原**が広がっています。**那須岳（茶臼岳）**への登山道に加え、美術館や牧場、那須サファリパーク、那須ハイランドパークなどのテーマパークもあり、一大高原リゾートになっています。那須岳南西の箒川沿いにある**塩原温泉**は、平安時代に発見されたと伝えられる温泉。明治時代からの歴史をもつトテ馬車（遊覧馬車）も楽しみの一つです。

要点マスター　栃木県の見どころ

文　化	大谷石、益子焼、足尾銅山、史跡足利学校
都　市	日光➡日光東照宮、輪王寺、二荒山神社
景勝地	奥日光（華厳の滝、中禅寺湖、鬼怒川温泉） 那須（那須高原、塩原温泉）

用語

日光東照宮
3代将軍**徳川家光**が家康公をまつるため、霊廟を整備していった。現在、100を超える建造物が、国宝・重要文化財に指定されている。**陽明門**のほかでは、**唐門**や「見ざる、言わざる、聞かざる」の**三猿**の彫刻で有名な神厩舎、左甚五郎の作と伝えられる**眠り猫**などが有名。

用語

日本三名瀑
日光の**華厳の滝**、和歌山県紀伊山中の**那智の滝**、茨城県北部の**袋田の滝**を指すことが多い。

プラスアルファ

足尾銅山
現在の日光市足尾町、**渡良瀬川**の上流にあった鉱山。**足尾鉱毒事件**で知られる。1973年に閉山したが、坑内の一部が博物館として開放されている。

プラスアルファ

足利氏ゆかりの町
県南西部の足利市には、室町幕府を開いた足利氏ゆかりの史跡が多い。**足利学校**は、ザビエルによって海外に紹介されたことでも知られる。樹齢約150年という大藤棚の**あしかがフラワーパーク**も人気。

（2）茨城県

①水戸藩の城下町・水戸市

県庁所在地の**水戸市**は、徳川御三家の水戸藩の城下町として発展しました。最大の観光名所は、日本三名園の**偕楽園**。幕末、藩主の**徳川斉昭**が「衆と偕に楽しむ」ことを目的に開きました。梅の名所としても有名で、**水戸の梅まつり**は多くの来園者でにぎわいます。斉昭が創建した藩校の**弘道館**も見逃せません。このほか、愛宕山古墳や吉田古墳など、多くの古墳も点在しています。

偕楽園

②太平洋岸の大洗・ひたちなか

北関東で海水浴を楽しむなら太平洋岸。大洗町の**大洗磯前神社**は日の出の名所で、神磯の鳥居が景観に花を添えます。ひたちなか市の**国営ひたち海浜公園**は四季折々の花が咲き、特にコキア（ほうき草）の紅葉は見事。ここから北の**竜神峡**は緑豊かな渓谷で、**竜神大吊橋**からのバンジージャンプが人気です。県北西部の**袋田の滝**は日本三名瀑の一つ。

③「水郷」霞ヶ浦と筑波山

県南部の**霞ヶ浦**は、琵琶湖に次ぐ日本第２位の面積をもつ湖。霞ヶ浦と利根川の下流域に広がる**水郷地帯**は、県中部の「西の富士、東の筑波」と並び称された**筑波山**とともに、水郷筑波国定公園に指定されています。観光の拠点は霞ヶ浦の東岸、江戸時代から舟運で栄えた**潮来**です。

要点マスター 茨城県の見どころ

文 化	水戸の梅まつり、笠間焼、結城紬
都 市	水戸➡偕楽園、弘道館、愛宕山古墳
景勝地	竜神峡、袋田の滝、霞ヶ浦（水郷）、筑波山

茨城県は、**ピーマン**、**くり**の生産量が全国一です。名産品では**水戸納豆**が有名ですが、庶民には**あんこう料理**も愛されています。

用語

徳川斉昭
幕末の水戸藩主。水戸学の**藤田東湖**らの補佐を受け、藩政改革を行った。1853年のペリー来航のときには、幕府の参与に招かれたが、**尊王攘夷**の立場を貫き、井伊直弼と対立した。

プラスアルファ

サッカーと武神
北浦と太平洋にはさまれた**鹿嶋市**は、サッカーの**カシマサッカースタジアム**が有名だが、常陸国一宮の**鹿島神宮**もある。神武天皇創建の武神として、特に徳川将軍の尊崇を集めた。

プラスアルファ

茨城県の伝統的工芸品
・**笠間焼**…笠間市周辺で産する陶器。
・**結城紬**…結城市で産する高級紬。

5 千葉県

①千葉市と湾岸エリア

県庁所在地の**千葉市**は、船橋市・市原市・君津市他とともに**京葉工業地域**の中核都市として発達してきました。東京湾岸には、国内最大級のコンベンション施設・**幕張メッセ**があります。このエリアの最大の観光名所は、なんといっても浦安市の埋立地にある**東京ディズニーランド**と**東京ディズニーシー**です。

②印旛沼に面する佐倉と成田

千葉市の北東、**印旛沼**(いんばぬま)の南にある**佐倉市**は、佐倉藩の城下町として栄えてきました。佐倉城の天守閣跡や空堀などの遺構が残る**佐倉城址公園**は、桜の名所としても知られています。公園の一角には、**国立歴史民俗博物館**が建てられています。さらに東に向かうと、成田市。**成田国際空港**が有名ですが、観光名所といえば、「成田山のお不動さま」で知られる**成田山新勝寺**です。

③「北総の小江戸」佐原

県北東部の香取市の一地区、**佐原**は**利根川**の水運によって、「江戸まさり」といわれるほど繁栄しました。風情あふれる町並みは、川下りの**小江戸さわら舟めぐり**でも楽しめます。佐原出身の**伊能忠敬**の記念館には、「大日本沿海輿地全図」(だいにほんえんかいよちぜんず)をはじめ、多くの実測図が展示されています。

④多様な自然を楽しめる南房総

房総半島南部は自然豊か。**鋸山**(のこぎりやま)の断崖絶壁は「**地獄のぞき**」で知られます。南腹には**日本寺**、その北には金谷石の

プラスアルファ

漁港と醤油

県最東端の**銚子市**には、全国屈指の漁港があるが、**醤油**の生産もさかん。ぬれ煎餅で経営危機を乗りこえた**銚子電鉄**が走る。おもな観光スポットは、**犬吠埼灯台**(いぬぼうさき)、**地球の丸く見える丘展望館**、銚子ポートタワーなど。

プラスアルファ

香取神宮

香取市には、下総国(しもうさのくに)一宮の**香取神宮**が鎮座している。鹿島神宮(茨城県)と同じく、武神として崇められてきた。

用語

鋸　山

標高は329m。凝灰岩の採石によって、**鋸歯状**になった岩が露出している(▶P.34)。

石切場が残っています。外房では、美しい砂浜が続く**九十九里浜**、勝浦海中公園、鴨川シーワールド、いすみ鉄道などが人気。半島最南端には**野島埼灯台**が建っています。

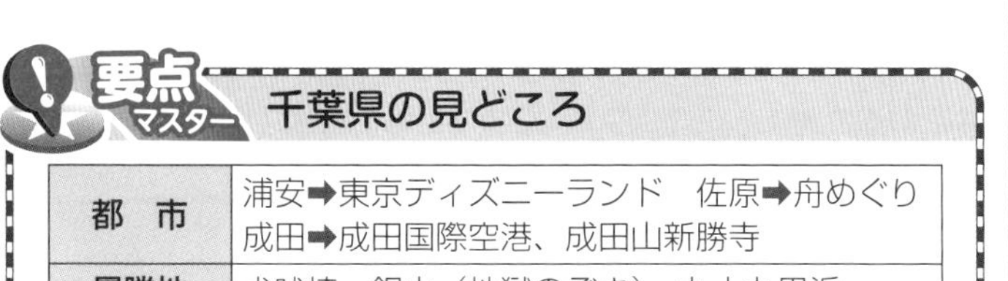

要点マスター　千葉県の見どころ

都　市	浦安➡東京ディズニーランド　佐原➡舟めぐり 成田➡成田国際空港、成田山新勝寺
景勝地	犬吠埼、鋸山（地獄のぞき）、九十九里浜

プラスアルファ

誕生寺
鴨川市にある、**日蓮誕生の地**を記念して弟子が建立した寺院。日蓮宗大本山。

Let's Try 確認テスト

正解したらチェックマーク☑を入れましょう

□ ① 東京都の高尾山の山中にある寺院を次から一つ選びなさい。**2021**
ア　塩船観音寺　　イ　深大寺　　ウ　高幡不動尊　　エ　薬王院

□ ② 鎌倉市の鶴岡八幡宮は、由比ヶ浜から続く参道である［ a ］とその中心に設置された一段高い歩道である［ b ］などを抜けて多くの参拝客が訪れる。aに入る参道とbに入る歩道の正しい組み合わせを次から一つ選びなさい。**2022**
ア　a朱雀大路 — b雁木　　イ　a朱雀大路 — b段葛
ウ　a若宮大路 — b雁木　　エ　a若宮大路 — b段葛

□ ③ 鎌倉大仏の鎮座する［　　］など、鎌倉には多くの神社仏閣が存在する。［　　］にあてまはる語句を次から一つ選びなさい。**2019**
ア　高徳院　　イ　三千院　　ウ　寂光院　　エ　平等院

□ ④ 日本三大奇勝の一つとして荒々しい岩肌が創り出す自然景観の美しさが特徴の群馬県の山はどこか、次から一つ選びなさい。**2017**
ア　赤城山　　イ　子持山　　ウ　榛名山　　エ　妙義山

□ ⑤ 群馬県の伊香保温泉の周辺には、日本三大うどんの一つとされる名物がある。このうどんを次から一つ選びなさい。**2021**
ア　稲庭うどん　　イ　讃岐うどん　　ウ　水沢うどん　　エ　吉田うどん

□ ⑥ 「北総の小江戸」とよばれる［　　］には、この地出身の伊能忠敬記念館がある。［　　］にあてはまる語句を次から一つ選びなさい。**予想**
ア　益子　　イ　佐倉　　ウ　潮来　　エ　佐原

解答　①エ／②エ／③ア／④エ／⑤ウ／⑥エ

LESSON 4

中部地方

学習のPOINT

頻出度：★★★

Check! ／ ／ ／

中部地方は、①東海地方、②日本アルプス（飛騨・木曽・赤石）が連なる中央高地、③北陸地方の三つに分けられる。スノーモンキー、富士山と五重塔など、海外で話題になっているスポットが多い。

中部地方の主な観光資源をクイズでチェック！

1

池泉回遊式の日本庭園。隣接する美術館には「源氏物語絵巻」を収蔵

2

「黄金の大滝」が圧巻の、東海地方最大級の鍾乳洞

3

青木ヶ原樹海内にある、氷柱が有名な堅穴型洞窟

4

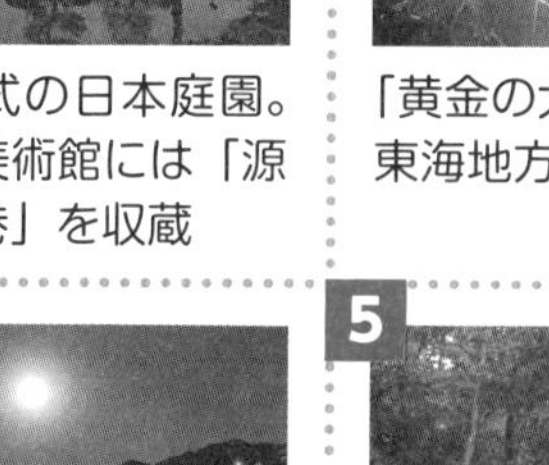

芭蕉や一茶の句が残る、重要文化的景観に選定された、別名「田毎（たごと）の月」

5

「傘岩」などの奇石がある、ダム湖が造り出した人工の景勝地

6

ラムサール条約登録湿地に指定された、白鳥の飛来で有名な新潟県北部の湖

7

「海の貴婦人」と呼ばれる海洋実習船見学や海辺の自然を体感できる施設

8

歌舞伎の演目「勧進帳（かんじんちょう）」の舞台として知られる関跡

9

「大門（おおもん）」「小門（こもん）」などの奇石がある、小浜港から遊覧船で楽しめる景勝地

解答 ①徳川園（愛知県）／②竜ヶ岩（りゅうがし）洞（静岡県）／③鳴沢氷穴（山梨県）／④姨捨（おばすて）の棚田（長野県）／⑤恵那峡（岐阜県）／⑥瓢（ひょう）湖（新潟県）／⑦海王丸パーク（富山県）／⑧安宅（あたか）の関（石川県）／⑨蘇洞（そとも）門（福井県）

1 愛知県と静岡県（東海地方）

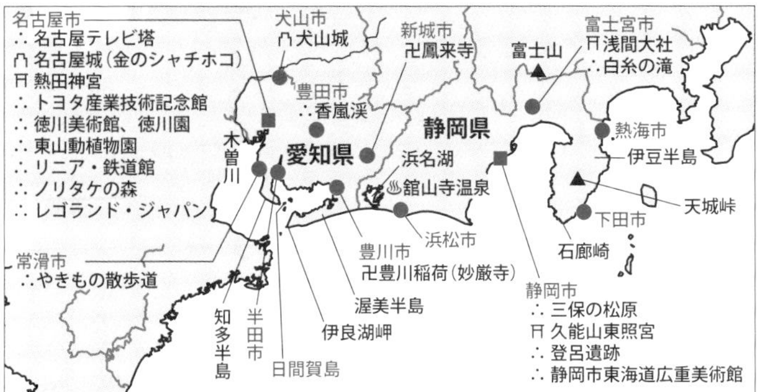

（1）愛知県

①県庁所在地の名古屋市

県庁所在地の**名古屋市**は、**濃尾平野**（のうび）の上に発達した都市。中部の地方中枢都市で、**中京工業地帯**の中核都市でもあります。ランドマークは、久屋（ひさや）大通公園に建つ**名古屋テレビ塔**や名古屋駅のJRセントラルタワーズ。

観光の目玉は、「尾張（おわり）名古屋は城でもつ」こと**名古屋城**。徳川家康が築城して以来、**尾張藩**の居城になりました。天守閣に**金のシャチホコ**があることから、「金城」「金鯱（きんしゃち）城」ともよばれます。

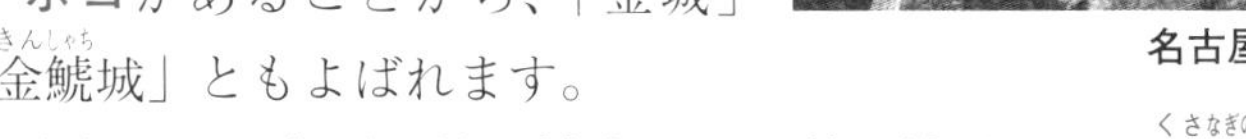

名古屋城

もう一つの名所・**熱田神宮**は、三種の神器の一つ**草薙剣**（くさなぎのつるぎ）をご神体としていることで有名。6月には、献灯（けんとう）まきわらが美しく灯る**熱田まつり（尚武（しょうぶ）祭）**が行われます。

このほかの観光スポットに、「モノづくり」の**トヨタ産業技術記念館**、徳川の歴史を伝える**徳川美術館**と**徳川園**、ゴリラとコアラが人気の**東山動植物園**、鉄道博物館の**リニア・鉄道館**、陶磁器に関する複合施設の**ノリタケの森**、2017年に開業した**レゴランド・ジャパン**などがあります。

用語

中京工業地帯
日本最大級の工業地帯。名古屋市を中心に、岐阜県南部、三重県北部にわたる。重工業は**豊田市**の**自動車**、東海市の鉄鋼、四日市市（三重県）の石油化学など。**瀬戸市**では、**せともの（瀬戸焼）**で知られる窯業がさかん。一宮市の毛織物も有名。

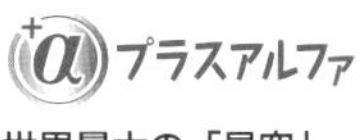

世界最大の「星空」
名古屋市科学館には、世界最大規模の**プラネタリウム**がある。本物の星空の再現をめざしてつくられたドームの内径は35m。

2022年、名古屋市に接する長久手市の「愛・地球博記念公園（モリコロパーク）」内に**ジブリパーク**が開園しました。

②信長にゆかりある犬山

岐阜県と接する犬山市には、国宝の**犬山城**（白帝城）が建っています。織田信康（信長の叔父）が**木曽川**沿いの高台に建てました。現存天守12城（▶P.68）の一つで、日本最古の様式の木造天守が残されています。

犬山市は、毎年４月に行われる針綱神社の**犬山祭**もよく知られています。笛や太鼓に合わせて舞うからくり人形を乗せた車山（山車）が城下町を練り歩きます。

③家康の生誕地・三河

県東部の**三河**は**徳川家康**の出身地で、名古屋を中心とした尾張と張り合ってきました。西三河の**豊田市**はトヨタ自動車で有名ですが、秋に紅葉が彩る**香嵐渓**や王滝渓谷など、渓谷美にもめぐまれています。岡崎市には、家康の生誕地として知られる**岡崎城**が復興されています。

東三河は豊川の流域と**渥美半島**からなります。新城市の鳳来寺山も紅葉で名高く、中腹には**鳳来寺**があります。半島付け根の豊川市は、**豊川稲荷**（妙厳寺）が観光名所。半島先端の**伊良湖岬**は、白亜の灯台が青い海に映えます。

④常滑と知多半島

知多半島西岸の中央部に位置する**常滑市**は、平安時代からの陶器の町。登り窯やレンガ煙突、黒塀の工場が残る路地は、**やきもの散歩道**として整備されています。特に縁起物の**まねきねこ**が有名で、生産量は日本一です。

半島中心部の**半田市**は、**蔵のまち**。醤油・味噌などの醸造業で発展してきました。『ごんぎつね』を書いた**新美南吉**の生地で、記念館も建っています。半島の南沖には、「タコとフグの島」こと**日間賀島**や篠島が浮かんでいます。

プラスアルファ

明治村と猿の動物園
犬山市には、明治時代のハイカラな建造物や街並みを再現した**博物館明治村**がある。また、猿専門の動物園と京都大学犬山キャンパスを併設した**日本モンキーセンター**もある。

プラスアルファ

日本ライン
犬山市から北の可児市（岐阜県）にかけての木曽川の峡谷は、**日本ライン**とよばれる。ドイツのライン川の景観に似ていることから、地理学者の志賀重昂が名付けた。遊覧船の川下りで楽しめる。

プラスアルファ

自動車工場見学
豊田市の**トヨタ自動車の工場**では、自動車の生産ラインを見学（要予約）することができる。

用語

伊良湖岬
伊勢湾をはさんで志摩半島と向き合う。万葉の時代から、平安期の西行、島崎藤村の「**椰子の実**」まで、多くの詩歌にうたわれた。

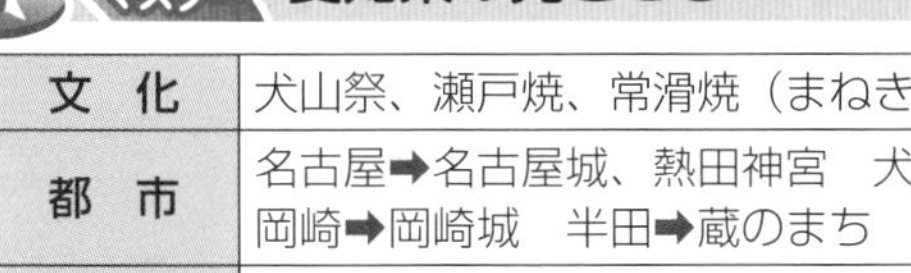

愛知県の見どころ

文 化	犬山祭、瀬戸焼、常滑焼（まねきねこ）
都 市	名古屋➡名古屋城、熱田神宮　犬山➡犬山城 岡崎➡岡崎城　半田➡蔵のまち
景勝地	日本ライン、香嵐渓、伊良湖岬

（2）静岡県

①県庁所在地の静岡市

県庁所在地の**静岡市**は2003年に清水市と合併し、その後、政令指定都市になりました。**富士山**の絶景を眺めるなら駿河湾の**三保**(みほ)**の松原**。高台からなら、茶畑が広がる丘陵地の**日本平**がおすすめ。日本平は久能山(くのうざん)とロープウェイで結ばれています。久能山の頂上には徳川家康をまつる**久能山東照宮**が鎮座しています。安倍川下流の低湿地で発掘された弥生時代の遺跡・**登呂**(とろ)**遺跡**にも、足を延ばしたいところ。

静岡県には、東の三島宿から西の白須賀(しらすか)宿まで、東海道の宿場が22宿ありました。**静岡市東海道広重美術館**は、「東海道五十三次」で知られる浮世絵師・**歌川広重**の風景版画を展示しています。

「東海道五十三次」由比宿(ゆいじゅく)

②富士登山の拠点

静岡市の北東、富士山の南西麓に広がる**富士宮**(ふじのみや)**市**は、**浅間大社**（富士信仰）の門前町として発展しました。富士山の登山口があり、山梨県南部の富士五湖めぐりの拠点にもなっています。また、名勝・天然記念物の**白糸**(しらいと)**の滝**や朝霧高原も外せません。ご当地Ｂ級グルメの代表といわれる富士宮やきそばは、独特のコシが特徴です。

静岡県といえば、茶とミカン。特に**茶**の生産量は全国有数です。久能山の**石垣イチゴ**、家康が命名したと伝えられる**安倍川餅**も有名です。また、浜名湖の**養殖うなぎ**、焼津港に水揚げされるマグロなど、海の幸にもめぐまれています。

ココに注目！

富士山
山梨県と静岡県の県境にそびえる、日本の最高峰（標高3,776m）。古代からの霊峰で、江戸時代には、参拝者によって**富士講**が組織された。山頂には、**浅間大社**の奥宮がある。こうした文化的側面が評価され、2013年に「**富士山-信仰の対象と芸術の源泉**」として世界文化遺産に登録された。自然遺産ではないので、注意したい。登山ルートは、四つあるが、登山者の過半数が、山梨側からの吉田ルートを使う。次に多いのが、静岡側からの富士宮ルート。

③熱海温泉と伊豆半島

県東部の**熱海市**は、全国屈指の温泉都市。1934年に、丹那トンネルが開通して以来、急速に発展しました。尾崎紅葉の『**金色夜叉**』の舞台としても知られます。

伊豆半島も伊東温泉、修善寺温泉、湯ヶ島温泉などの名湯が多く、また貴重な地形と地質が評価され、2018年には半島全域が**世界ジオパーク**に認定されました。川端康成の『**伊豆の踊子**』で知られる**天城峠**をはじめ、浄蓮の滝、河津七滝、城ヶ崎海岸、**石廊崎**など観光名所はつきません。南東部の**下田**は、幕末の1854年に結ばれた日米和親条約で函館（箱館）とともに開港したことでも知られます。

④浜名湖と浜松市

県西部の**浜松市**は浜松藩の城下町、東海道の宿場町として栄えました。**楽器・自動車・オートバイ**など機械工業がさかんで、**東海工業地域**の中核都市になっています。見どころは浜松城、はままつフラワーパーク、浜松市楽器博物館、龍潭寺など。汽水湖の**浜名湖**は、**うなぎの養殖**で有名です。湖岸には**かんざんじ（舘山寺）温泉**の温泉街が広がっています。

ゴールデンウィークには、江戸時代の初凧に起源をもつ、**浜松まつり**が行われます。祭祀とは無関係な市民の祭りで、**遠州のからっ風**を利用した凧揚げ合戦は、子どもの誕生を祝うイベントです。

浜松まつり

要点マスター　静岡県の見どころ

都　市	静岡➡三保の松原、日本平、久能山、登呂遺跡 富士宮➡富士登山口、浅間大社、白糸の滝
景勝地	富士山、熱海温泉、三島スカイウォーク 伊豆半島（世界ジオパーク、天城峠、石廊崎）

プラスアルファ

MOA美術館
熱海市にあり、**相模灘**を見渡す高台に建つ「海の見える美術館」。

プラスアルファ

三島スカイウォーク
伊豆半島の付け根にあたる**三島市**は、東海道の宿場町として発展した。人気の観光スポットは、日本一長い歩行者用吊り橋の**三島スカイウォーク**（全長400m）。橋上からは、富士山、伊豆半島の山々、駿河湾の海原を一望できる。

プラスアルファ

韮山反射炉
伊豆の国市にある**韮山反射炉**は、幕末、大砲などを鋳造するためにつくられた溶解炉。「**明治日本の産業革命遺産**」の構成資産の一つとして、世界文化遺産に登録されている。

プラスアルファ

ブラジル人と餃子
浜松市は、群馬県太田市とともに**ブラジル人労働者**が多く住んでいることで有名。また、宮崎市や宇都宮市とともに**餃子**の消費量が多いことでも知られる。

2 山梨県・長野県・岐阜県（中央高地）

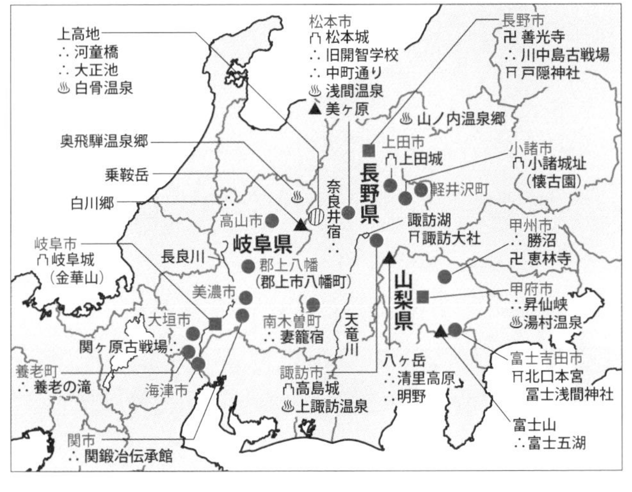

（1）山梨県

①県庁所在地の甲府市

県庁所在地の**甲府市**は、**甲府盆地**の中央部に発達した都市です。**武田信玄**ゆかりの武田神社や舞鶴城公園（甲府城跡）などが名所。景勝地で外せないのは、仙娥滝で有名な**昇仙峡**。「日本一の渓谷美」といわれ、県の名産品の一つ**甲州水晶貴石細工**も、ここで水晶が発掘されたのがはじまりでした。「信玄の隠し湯」の**湯村温泉**も遠くありません。

②扇状地とワイン

甲府市の北東部に位置する甲州市には、**扇状地**が広がっています。その中心地は、**甲州街道**の宿場町として栄えてきた**勝沼**。**ワイン**の醸造がさかんで、観光農園も点在しています。「ぶどう寺」の異名をもつ大善寺や**夢窓疎石**が開山した武田氏の菩提寺・**恵林寺**にも足を延ばしたいところ。

③富士講の町と富士五湖

富士山の登山口がある**富士吉田市**は、江戸時代から富士

山梨県は、**ぶどう**・**もも**の生産量が全国一。郷土料理には、**ほうとう**、吉田うどんなどがあります。銘菓なら桔梗信玄餅、ご当地グルメなら甲府鳥もつ煮が人気。

プラスアルファ

大菩薩峠

甲府市にある**秩父多摩甲斐国立公園**の見どころの一つ。

プラスアルファ

信玄堤

甲府市西隣の甲斐市竜王には、**武田信玄**が築いた**信玄堤**の一部が残っている。荒れ川の**釜無川**の治水対策として築かれた堤防。釜無川は笛吹川と合流し、**富士川**となって静岡県に流れる。

プラスアルファ

リニアの見える丘

甲府盆地の中東部に位置する笛吹市には、リニアモーターカーの実験線路がある。この丘からはその名の通り、走行するリニアが見える。歓楽街が発達した**石和温泉**も近い。

講の町として栄えました。**北口本宮冨士浅間神社**では、8月に**吉田の火祭り**が行われます。鎮火祭の別名がある通り、富士山の噴火を鎮めるためにはじめられました。

富士山観光は登山だけでなく、北麓に点在する**富士五湖**めぐりも人気です。観光の中心は**河口湖**。「逆さ富士」の撮影スポット産屋ヶ崎（うぶやがさき）のほか、河口湖音楽と森の美術館や富士急ハイランドなど観光施設も充実しています。

④八ヶ岳と清里の大自然

県の北西部、長野県との県境には、**赤石山脈**（南アルプス）が連なっています。白根三山（しらねさんざん）の北岳（3,193m）は、富士山に次ぐ高峰。**八ヶ岳**の山麓の清里駅周辺には、**清里高原**、まきば公園、美し森などの景勝地が集中しており、長野県の野辺山原もすぐ近く。明野の**ひまわり畑**も人気です。

要点マスター　山梨県の見どころ

都　市	甲州➡勝沼（扇状地）のワイン、観光農園 富士吉田➡富士講の町、北口本宮冨士浅間神社
景勝地	昇仙峡、富士山（富士五湖）、清里高原、美し森

（2）長野県

①県庁所在地の長野市

県庁所在地の**長野市**は、県北部の長野盆地に形成された都市。**善光寺**の門前町として繁栄してきました。郊外にも、**川中島古戦場**や**戸隠神社**（とがくし）などの名所があります。

長野駅は**山ノ内温泉郷**や**志賀高原**の観光拠点にもなっています。とりわけ、**地獄谷野猿公苑**の**ニホンザル**（露天風呂に入る猿）は外国人観光客に人気です。

②軽井沢と東信州

浅間山の南東麓の**軽井沢**は、日本を代表する避暑地です。

富士五湖
富士山の噴火による五つの堰止湖。西から東へ半円状に、**本栖湖**（もとす）、**精進湖**（しょうじ）、**西湖**（さい）、**河口湖**、**山中湖**と並ぶ。富士箱根伊豆国立公園に属している。西湖の湖畔からは、**青木ヶ原樹海**の遊歩道を歩くこともできる。東南端の山中湖の周辺には**忍野八海**（おしのはっかい）とよばれる湧水群がある。

猿橋
大月市の**桂川**にかかる木造の橋。橋脚がなく「はね木」が橋げたを支える珍しい構造。

長野県の郷土料理は、**信州そば、おやき、野沢菜**など素朴なものが多いですね。おやきは、具の入った焼き餅。具材は地域や店によって様々です。

プラスアルファ

善光寺の御開帳
善光寺のご本尊「一光三尊阿弥陀如来」は**秘仏**（ひぶつ）。その身代わりの「前立本尊」が**7年に一度**公開される。

江戸時代には、信濃追分や沓掛とともに、中山道の宿場町として発展しました。浅間山南西麓の小諸市にある**小諸城址（懐古園）**は、島崎藤村の『千曲川旅情の歌』で有名です。その北西にあたる**上田市**は、真田氏の拠点。真田昌幸が**上田城**を築いて以来、城下町として栄えました。

③諏訪盆地と周辺の高原

諏訪盆地の中心に、**天竜川**の水源の**諏訪湖**があり、真冬の全面結氷した湖で起きる自然現象「御神渡り」が有名です。北岸には、信濃国一宮の**諏訪大社**が鎮座しています。７年に一度開かれる**御柱祭**は、全国から多くの観光客を集めます。

諏訪大社の御柱祭

東岸の**諏訪市**は、高島藩の城下町として発展しました。高島公園には再建された**高島城**が建ち、諏訪湖沿いには、**上諏訪温泉**の温泉街が形成されています。また、**霧ヶ峰高原**や**蓼科高原**の観光拠点にもなっています。

④松本と景勝地の上高地

飛騨山脈（北アルプス）の東斜面に位置する松本市は、松本藩の城下町、多くの街道が交差する要地として繁栄しました。五重六階の天守閣をもつ**松本城**と最古の小学校**旧開智学校**が人気ですが、土蔵造りの商家が並ぶ**中町通り**も見逃せません。近郊には**浅間温泉**があり、市の東には、アルプスを望む**美ヶ原**の高原が広がっています。

また、松本は旧安曇村の**上高地**や高山市（岐阜県）にまたがる**乗鞍岳**への観光拠点にもなっています。上高地は**梓川**の上流に広がる景勝地で、穂高連峰や焼岳を望む**河童橋**や**大正池**、明神池などの名所が集まっています。乳白色のお湯で有名な**白骨温泉**も遠くありません。

用語

軽井沢
ショッピングなら、旧軽井沢銀座通り。美術館めぐりのほか、軽井沢ショー記念礼拝堂、石の教会（内村鑑三記念堂）、**旧三笠ホテル**（現在は博物館 ※令和7年4月ごろまで休館中）、ジョン・レノンが滞在した**万平ホテル**なども楽しめる。また、**雲場池**、**白糸の滝**、千ヶ滝、碓氷峠といった景勝地も多い。

用語

天竜川
諏訪湖に源を発する長さ213kmの川。木曽山脈と赤石山脈の間の**伊那盆地**や**天竜峡**を通り、浜松市（静岡県）で遠州灘に注ぐ。**天竜ライン下り**も楽しめる。

プラスアルファ

野辺山駅
普通鉄道で**日本一標高が高い**場所にある駅。

野尻湖
新潟県との県境に近い信濃町にある湖。戦後、**ナウマンゾウ**やオオツノジカの骨など、旧石器時代の遺物が発掘された。湖畔には、**野尻湖ナウマンゾウ博物館**がある。周辺には、**苗名滝**や**黒姫高原**などの景勝地も多い。

⑤木曽路の宿場町

県南西部には、**木曽山脈**が連なっています。その西麓には**中山道**の一部、木曽街道（木曽路）の宿場町が点在しています。風流な町並みが残る**奈良井宿**はかつて「奈良井千軒」と称されるほど栄えました。南木曽町の**妻籠宿**も、岐阜県南部の**馬籠宿**と並び、古い景観が残されています。

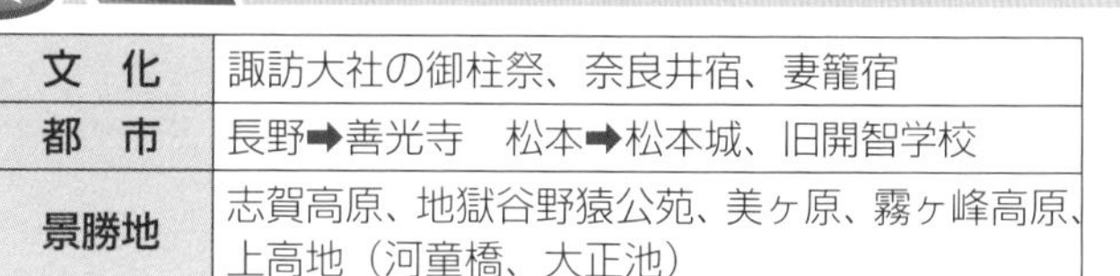

要点マスター　長野県の見どころ

文　化	諏訪大社の御柱祭、奈良井宿、妻籠宿
都　市	長野➡善光寺　松本➡松本城、旧開智学校
景勝地	志賀高原、地獄谷野猿公苑、美ヶ原、霧ヶ峰高原、上高地（河童橋、大正池）

（3）岐阜県

①県庁所在地の岐阜市

県庁所在地の**岐阜市**は、**濃尾平野**の北部に位置する商工業都市。戦国時代、斎藤道三と**織田信長**の城下町として発展しました。観光名所は、その信長が天下統一の拠点にした**岐阜城**。**金華山**（稲葉山）の山頂に建つ山城です。その北麓を東西に流れる**長良川**は、**鵜**（ウミウという鳥）を操ってアユをとる**鵜飼**で有名です。

②長良川の流域

県北西部の大日ヶ岳に源を発する**長良川**の流域には、観光名所が点在しています。吉田川が合流する上流の**郡上八幡**（郡上市八幡町）には、古い町並みが残されており、清流・名水の町、盆踊りの**郡上おどり**の里としても知られます。

中流域の**美濃市**は、**美濃和紙**の生産地として有名。また、屋根の両端に**うだつ**（防火用の袖壁）を備えた古い商家が多く、「うだつの上がる町並み」として保存されています。

プラスアルファ

かまくらの里
県北東部の飯山市は冬の降雪量が多く、**かまくらの里**として知られる。信濃平では、冬季限定のかまくらのなかで、名物の**のろし鍋**を食べることができる。

プラスアルファ

馬籠宿
島崎藤村の生地で、小説『夜明け前』の舞台。

岐阜県の名産品・郷土料理といえば、**朴葉みそ**やアユ料理。ご当地グルメでは、鶏ちゃん（鶏肉焼き）や飛騨高山ラーメンが人気です。有名な**五平餅**は、中部地方の山間部の郷土料理なので、他県にも様々な種類があります。

プラスアルファ

三大名湯の下呂温泉
県の中東部にある温泉。湯量が豊富で、**草津温泉**（群馬県）、**有馬温泉**（兵庫県）と並び、しばしば日本三大名湯に挙げられる。

美濃市の南の**関市**は、鎌倉時代から**刃物**の町として発展してきました。**関鍛冶伝承館**では、日本刀鍛錬や技能師の実演を見学できます。また、**円空**ゆかりの地でもあります。

③大垣と西美濃

県南西部の**大垣市**は、揖斐川をはじめ多くの川が流れており、水都として知られます。大垣八幡神社の例祭・**大垣まつり**は、ユネスコの無形文化遺産「山・鉾・屋台行事」の一つに登録されています。

南の養老町には、養老孝子伝説が残る**養老の滝**があり、西の滋賀県との県境近くには、**関ケ原古戦場**が広がっています。養老町の南の海津市では、揖斐川・長良川・木曽川が合流する低地に**輪中**（堤防で囲まれた集落）が見られます。

④高山と奥飛騨温泉郷

県北東部の**高山市**は高山陣屋や古い民家が残り、「飛騨の小京都」とよばれます。陣屋前の広場と宮川沿いでは、高山名物の**朝市**が開かれます。祭屋台がくり出す**高山祭**も人気で、高山祭屋台会館には実物の屋台が展示されています。

高山祭

また高山は、平湯温泉から新穂高温泉まで五つの秘湯が続く**奥飛騨温泉郷**や登山客に人気の**乗鞍岳**、さらには世界文化遺産の**白川郷**の観光拠点にもなっています。

要点マスター 岐阜県の見どころ

文 化	郡上おどり、美濃和紙、関の刃物、大垣まつり
都 市	岐阜➡岐阜城、長良川の鵜飼 高山➡陣屋、朝市、高山祭
景勝地	養老の滝、奥飛騨温泉郷、白川郷（世界遺産）

用語

円 空
江戸時代の僧。12万体もの木彫りの仏像（**円空仏**）をつくったことで有名。関市の弥勒寺で晩年を過ごした。

プラスアルファ

「奥の細道」の終着点
大垣市は、松尾芭蕉の俳諧紀行文「奥の細道」の終着点。市内には、**奥の細道むすびの地記念館**がある。

プラスアルファ

飛騨の匠
高山市は、約92%を森林が占めている。**一位一刀彫**の木工品や**春慶塗（飛騨春慶）**の漆器など、匠の高度な技術による工芸品も多彩。1300年の歴史がある飛騨工の制度は、「**飛騨匠の技・こころ**」として日本遺産に認定されている。

用語

白川郷
県北部の庄川流域の**白川郷**は、田園地帯に茅葺きの古い民家が残る。富山県南部の**五箇山**とともに、「**白川郷・五箇山の合掌造り集落**」として、世界文化遺産に登録されている。

3 新潟県と富山県（北陸地方①）

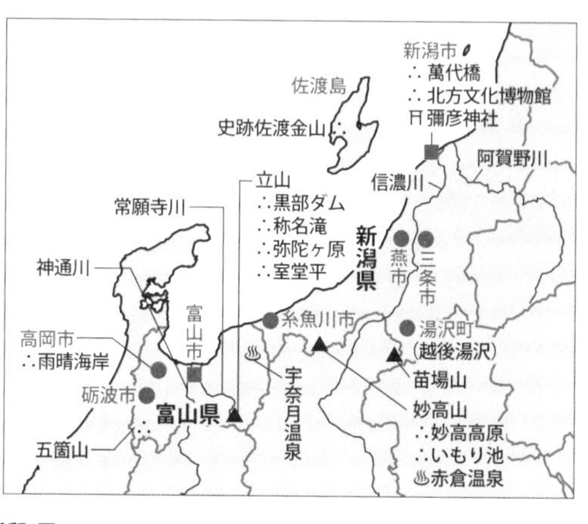

（1）新潟県

①県庁所在地の新潟市と下越

県庁所在地の**新潟市**は、下越に含まれます。**信濃川**と**阿賀野川**の下流に発達した都市で、日本海側最大の人口をほこります。江戸時代、湿地帯を排水して乾田に変え、その後、都市化も進みました。市のシンボルは信濃川にかかる**萬代橋**（ばんだい）。豪農の館を整備した**北方文化博物館**や福島潟も人気です。南の弥彦村は、「おやひこさま」として親しまれてきた**彌彦神社**（やひこ）の門前町で、古い歴史が息づいています。

燕市は**金属洋食器**の生産が全国一です。

②伝統産業が残る中越

三条市は江戸時代に起源をもつ金物の生産がさかんで、**越後三条打刃物**は伝統的工芸品に指定されています。長岡市は大規模な**長岡まつり大花火大会**、小千谷（おぢや）市は伝統行事の**越後牛の角突き**（闘牛の一種）と伝統的工芸品の**小千谷縮**（ちぢみ）で知られています。

湯沢町（越後湯沢）は、群馬県・長野県の県境にそびえる**苗場山**・三国山・谷川岳に囲まれたリゾート地。**スキー場**と温泉が**上越新幹線**で結ばれた首都圏の観光客をよび寄

新潟県は、北から下越・中越・上越の3地区と佐渡地区に分かれます。**コシヒカリ**の産地で、米の生産量1位を北海道と競っています。郷土料理には、**のっぺ**（のっぺい汁）、へぎそばなどがあります。

プラスアルファ

下越の見どころ
県北部の**村上市**は町屋めぐり、日本海に沈む夕日が美しい**瀬波温泉**（せなみ）、約11kmにわたる海岸景勝地の**笹川流れ**が見どころ。**新発田市**（しばた）は、「菖蒲城」（あやめ）の異名をもつ**新発田城**と**月岡温泉**で知られる。

プラスアルファ

中越の景勝地
中越には、十日町市の**清津峡渓谷トンネル**（きよつ）、**星峠の棚田**（ほしとうげ）など、近年人気のフォトスポットが多い。

プラスアルファ

阿賀野川ライン舟下り
阿賀野川の上流・奥阿賀の渓谷は、**阿賀野川ライン**とよばれる。紅葉や雪におおわれた渓谷美を観覧する**川下り**が人気。

せています。

③自然美がだいご味の上越

フォッサマグナと**糸魚川**（いといがわ）**・静岡構造線**の北端にあたる**糸魚川市**は貴重な地質が残っており、**世界ジオパーク**に認定されています。切り立った断崖が続く**親不知**（おやしらず）や小滝川ヒスイ峡などをめぐる観光コースが用意されています。

妙高市には、「越後富士」の異名をもつ**妙高山**がそびえています。麓には**妙高高原**が広がり、野生のミズバショウが咲く**いもり池**、岡倉天心にゆかりある**赤倉温泉**があります。

④日本海に浮かぶ佐渡島

全島が佐渡（さど）市の**佐渡島**は江戸時代に幕領となり、国内最大の金銀の採掘地として栄えました。北西部の相川地区には、**史跡佐渡金山**として坑道跡や北沢浮遊選鉱場跡などが残されています。金銀の積出港だった小木港では、磯ねぎ漁に使う**たらい舟**の体験乗船を楽しめます。

たらい舟

要点マスター　新潟県の見どころ

文　化	三条の刃物、燕の洋食器、小千谷縮、佐渡金山
景勝地	湯沢（スキー、温泉）、糸魚川（世界ジオパーク） 妙高山（妙高高原、いもり池、赤倉温泉）

（2）富山県

①県庁所在地の富山市

県庁所在地の**富山市**は、**神通川**（じんづう）と**常願寺川**（じょうがんじ）の中・下流に形成された都市です。近年は路面電車LRTを活用した**コンパクトシティ**の代表として注目されています。南部の八尾では、9月に**おわら風の盆**（盆祭りの一種）が開かれます。

フォッサマグナ
日本列島を東西に分ける「大きな割れ目」。独特の地質構造をもつ。この西縁が、**糸魚川・静岡構造線**とよばれる逆断層。

プラスアルファ
雁木（がんぎ）
雪をよけるため、民家や商店のひさしを張り出して歩道にしたもの。上越市の**高田雁木通り**が有名。東北地方では、**こみせ**ともよばれる。

プラスアルファ
流刑の島
佐渡島は流刑の島としても知られる。承久の乱（1221年）で敗れた**順徳上皇**（後鳥羽上皇の子）、**日蓮**、**世阿弥**（ぜあみ）らが流された。

富山県の郷土料理といえば、**ますの寿司**が一番に挙げられます。富山湾でとれる**ホタルイカ**、白えび、白魚も有名。ご当地B級グルメでは、富山ブラックラーメンや黒部ダムカレーが注目です。

②立山黒部アルペンルート

富山市の南東にそびえる**立山**(たてやま)の麓・立山駅から、**黒部ダム**や北アルプスの峰々を越えて、扇沢駅(おうぎざわ)(長野県大町市)に至る世界有数の山岳ルートです。立山の見どころは、落差(350m)日本一の**称名滝**(しょうみょうだき)、ラムサール条約に登録されている**弥陀ヶ原**(みだがはら)、日本で唯一**氷河**が残る**室堂平**(むろどうだいら)。

標高2,450mの室堂平から国内最大規模の**黒部ダム**まで下ります。展望台からは、豪快なダムの放水を見ることができます。そこから6.1kmのトンネルをぬけると扇沢駅です。

黒部ダム

黒部ダムをいだく黒部峡谷にある**宇奈月温泉**(うなづき)は「美肌の湯」として知られます。アクセスは、車内から絶景を楽しめる**黒部峡谷トロッコ電車**が便利。

③高岡と砺波

県北西部の高岡市は、庄川の下流に発達した都市。観光名所は、晴れた日には立山連峰を望める白砂青松の**雨晴海岸**(あまはらし)、高岡古城公園、曹洞宗の高岡山瑞龍寺など。江戸時代から銅器の生産もさかんで、**高岡銅器**の名で知られています。高岡大仏も見どころの一つ。

庄川中流の扇状地に発達した**砺波市**(となみ)は、チューリップ栽培と**散居村風景**で知られます。上流の南砺市にある**五箇山**の合掌造り集落は世界文化遺産に登録されています(▶P.57)。

要点マスター 富山県の見どころ

文化	おわら風の盆、高岡銅器
景勝地	立山黒部アルペンルート(室堂平、黒部ダム) 宇奈月温泉、雨晴海岸、五箇山(世界遺産)

プラスアルファ

雪の大谷
立山黒部アルペンルートの見どころの一つ。20mに達する**雪の壁**にはさまれた道路。除雪によるもので、4〜6月に室堂ターミナルから500mが開放される。

用語

黒部ダム
深いV字谷の**黒部峡谷**に造られた巨大ダム。**黒四ダム**ともよばれる。高さ186m長さ492mで、アーチダムとしては世界有数の規模。関西地方の電力不足を解消するため、1956年の着工から7年、延べ1,000万人を投じて完成した。

用語

五箇山
相倉(あいのくら)と菅沼の二集落が白川郷の荻町集落(岐阜県)と共に**世界文化遺産に登録**されている。

用語

散居村
農地の中に家屋が点在する集落のこと。それぞれの農家が自分の家の周りの土地を開拓して米をつくり、**日常の農作業の効率化**を図った。

4 石川県と福井県（北陸地方②）

（1）石川県

輪島市
∴輪島キリコ会館
∴白米千枚田
禄剛埼灯台
金沢市
∴兼六園
凸金沢城址
⛩尾山神社
∴金沢21世紀美術館
∴ひがし茶屋街
能登金剛
巌門
和倉温泉
福井市
∴一乗谷
朝倉氏遺跡
東尋坊
永平寺
石川県
白山
⛩白山比咩神社
勝山市
∴福井県立
恐竜博物館
福井県
大野市
凸越前大野城
∴七間朝市

①県庁所在地の金沢市

県庁所在地の**金沢市**は**加賀百万石**の城下町として栄えてきました。最大の観光名所は日本三名園の一つ**兼六園**（けんろくえん）ですが、周囲には**金沢城址**や前田利家をまつる**尾山神社**、藩政時代をしのばせる古い町並みも残されています。現代アートの体験型ミュージアムとして有名な**金沢21世紀美術館**や「金沢の台所」**近江町市場**（おうみ）もすぐ近く。浅野川の東の**ひがし茶屋街**には、格式高いお茶屋が軒を連ねています。

②能登半島と輪島

能登半島北部の輪島市は、**朝市**と**輪島塗**で有名。キリコ祭りの御神燈（ごしんとう）が展示されている**輪島キリコ会館**も訪れたいところです。海岸に面して棚田が広がる**白米千枚田**（しろよね）も遠くありません。半島の北東端には、日の出と日の入りの両方を眺められる**禄剛埼灯台**（ろっこうざき）が建っています。

西岸は、**能登金剛**や**巌門**（がんもん）などの断崖・奇岩が続く景勝地。波打ち際を走る**千里浜**（ちりはま）**なぎさドライブウェイ**も人気です。東岸の七尾湾に面した**和倉温泉**は、近代的な温泉街。

③霊峰の白山

岐阜県との県境には、**白山**（はくさん）がそびえています。富士山・立山と並ぶ日本三大霊山の一つで、古くから信仰の対象でした。白山に源を発する手取川沿いには、加賀国一宮の**白山比咩神社**（しらやまひめ）が鎮座しています。白山から全長約33kmの白

石川県の郷土料理といえば、治部煮（じぶに）、ごり料理、鯛の唐蒸し、はす蒸しなど。**加賀料理**と総称されます。金沢は、茶の湯の伝統にもとづく**和菓子**も有名です。

用語

兼六園
加賀藩主の前田綱紀（つなのり）が1676年に蓮池庭を造ったのがはじまりで、江戸後期に拡大された。水戸の**偕楽園**、岡山の**後楽園**と並んで、**日本三名園**に挙げられる。隣接して、前田家の奥方の隠居所として建てられた**成巽閣**（せいそんかく）がある。雪による枝折れを防ぐ「**雪吊り**」は冬の風物詩。

プラスアルファ

石川県の伝統的工芸品
金沢市では、**金沢箔**・**加賀友禅**・**九谷焼**・金沢仏壇・金沢漆器など、多くの伝統的工芸品が生産されている。特に金沢箔は、**金箔**の全国生産の100%近くを占めている。九谷焼は、加賀市や小松市でも生産がさかん。

山白川郷ホワイトロードのドライブ道を走ると、合掌造り集落が残る白川郷（岐阜県）に至ります。途中、ふくべの大滝、姥ヶ滝などに立ち寄ることができます。

要点マスター　石川県の見どころ

文　化	金沢箔、加賀友禅、九谷焼、輪島塗
都　市	金沢➡兼六園、金沢21世紀美術館、近江町市場 輪島➡朝市、輪島キリコ会館、白米千枚田
景勝地	能登半島、白山、加賀温泉郷

（2）福井県

①県庁所在地の福井市

県庁所在地の**福井市**は、戦国時代に**柴田勝家**が拠点を置き、江戸時代に越前松平氏の城下町として栄えました。旧跡・名所は、福井城址や養浩館（ようこうかん）庭園など。郊外には、朝倉氏五代が築いた城下町跡の**一乗谷（いちじょうだに）朝倉氏遺跡**が残っています。

県最大の観光名所といえば、**東尋坊（とうじんぼう）**。福井市の北の坂井市にある海岸で、高さ約25mの切り立った断崖絶壁は圧巻です。安山岩の柱状節理は、遊覧船からも観覧できます。

②恐竜博物館と越前大野城

福井市の東の勝山市は、恐竜化石の宝庫。世界三大恐竜博物館の一つ**福井県立恐竜博物館**には、40体を超える恐竜の骨格が展示されています。

勝山市の南の大野市には、「天空の城」として人気を集めている**越前大野城**があります。大野市は「北陸の小京都」ともよばれており、石畳の古い町並みや、400年以上の歴史がある**七間朝市**も人気です。

越前大野城

プラスアルファ

加賀温泉郷
石川県南部、山中・山代・粟津・片山津の四つの温泉からなる温泉郷。**山中温泉**は、松尾芭蕉が訪れたことで知られ、**鶴仙渓（かくせんけい）**も近い。**山代温泉**は、九谷焼が再興された地、北大路（きたおおじ）魯山人（ろさんじん）が陶芸を学んだ地として有名。

福井県の郷土料理といえば、**越前ガニ**、越前そば、鯖のへしこなど。永平寺の**精進料理**も外せません。ご当地B級グルメでは、ソースかつ丼が人気です。

プラスアルファ

天守閣が残る丸岡城
坂井市の高台には、1576年に柴田勝豊が築城した**丸岡城**が建つ。古い**天守閣**が残る現存天守12城（▶P.68）の一つ。

プラスアルファ

福井県の地場産業
伝統的工芸品は、**越前焼**、越前和紙、若狭めのう細工、若狭塗など。地場産業の代表は、鯖江市の**眼鏡フレーム**。

③坐禅・写経体験ができる永平寺

東尋坊と並ぶ観光名所は、道元が開いた**永平寺**(えいへいじ)。總持寺(そうじじ)（横浜市）と並ぶ**曹洞宗**(そうとうしゅう)の本山で、森の中に広がる境内には、七堂伽藍(しちどうがらん)（寺の主要な七つの堂）を含む70余りの建物が並び、坐禅・写経の体験もできます（▶P.139、P.199）。

要点マスター 福井県の見どころ

文　化	越前焼、若狭塗、鯖江の眼鏡フレーム
都　市	勝山➡福井県立恐竜博物館　大野➡越前大野城 坂井➡丸岡城　永平寺町➡永平寺（曹洞宗）
景勝地	東尋坊、三方五湖、気比の松原

プラスアルファ

三方五湖と気比(けひ)の松原(まつばら)
リアス海岸が続く**若狭湾岸**は「**原発銀座**」として知られるが、若狭路には観光名所も多い。塩分濃度が異なる**三方五湖**は風光明媚で、ラムサール条約にも登録されている。敦賀市の**気比(けひ)の松原(まつばら)**は、日本三大松原の一つ。

Let's Try 確認テスト

正解したらチェックマーク☑を入れましょう

□ ① 静岡県の芝川上流には地層の隙間から水が湧き流れる［　　］があり、世界遺産の構成資産にもなっている。［　　］にあてはまる滝を次から一つ選びなさい。 2020
ア　華厳の滝　　イ　浄蓮の滝　　ウ　白糸の滝　　エ　袋田の滝

□ ② ジョン・レノンも滞在したことがある、軽井沢町で営業している老舗のホテルはどれか、次から一つ選びなさい。 2018
ア　川奈ホテル　　イ　富士屋ホテル　　ウ　金谷ホテル　　エ　万平ホテル

□ ③ 馬籠宿は作家［　　］の出身地であり、生家跡に現在では記念館が建っている。［　　］に入る作家を次から一つ選びなさい。 2022
ア　石川啄木　　イ　志賀直哉　　ウ　島崎藤村　　エ　正岡子規

□ ④ 立山黒部アルペンルートの高原バスから見ることのできる滝はどれか、次から一つ選びなさい。 2018
ア　華厳滝　　イ　称名滝　　ウ　養老の滝　　エ　那智滝

□ ⑤ 次の説明文中のア～エから間違っているものを一つ選びなさい。 2021
「富山県南砺市五箇山地域には、合掌造りの民家が多くみられる。合掌造りはア 養蚕の作業やイ 塩硝生産などに、あるいはウ 積雪の対策やエ 核家族の暮らしに適応したものであり、地域の歴史や文化に深く関連している。」

解答 ①ウ／②エ／③ウ／④イ／⑤エ

近畿地方

学習の POINT

頻出度：★★★

Check!
／　／　／

近畿地方は、古代から多くの都が置かれ、日本の歴史・伝統文化をはぐくんできた。ワールドクラスの人気観光地となった京都や奈良の「文化財」を含め、世界文化遺産の登録地が多い。

近畿地方の主な観光資源をクイズでチェック！

1

緒方洪庵が開き、福沢諭吉などを輩出した蘭学塾

2

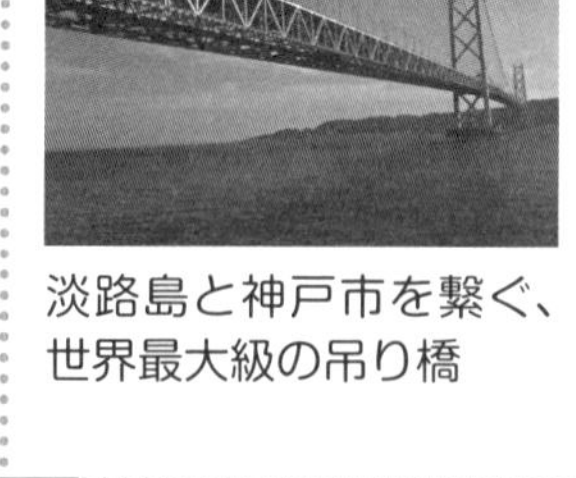

淡路島と神戸市を繋ぐ、世界最大級の吊り橋

3

かつて平清盛が整備した、世界有数の貿易港

4

冬にこの山から「〇〇おろし」として知られる、北西からの季節風が吹く

5

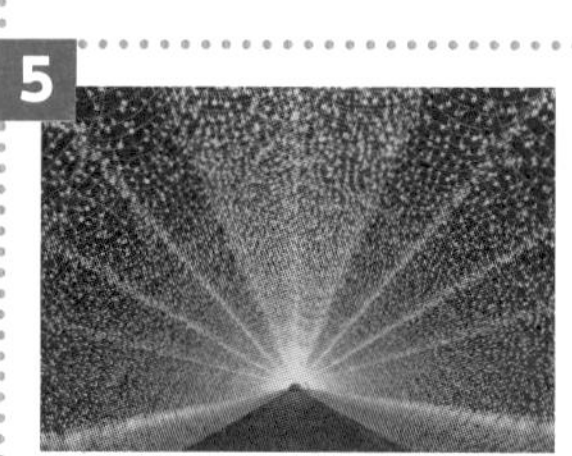

200mの「光のトンネル」など華やかなイルミネーションが有名な植物園

6

鴨川では「納涼床」、貴船では「〇〇」。川沿いで料理を堪能する夏の風物詩

7

砂の上を歩くと音がする、「鳴き砂」の浜として知られている

8

豊臣秀吉の弟、大納言秀長の100万石の居城跡

9

北山川の峡谷で、和船による川下りが有名

解答　①適塾（大阪府）／②明石海峡大橋（兵庫県）／③神戸港（兵庫県）／④伊吹山（滋賀県）／⑤なばなの里（三重県）／⑥川床（かわどこ）（京都府）／⑦琴引浜（京都府）／⑧史跡郡山（こおりやま）城跡（奈良県）／⑨瀞（どろ）峡（和歌山県・奈良県・三重県）

1 大阪府と兵庫県

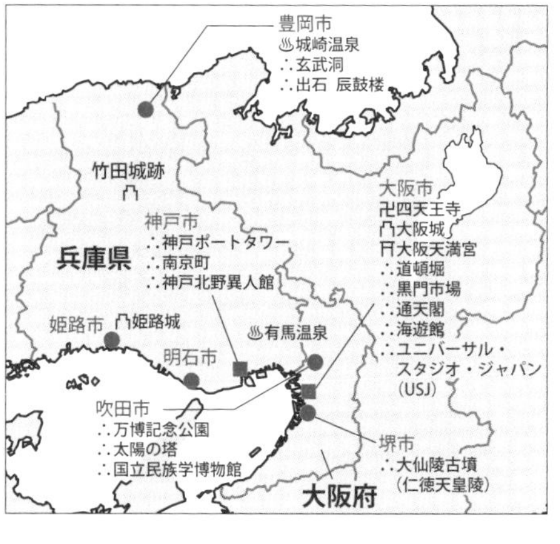

（1）大阪府

①府庁所在地の大阪市

府庁所在地の**大阪市**は、人口約270万人。東京・横浜市に次ぐ大都市です。江戸時代、多くの**蔵屋敷**が建っていたことから「**天下の台所**」と、また網の目のように堀がめぐらされていたことから「水の都」ともよばれました。人気のスポットは、ネオンきらめく**道頓堀**や心斎橋筋。近くに**黒門市場**もあり、外国人旅行者のにぎわいが絶えません。その南の**通天閣**を中心とする新世界は、昭和の下町風情が色濃く残っています。

道頓堀（戎橋から）

もう一つの人気スポットは、映画テーマパークの**USJ**こと**ユニバーサル・スタジオ・ジャパン**。天保山ハーバービレッジにある**海遊館**は、世界有数の巨大水槽をもつ水族館です。歴史的名所も、豊臣秀吉が築城した**大阪城**、厩戸王（うまやとおう）が建立した**四天王寺**（▶P.117）、菅原道真をまつる**大阪天満宮**、摂津国一之宮の住吉大社など少なくありません。7月に行われる大阪天満宮の**天神祭**は日本三大祭の一つです。

大阪は「食い道楽」のイメージ通り、**箱寿司**、**バッテラ**、かやくご飯、どて焼き、船場汁、うどんすきなど、多くの郷土料理があります。お好み焼き、たこ焼き、串かつも忘れてはなりません。

プラスアルファ

二つの人気ビル
JR大阪駅に近い**梅田スカイビル**は、二つのビルを結ぶ空中庭園展望台が人気。南の天王寺駅には、地上300mの超高層複合ビル**あべのハルカス**が建っている。

プラスアルファ

TOWER SLIDER
通天閣に体験型アトラクション「タワースライダー」がオープン。**全長60m**のらせん状の滑り台で、地上まで**約10秒**で滑り降りる。

用語

大阪城
豊臣秀吉が**石山本願寺**の跡地に築き、本拠にした城。その後、戦火による焼失と復興をくり返した。現在の天守閣は1931年に建てられたもの。

②堺市と百舌鳥古墳群

大阪市の南に位置する**堺市**は、かつて南蛮貿易の港湾都市、**自治都市**として栄えました。重工業都市ですが、刃物や自転車の生産もさかんです。最大の名所は、百舌鳥古墳群の**大仙陵古墳（仁徳天皇陵）**。全長486mの**前方後円墳**です。また、千利休や与謝野晶子の出身地としても知られます。

③万博記念公園

北部の吹田市は、1970年に開催された日本万国博覧会の会場になりました。跡地は、**万博記念公園**として整備されています。象徴だった**岡本太郎**作の「**太陽の塔**」は、2018年から再公開されました。公園の敷地内にある**国立民族学博物館**は、世界の諸民族の生活文化を展示しています。

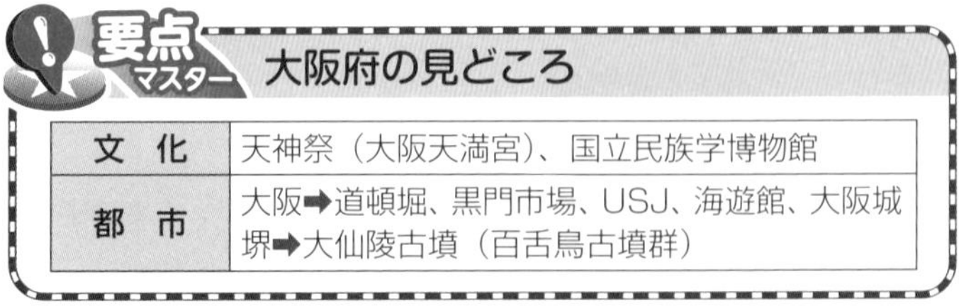
要点マスター　大阪府の見どころ

文　化	天神祭（大阪天満宮）、国立民族学博物館
都　市	大阪➡道頓堀、黒門市場、USJ、海遊館、大阪城 堺➡大仙陵古墳（百舌鳥古墳群）

（2）兵庫県

①県庁所在地の神戸市

県庁所在地の**神戸市**は、幕末に神戸港（兵庫港）が開港されて以来、日本有数の港湾都市として発展してきました。シンボルはメリケンパークの**神戸ポートタワー**。市の中心には、外国人居留地跡や中華街の**南京町**があり、北野坂をのぼった一帯には、風見鶏の館やうろこの家などのエキゾチックな**神戸北野異人館**が並んでいます。

背後に連なる六甲山からの**神戸夜景**も人気で、「1000万ドルの夜景」と称されるほど。北麓の**有馬温泉**は日本最古泉の一つで、豊臣秀吉も足しげく通った名湯です。赤褐色の「金泉」と無色透明の「銀泉」という泉質の異なる湯が

用語

大仙陵古墳
百舌鳥耳原中陵、仁徳天皇陵古墳、大山古墳など様々なよび方がある。宮内庁は仁徳天皇陵と比定しているが、明らかになっていない（▶P.109）。

プラスアルファ

関西国際空港
大阪湾南部の泉州沖にある、関西の「空の玄関口」。4,000m級の滑走路が複数あり、**24時間離発着が可能**。

プラスアルファ

竹内街道
「五畿七道」以前の最古の官道。**難波**（堺市）から**飛鳥**（奈良県葛城市）に至る。

兵庫県の郷土料理は、地域によって様々です。但馬牛、いかなごの釘煮のほか、神戸は**そばめし**、明石は**玉子焼き**（明石焼き）、出石は**出石そば**、姫路は**おでん**が代表的です。

湧き出ることで知られています。

②世界遺産の姫路城

明石市は、明石城の城下町。日本の標準時子午線（東経135度）が通ることで有名です。明石市立天文科学館には、子午線標示柱があります。

姫路市は、古くから水陸交通の要所で、戦時中は軍都として重要な役割を担いました。全国には、「白鷺城」の異名をもつ**姫路城**の城下町として知られています。

姫路城

③山陰海岸ジオパーク

県北部の日本海沿岸は、**山陰海岸ジオパーク**に認定されています。見どころは、七つの外湯めぐりを楽しめる**城崎温泉**と柱状節理の洞窟群の一つ**玄武洞**。城崎温泉は風情いっぱいの町並みが残り、志賀直哉の『城の崎にて』の舞台になるなど、多くの文人墨客を魅了してきました。

④「天空の城」竹田城跡

豊岡市南部の**出石**は、その名が記紀にも登場する歴史のある町。江戸時代の出石家老屋敷や明治初期に建てられた**辰鼓楼**（時計台）が残されています。近年、観光客が急増しているのが、「虎臥城」の異名をもつ**竹田城跡**。県中部・朝来市の古城山に残る、山城の遺構です。「日本のマチュピチュ」「天空の城」などとよばれています。

要点マスター　兵庫県の見どころ

都　市	神戸➡神戸北野異人館、南京町　姫路➡姫路城 出石➡辰鼓楼　朝来➡竹田城跡
景勝地	六甲山（神戸の夜景）、有馬温泉 城崎温泉と玄武洞、淡路島（花の島）

プラスアルファ

甲子園球場
県南東部の西宮市には、1924年に建設された**甲子園球場**がある。阪神タイガースの本拠地だが、高校野球のメッカとして有名。近年、外国人の観光客が増えている。

姫路城
5重6階の大天守と三つの小天守をはじめ、82棟の建造物をもつ、日本を代表する名城。**世界文化遺産**に登録されている。天守群や櫓などは、江戸初期の建設時のまま。

プラスアルファ

「花の島」淡路島
淡路島は瀬戸内海最大の島。たまねぎの産地、「花の島」として有名。**明石海峡大橋**（▶P.64）で神戸市と、大鳴門橋で鳴門市（徳島県）と結ばれている。島の全周は約150km。**あわじ花さじき**の四季折々の花を楽しめるサイクリング・コースが整備されている。

2 滋賀県と三重県

(1) 滋賀県

①県庁所在地の大津市

県庁所在地の**大津市**は、古代からの水陸交通の要地。「近畿の水がめ」**琵琶湖**の観光拠点です。京都府との境にある**比叡山**には、最澄が開いた天台宗の総本山・世界文化遺産の**延暦寺**が建っています。麓の坂本は門前町として栄えました。**石山寺**や園城寺（三井寺）など名刹が多い一方、琵琶湖大橋の近くには**雄琴温泉**の歓楽街が広がっています。

②彦根城の城下町

琵琶湖の中東岸にある近江八幡市は、八幡堀めぐりや水郷めぐりが人気です。その北の彦根市は、**彦根城**の城下町として栄えました。彦根城は井伊氏の居城で、**国宝五城**の一つ。天守閣に加え、大名庭園の**玄宮園**や内堀・中堀なども、江戸初期の建築当時の姿をとどめています。旧魚屋町には、白壁に紅殻格子の古い家々が残っています。

③琵琶湖八景の一つ竹生島

豊臣秀吉が初めて築城（長浜城）した**長浜市**は、黒壁スクエアを中心とする「**ガラスの街**」としても有名です。長浜駅の横に保存されている**旧長浜駅舎**は、現存する日本最古の駅舎。琵琶湖観光の拠点でもあり、琵琶湖八景の**竹生島**への遊覧船も出ています。島にある**宝厳寺**は、江の島の江島神社、宮島の厳島神社と並ぶ、日本三弁天の一つ。

滋賀県の郷土料理は、**ふな寿司**をはじめとする、琵琶湖のビワマスやアユなどの**川魚料理**。赤こんにゃく、近江牛なども人気です。

用語

琵琶湖
世界有数の**古代湖**。面積は日本一で、滋賀県の面積の約6分の1を占める。流出する川は、瀬田川だけ。

ココに注目！

現存天守12城と国宝五城
建造当時の天守閣が残っている城は、次の12城。
- 弘前城（▶P.26）
- 松本城（▶P.55）
- 丸岡城（▶P.62）
- 犬山城（▶P.50）
- 彦根城
- 姫路城（▶P.67）
- 松江城（▶P.81）
- 備中松山城（▶P.79）
- 丸亀城（▶P.84）
- 松山城（▶P.87）
- 宇和島城（▶P.88）
- 高知城（▶P.88）

松本城・犬山城・彦根城・姫路城・松江城の5城は、**国宝**に指定されている。

要点マスター　滋賀県の見どころ

都　市	大津➡比叡山延暦寺、石山寺、雄琴温泉 彦根➡彦根城、玄宮園　長浜➡ガラスの街
景勝地	琵琶湖（琵琶湖八景の竹生島）

（2）三重県

①県庁所在地の津市

県庁所在地の**津市**は、伊勢街道の宿場町、港町として発展しました。江戸時代、**お伊勢参り**の旅人でにぎわい、「伊勢は津でもつ、津は伊勢でもつ」といわれたほど。

西の**伊賀市**は、滋賀県の甲賀市とともに「忍びの里」として知られます。**伊賀流忍者博物館**のほか、松尾芭蕉の出身地であることから、芭蕉翁記念館も建てられています。

②「お伊勢さん」伊勢神宮

おはらい町

江戸時代からの最大の観光名所は、志摩半島の付け根、伊勢市にある**伊勢神宮**。内宮前の**おはらい町**とその一角の**おかげ横丁**には、**赤福餅**の本店をはじめ、江戸情緒を感じさせる建造物が並んでいます。伊勢湾岸の**二見浦**にある**夫婦岩**にも足を運びたいところ。

③リアス海岸の志摩半島

志摩半島の北側を占める鳥羽市の観光名所は、飼育種類数日本一の**鳥羽水族館**と御木本幸吉が**真珠**の養殖に初めて成功した志島（ミキモト真珠島）。**海女小屋体験**の施設では、海女の話を聞きながら、伊勢エビやアワビなど海の幸に舌鼓を打つことができます。英虞湾に浮かぶ**賢島**は、2016年の伊勢志摩サミットの会場になりました。

三重県の郷土料理には、**松阪牛**、**伊勢うどん**、てこね寿司、さんま寿司などがあります。伊勢エビや桑名のはまぐり料理も有名。お伊勢参りには、**赤福餅**が欠かせません。

用語

伊勢神宮
正式名称は「**神宮**」。皇大神宮（内宮）と豊受大神宮（外宮）からなる。江戸時代には、全国から集団で参拝客が押し寄せる**お蔭参り**という現象が起こった。20年ごとに、社殿を建て替える**式年遷宮**が行われる。

プラスアルファ

リアス海岸を一望
志摩市の**横山展望台**（**横山天空カフェテラス**）からは、リアス海岸の絶景を一望できる。

プラスアルファ

関　宿
県北部の亀山市にある**東海道五十三次**の47番目の宿場。江戸時代の風情ある町屋が軒を連ねている。

④熊野古道と熊野灘

県南部の熊野市は、世界文化遺産「**紀伊山地の霊場と参詣道**」（▶P.74）の拠点。古来、伊勢神宮からの東回りの参詣者でにぎわいました。熊野灘に面する海岸では、**鬼ヶ城**、獅子巖（ししいわ）、七里御浜など変化に富んだ自然を、内陸では大小の棚田が折り重なる**丸山千枚田**の景観を楽しめます。

要点マスター　三重県の見どころ

都　市	伊勢➡伊勢神宮、おはらい町、夫婦岩 鳥羽➡鳥羽水族館、ミキモト真珠島
景勝地	志摩半島、熊野古道、赤目四十八滝

3 京都府

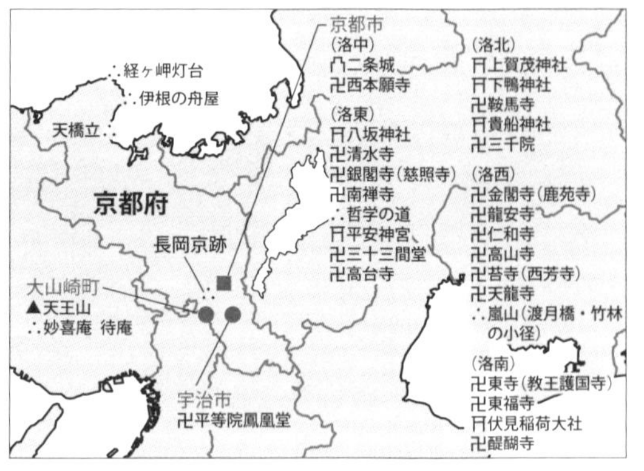

（1）京都市内

①洛中エリア

洛中エリアは京一番の繁華街。豊臣秀吉がつくった**寺町通り**が南北に、「京の台所」**錦市場**が東西に延びています。最大の見所は、**二条城**。徳川家康が造営し、大政奉還の舞台にもなりました。**京都御所**もすぐ近くです。JR京都駅周辺の見どころは、浄土真宗本願寺派の本山・**西本願寺**、**京都国際マンガミュージアム**、**京都水族館**など。

プラスアルファ

赤目四十八滝
県西部の名張市を流れる丈六川（滝川）には、大小多数の滝があり、**赤目四十八滝**とよばれる。オオサンショウウオの生息地としても知られる。

プラスアルファ

天空からの工場夜景
四日市港ポートビルの14階・展望展示室「**うみてらす14**」からは、四日市コンビナートの工場群を一望できる。**工場夜景の撮影スポット**としても人気。

京都の郷土料理は、**京懐石**や**おばんざい**のように多種多様。特徴的なものは、**湯葉料理**、にしんそば、京漬けものなど。南禅寺の豆腐料理も人気です。和菓子では、**ハツ橋**が有名です。

プラスアルファ

先斗町（ぽんと）
鴨川沿いの花街・**先斗町**には、格式を感じさせる茶屋や料亭が軒を連ねる。夏は川に張り出した**納涼床**で飲食を楽しめる（▶P.64）。

②洛東エリア

東山の麓の洛東エリアには、人気の観光スポットが集中しています。洛中から鴨川をこえると、**祇園**の町が広がり、**祇園祭**で有名な**八坂神社**が鎮座しています。南に下ると、三年坂（産寧坂）の上に「清水の舞台」で知られる**清水寺**。北に進み、**哲学の道**をぬけると、侘びさびを感じさせる**銀閣寺**（慈照寺）に至ります。どちらも世界文化遺産の登録地。

時代祭で有名な**平安神宮**のほか、1001体の千手観音立像を安置する**三十三間堂**（蓮華王院本堂）、水路閣（琵琶湖疏水の支線）や小堀遠州作の庭園がある**南禅寺**、紅葉が美しい**高台寺**、法然が開山した知恩院など名刹が集まっています。

③洛北エリアと鞍馬・大原

賀茂川（呼称）と高野川が合流して鴨川となる付近に、**葵祭**で有名な**上賀茂神社**と**下鴨神社**が鎮座しています。どちらも世界遺産の登録地。さらに北の鞍馬山にも、天狗・牛若丸伝説や**火祭**で有名な**鞍馬寺**、夏の川床が人気の貴船には、**貴船神社**があります。ひっそりした山里の大原には、庭園が美しい**三千院**、宝泉院、寂光院が建っています。

④洛西エリアと嵐山・嵯峨野

龍安寺の石庭

洛西エリアには、六つの世界遺産があります。きぬかけの路を歩けば、足利義満が建てた**金閣寺**（鹿苑寺）、15個の石を配した枯山水の方丈庭園で名高い禅寺の**龍安寺**、御室御所と敬称された**仁和寺**をめぐることができます。残り三つの世界遺産は、「鳥獣人物戯画」を所蔵する**高山寺**、苔むす庭園が美しい**苔寺**（西芳寺）、夢窓疎石が開山した**天龍寺**です。

名勝嵐山の麓を流れる保津川（桂川）には、**渡月橋**がかかっています。嵐山で外せないのは、**竹林の小径**。森閑とした竹林に設けられた約400mの散策路です。

プラスアルファ

五山の送り火
祖先の霊を送るお盆の行事。京都を囲む五つの山に、「大」「妙法」「船形」「大(左大文字)」「鳥居形」の文字・形に点火される。**東山**の如意ヶ嶽の通称「**大文字焼き**」が最も有名。

京都三大祭り
- **葵祭（賀茂祭）**
5月15日、上賀茂・下鴨神社。平安装束を身につけた人々が行進する路頭の儀。
- **祇園祭（祇園会）**
7月、八坂神社。平安初期の869年、疫病の厄払いとして始まった。山鉾巡行。
- **時代祭**
10月22日、平安神宮。1895年に始まった。各時代の京の装束の行列。

プラスアルファ

保津川下り
嵯峨野では、**角倉了以**が開削した保津川を遊覧船で下る**保津川下り**が人気。嵐山と乗船場がある亀岡との間は、**嵯峨野トロッコ列車**が結んでいる。

⑤洛南と宇治

JR京都駅近くの名所は、**東寺**（教王護国寺）。**空海**の真言密教の道場で、境内には五重の塔があります。東の**東福寺**は紅葉の名所で、**伏見稲荷大社**は朱色の千本鳥居が外国人に大人気。南東の**醍醐寺**は、豊臣秀吉の「醍醐の花見」で有名です。**宇治茶**で知られる宇治市の**平等院鳳凰堂**（▶P.116）は、藤原氏の栄華をしのばせます。

（2）京都市以外

①天橋立と丹後半島

府北部の最大の観光名所は、日本三景の一つ**天橋立**。丹後半島の付け根にある白砂青松の砂州で、天にかかる橋のように見えることから命名されました。丹後半島の東岸には南向きの伊根湾があり、**伊根の舟屋**（船着き場をもつ家）が人気の観光名所になっています。半島の先端には、第1等レンズをもつ**経ヶ岬灯台**が建っています。

②乙訓地域（向日市・長岡京市・大山崎町）

府南部の向日市・長岡京市は、784年に**長岡京**が造営された地として有名です。大阪府と接している大山崎町には、**山崎の戦い**で知られる**天王山**があります。中腹の大山崎山荘美術館はモネの「睡蓮」を所蔵しています。ふもとの妙喜庵は、**千利休**がつくった国宝の茶室**待庵**が有名です。

要点マスター　京都府の見どころ

文　化	京都三大祭り、五山の送り火、西陣織、京友禅
京都市内	二条城、錦市場、京都国際マンガミュージアム 清水寺、銀閣寺、哲学の道、南禅寺、鞍馬寺 金閣寺、龍安寺、嵐山（渡月橋～竹林の小径） 東寺（空海）、醍醐寺、伏見稲荷大社（千本鳥居）
京都市外	平等院、天橋立、伊根の舟屋

プラスアルファ

京都の伝統的工芸品
西陣織、**京友禅**、**清水焼**、**京焼**、**京仏壇**などが伝統的工芸品に指定されている。

プラスアルファ

桂離宮
元・桂宮（八条宮）家の別荘。桂川の西岸に建つ。変化に富んだ庭園は、建築家**ブルーノ・タウト**が絶賛したことで、世界に知られるようになった。

プラスアルファ

石清水八幡宮
八幡市の男山の頂上に鎮座する神社。**男山八幡宮**ともよばれる。天王山にも近い。

用語

第1等レンズ
直径2m59cmの巨大なレンズ。経ヶ岬灯台ほか、**犬吠埼灯台**（銚子市）、**出雲日御碕灯台**（出雲市）、**室戸岬灯台**（室戸市）、**角島灯台**（下関市）も使用。

洛中・洛西……などの区分は、明確になっているわけではありません。例えば、上賀茂・下鴨神社を洛中に入れることもあります。

4 奈良県と和歌山県

（1）奈良県

奈良市
∴平城宮跡、朱雀門
卍東大寺
⛩春日大社
卍興福寺
∴春日山原始林
卍元興寺
卍薬師寺、東塔
卍唐招提寺
斑鳩町
卍法隆寺
卍法起寺
明日香村
∴石舞台古墳
∴高松塚古墳
卍飛鳥寺
∴飛鳥宮跡
紀の川
▲吉野山
卍根来寺
友ヶ島
和歌山市
和歌山城
∴紅葉渓庭園
卍紀三井寺
▲高野山
卍金剛峯寺
奈良県
龍神温泉
十津川村
十津川温泉
∴谷瀬の吊り橋
日高川町
卍道成寺
和歌山県
白浜温泉
⛩熊野那智大社
∴那智の滝
田辺市
天神崎

①県庁所在地の奈良市

県庁所在地の**奈良市**は、県北部の奈良盆地に発達した古都。平城宮跡には復元された**朱雀門**が建っています。世界遺産「**古都奈良の文化財**」の登録資産は、**平城宮跡**を含めて八つ。そのうち、大仏（盧舎那仏）で有名な**東大寺**（▶P.118）、藤原氏にゆかりが深い**春日大社**（▶P.119）と**興福寺**（▶P.119）、鎮守の森の**春日山原始林**の四つが奈良公園に集中しています。

残りの三つは、飛鳥時代の瓦屋根が残る**元興寺**、**東塔**（三重塔）など多くの国宝を有する**薬師寺**（▶P.117、P.118）、鑑真が開いた律宗の総本山の**唐招提寺**（▶P.119）です。

②古代のロマンあふれる飛鳥

奈良盆地西部の斑鳩町にも、厩戸王（聖徳太子）が建立した**法隆寺**と三重塔をもつ**法起寺**の二つの世界遺産があります。さらに南の明日香村にも、蘇我馬子の墓といわれる**石舞台古墳**（▶P.110）、壁画で有名な**高松塚古墳**、飛鳥大仏が安置されている**飛鳥寺**、乙巳の変の舞台となった**飛鳥宮跡**など、飛鳥時代の名所・旧跡が集まっています。

③吉野山と紀伊山中

明日香村の南には、後醍醐天皇が南朝を置いた**吉野山**（▶P.130）がそびえています。古来から桜（ヤマザクラ）の名所としても有名です。ここから南は、吉野熊野国立公園。源泉かけ流し宣言の温泉地である**十津川温泉**とスリル満点の

奈良県の郷土料理の代表は、遣唐使に起源をもつ、**飛鳥鍋**。牛乳で煮る鍋です。**三輪そうめん**、にゅうめん、柿の葉寿司、ごま豆腐、**奈良漬け**などもあります。

用語

東大寺
大仏殿のほか、境内には**お水取り（修二会）**の儀式が行われる**二月堂**、最も古い法華堂（三月堂）、聖武天皇の愛用品や宝物が収蔵されている**正倉院**などがある。

用語

法隆寺
厩戸王が607年に創建したと伝えられる。**金堂**・**五重塔**・回廊がある西院と、**夢殿**がある東院に分けられる。**金堂釈迦三尊像**、**夢殿救世観音像**、**玉虫厨子**などを所蔵。（▶P.117）

プラスアルファ

奈良の町歩き
町歩きを楽しむなら、元興寺の旧境内。**ならまち（奈良町）**とよばれる地域に、土産物屋や飲食店が並んでいる。

谷瀬の吊り橋が見どころ。

要点マスター 奈良県の見どころ

文 化	東大寺二月堂のお水取り（修二会）
都 市	奈良➡平城宮跡、東大寺（大仏）、興福寺 斑鳩町➡法隆寺 明日香村➡石舞台古墳、飛鳥寺
景勝地	吉野山、十津川温泉、谷瀬の吊り橋

（2）和歌山県

①県庁所在地の和歌山市

県庁所在地の和歌山市は、大台ヶ原に源を発する**紀の川**の下流に発達した都市。徳川御三家の**紀伊藩**（紀州藩）の城下町として栄えました。**和歌山城**とその庭園の**紅葉渓庭園**（もみじだに）が見どころ。また、西国三十三所第２番の札所・**紀三井寺**（きみい）（金剛宝寺）、人形供養で知られる淡嶋神社、旧日本軍の要塞が残る**友ヶ島**なども、ひそかな観光スポットです。

②紀伊山地の霊場と参詣道

県の北東には、**空海**が真言密教の根本道場とした**高野山**があり、山頂には**金剛峯寺**（こんごうぶじ）の100を超える山内寺院や宿坊が集まった宗教都市が形成されています。ここから紀伊半島の南部は、古代信仰の聖地。**熊野三山**（熊野本宮大社・熊野速玉大社・熊野那智大社）の霊場が参詣道で結ばれています。観光客に人気なのは、熊野那智大社。**那智の火祭り**が有名で、三重塔や日本三大名滝の一つ**那智の滝**もすぐ近くです。

③二つの名刹と温泉

紀の川の中流の**根来寺**（ねごろ）は多宝塔が有名。日高川町の**道成寺**（どうじょう）は安珍清姫の伝説で名高く、田辺市の**天神崎**はナショナルトラスト運動の先駆けになりました。内陸の**龍神温泉**は「美人の湯」として知られます。さらに南の海岸沿いには、

プラスアルファ

大台ヶ原

三重県との県境にそびえる山。大峯山とともに**ユネスコの生物圏保護区**に指定されている。

プラスアルファ

世界遺産「紀伊山地の霊場と参詣道」

三つの霊場とそれを結ぶ参詣道からなる。

・**吉野・大峯**…山岳信仰、修験道の拠点。

・**熊野三山**…熊野信仰の中心地。那智の滝、原生林なども含む。

・**高野山**…真言密教の金剛峯寺。

プラスアルファ

最南端の潮岬（しおのみさき）

県最南端は、串本町の**潮岬**。北緯33度26分で、東京の八丈島とほぼ同緯度。潮岬の灯台や大小40余りの岩柱がそそり立つ**橋杭岩**（はしぐいいわ）など、景勝地が多い。

白浜温泉の一大レジャー温泉街が形成されています。

白浜温泉
湯量豊富な温泉。白良浜、千畳敷、アドベンチャーワールド、**南方熊楠記念館**など、見どころも豊富。

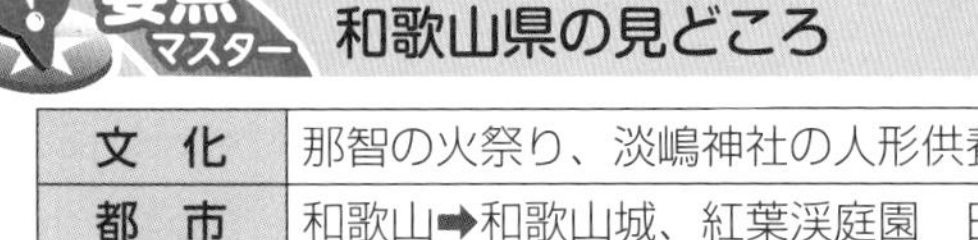

文化	那智の火祭り、淡嶋神社の人形供養
都市	和歌山➡和歌山城、紅葉渓庭園　田辺➡天神崎
景勝地	紀伊山地(高野山金剛峯寺、熊野三山、那智の滝) 友ヶ島、白浜温泉、潮岬

Let's Try 確認テスト

正解したらチェックマーク☑を入れましょう

□ ① 姫路城の別名として正しいものはどれか、次から一つ選びなさい。2019
ア 白帝城　イ 白鳳城　ウ 白鷺城　エ 芙蓉城

□ ② 滋賀県の長浜の＿＿は、ガラスをテーマにした町で、販売店やガラス制作の体験ができる工房などがある。＿＿に入る語句を次から一つ選びなさい。2017
ア 黒壁スクエア　イ 国際通り　ウ 境町通り　エ ハルニレテラス

□ ③ 京都府に所在しない施設等の組み合わせを次から一つ選びなさい。2016
ア 伊根の舟屋—経ヶ岬灯台　イ 貴船神社—鞍馬温泉
ウ 城崎温泉—玄武洞　エ 保津峡—嵯峨野トロッコ列車

□ ④ 奈良市の「西の京」にある薬師寺とともによく知られ、同地にある寺を次から一つ選びなさい。2021
ア 岡寺　イ 興福寺　ウ 唐招提寺　エ 室生寺

□ ⑤ 世界遺産の登録地「紀伊山地の霊場と参詣道」には、熊野三山に至る熊野参詣道、落差133mの＿＿がある。＿＿に入る語句を次から一つ選びなさい。2017
ア 赤目四十八滝　イ 那智の滝　ウ 箕面の滝　エ 養老の滝

□ ⑥ 紀伊半島の北部には、九州から関東へ伸びる長大な断層である＿＿が走り、その南側には標高2,000m近い山々が連なる。＿＿に入る語を次から一つ選びなさい。2022
ア 中央構造線　イ 根尾谷断層　ウ 野島断層　エ フォッサマグナ

解答 ①ウ／②ア／③ウ／④ウ／⑤イ／⑥ア

LESSON 6

中国・四国地方

学習のPOINT

頻出度：★★★

Check! ／ ／ ／

日本海側は鳥取砂丘、大山に代表される雄大な自然が観光の目玉。瀬戸内では、原爆ドームと厳島神社という二つの世界遺産が外せない。四国のお遍路も、少しずつ海外での認知が高まっている。

中国・四国地方の主な観光資源をクイズでチェック！

1

耕三寺や平山郁夫美術館が有名な、瀬戸田レモンの生産地

2

工業地帯だが、ごぼう・蓮根・生姜などの栽培も盛んな倉敷市のエリア

3

雛人形に無病息災や成長を祈願し、川に流す行事

4

石州（せきしゅう）瓦の家並みが続く、石見銀山の積出港として栄えた温泉地

5

困窮した武士を救うために栽培したことが発祥。萩の特産

6

観音寺（かんおんじ）市にある、「寛永通宝」の砂絵が有名な名勝

7

「うだつの町並み」として重要伝統的建造物群保存地区に選定

8

西日本最高峰で、山頂からの眺めが四国八十八景64番に選定

9

○○市立やなせたかし記念館や龍河洞などが見所の自治体

©やなせたかし
©やなせ・F・T・N

解答 ①生口島（広島県）／②水島地区（岡山県）／③流しびな（鳥取県）／④温泉津（ゆのつ）温泉（島根県）／⑤夏みかん（山口県）／⑥琴弾公園（香川県）／⑦脇町（徳島県）／⑧石鎚山（愛媛県）／⑨香美（かみ）（高知県）

1 広島県と岡山県

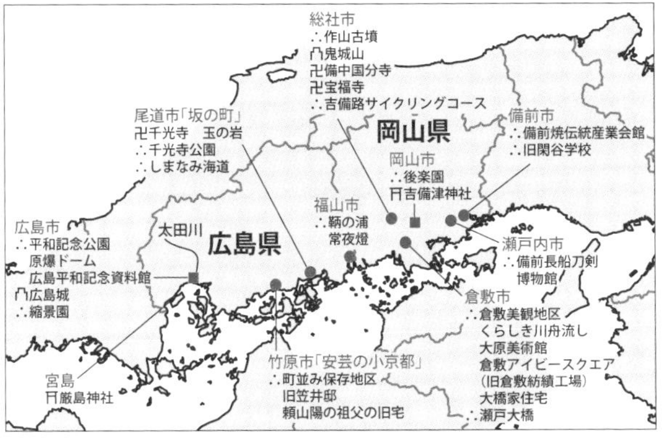

(1) 広島県

①県庁所在地の広島市

県庁所在地の**広島市**は、**太田川**の下流の**三角州**に形成された都市です。1945年８月６日に原爆が投下されました。被爆地は、世界遺産の**原爆ドーム**と**広島平和記念資料館**を中心に**平和記念公園**として整備されています。このほか、毛利輝元が築城した**広島城**、広島藩主浅野長晟(ながあきら)の庭園で泉邸の名をもつ**縮景園**(しゅっけいえん)などにも、足を運びたいところです。

廿日市(はつかいち)市の宮島にある**厳島**(いつくしま)**神社**も世界遺産の登録地。海中に建つ大鳥居をはじめ、朱塗りの回廊で結ばれた本殿や能舞台の建築群は、外国人観光客の人気を集めています。

縮景園

②「坂の町」尾道としまなみ海道

海と山に囲まれた、独特の情緒を感じさせる**尾道市**(おのみち)は志賀直哉や林芙美子など多くの文豪の心をとらえてきました。「坂の町」「文学の町」「映画の町」などと様々に形容されています。

広島県は、**かき**の生産量が全国一。かき料理が郷土料理の筆頭に挙げられますが、**あなご料理**も外せません。もみじまんじゅうも有名ですが、ご当地グルメでは、尾道ラーメン、広島風お好み焼きが人気です。

用語

原爆ドーム
チェコ人建築家ヤン・レツルが設計した**広島県産業奨励館**。惨劇を未来に伝える「負の遺産」として世界文化遺産に登録されている。

プラスアルファ

日本三景
厳島神社は、飛鳥時代に創建され、**平清盛**が社殿を修造した（▶P.135）。海上の守護神として信仰を集める。厳島神社がある宮島は、「**安芸**(あき)**の宮島**」として、松島（宮城県）、天橋立（京都府）とともに、**日本三景**に挙げられる。

また、「寺社の町」としても知られ、山上近くには**玉の岩**の伝説が残る**千光寺**が建っています。尾道から四国の今治市（愛媛県）までは、村上水軍が本拠地を置いたとされる因島や、「西の日光」と呼ばれる耕三寺のある生口島（▶P.76）などが、**しまなみ海道**で結ばれています。

③歴史を感じさせる瀬戸内の町

福山市の**鞆の浦**は潮待ちの港で、村上水軍の拠点や朝鮮通信使の寄港地として有名。江戸時代に建てられた**常夜燈**や船着き場跡などが原形をとどめています。宮崎駿監督のアニメ映画『崖の上のポニョ』の舞台とされています。

「安芸の小京都」**竹原市**は、江戸時代の古い町並みがノスタルジーを感じさせます。町並み保存地区には、**塩田**で財を築いた経営者の**旧笠井邸**、「日本のウイスキーの父」竹鶴政孝の生家、**頼山陽**の祖父の旧宅などが現存しています。

要点マスター　広島県の見どころ

都　市	広島➡原爆ドーム、広島平和記念資料館、縮景園 廿日市➡厳島神社　尾道➡坂の町、千光寺
景勝地	鞆の浦、しまなみ海道（尾道～今治）

（2）岡山県

①県庁所在地の岡山市

県庁所在地の**岡山市**は、烏城の別称をもつ岡山城の城下町として栄えました。最大の観光名所は、日本三名園の一つ**後楽園**。藩主・池田綱政が造営した池泉回遊式庭園です。後楽園の横を流れる旭川を西に渡ると、レトロな建造物が残る出石町に出ます。岡山といえば、桃太郎伝説。モデルとされる**吉備津神社**は、比翼入母屋造（吉備津造）の本殿が必見です。

用語

しまなみ海道
本州四国連絡橋の一つ。**尾道市**と**今治市**（愛媛県）を結ぶ全長約60kmの海の道。七つの架橋を含め、瀬戸内に浮かぶ島々には、**サイクリングロード**が整備されている。

プラスアルファ

軍港都市・呉
呉市は、かつての**軍港都市**。漫画『この世界の片隅に』の舞台にもなった。見どころは、隣接する**大和ミュージアム**と海上自衛隊呉史料館。

岡山県は**マスカット**や**白桃**の生産がさかん。**吉備団子**が有名ですが、郷土料理といえば、**ままかり**（さっぱ）。ニシン科の魚で酢漬けが名物です。ご当地グルメには、ひるぜん焼きそば、津山ホルモンうどんなどがあります。

②観光名所が集まる倉敷

高梁川の下流に広がる倉敷市は、瀬戸内有数の観光都市です。その中心は、**倉敷美観地区**。白壁・なまこ壁や瓦屋根の建物が軒を連ね、柳並木が美しい町並み観光は、くらしき川舟流しでも楽しめます。

くらしき川舟流し

地区内には、**大原美術館**や新渓園、**倉敷アイビースクエア**（旧・倉敷紡績倉敷工場）、豪商の**大橋家住宅**などの観光スポットが集まっています。市南部の児島半島と四国の坂出市（香川県）との間は、**瀬戸大橋**が結んでいます。

③備前焼と旧閑谷学校

県南東部の備前市は、**備前焼**で有名。**備前焼伝統産業会館**では、土ひねりの体験ができます。また市内には、岡山藩主・池田光政が庶民のための学校として創建した**旧閑谷学校**も残っています。隣の瀬戸内市の長船町は、鎌倉時代から刀鍛冶の町として栄えました。**備前長船刀剣博物館**には、多くの名刀が展示されています（▶P.199）。

④吉備路の史跡

総社市は、立ち入りできる古墳としては日本最大の造山古墳（岡山市）に次ぐ第２位の**作山古墳**、古代の山城が復元された**鬼城山**（鬼ノ城）、聖武天皇が建てた**備中国分寺**、雪舟が修行した寺として有名な**宝福寺**など、数多くの古墳・史跡が残っています。**吉備路**サイクリングロードがそのいくつかを結んでいます。

要点マスター　岡山県の見どころ

文　化	備前焼、長船の刀鍛冶
都　市	岡山➡後楽園　倉敷➡美観地区、大原美術館
景勝地	鷲羽山、瀬戸大橋（児島～坂出）、蒜山高原

用語

大原美術館
事業家の大原孫三郎が1930年に創設。**エル・グレコ、ゴーギャン、モネ**らの西洋絵画のほか、エジプト美術や中国美術も多数収蔵している。

プラスアルファ

鷲羽山とジーンズ
児島半島の南端にそびえる**鷲羽山**の展望台からは、瀬戸大橋や水島臨海工業地帯の水島**コンビナート**を一望できる。また児島半島には、古い町並みが残る**下津井**や**児島ジーンズストリート**も新たな観光客を集めている。

プラスアルファ

蒜山高原
蒜山火山群の麓に広がる**蒜山高原**は、日本最大の飼育頭数を誇る**ジャージー牛**の放牧地。キャンプ、サイクリング、乗馬などが楽しめるリゾート地として人気。**大山隠岐国立公園**に属している。

プラスアルファ

備中松山城
高梁市に残る山城。現存天守の城の中で最も高地（標高430m）にあり、「**天空の山城**」と称される。

鳥取県は、なしのイメージが強いですが、「**二十世紀なし**」の生産量こそ多いものの、日本のなし全体の生産量では全国6位（2021年）です。郷土料理は、**カニ汁**、あごちくわ、柿の葉寿司など、海の幸を使うものが中心ですが、**砂丘らっきょう**も注目されています。

2 鳥取県と島根県

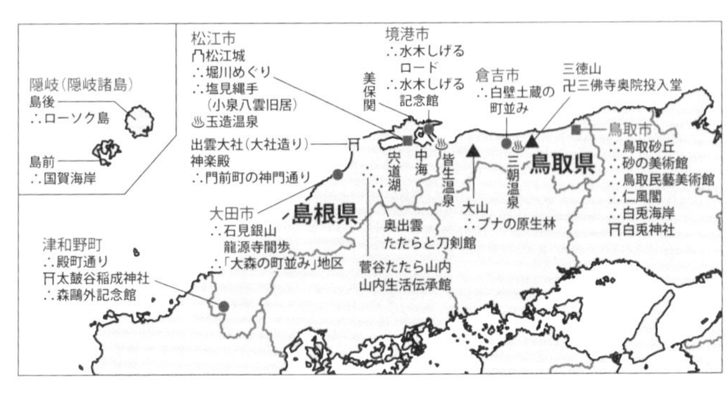

（1）鳥取県

①県庁所在地の鳥取市

県庁所在地の**鳥取市**は、千代川の下流に発達した都市。風紋が美しい広大な**鳥取砂丘**が最大の観光名所です。砂丘に建てられた**砂の美術館**では、迫力のある砂像（砂を素材にした彫刻）を鑑賞することができます。このほか、**鳥取民藝美術館**、フレンチルネッサンス建築の**仁風閣**（じんぷうかく）と久松公園も立ち寄りたいところ。鳥取砂丘の西に広がる**白兎海岸**（はくと）と**白兎神社**は、因幡（いなば）の白兎伝説で有名です。

②梨の花温泉郷と倉吉

県の中部には、湯どころが集まる梨の花温泉郷があります。その代表は、平安時代に開かれた**三朝温泉**（みささ）。泉質もよく、世界有数のラドン含有量を誇ります。近くの**三徳山**（みとくさん）中腹の断崖絶壁には、「日本一危ない国宝」といわれる**三佛寺奥院投入堂**（さんぶつじおくのいんなげいれどう）が建てられています。2015年、三朝温泉とともに文化庁の「日本遺産」に認定されました。

三朝温泉にほど近い**倉吉市**の玉川沿いには、**白壁土蔵**の風情ある町並みが残っています。

三徳山の三佛寺奥院投入堂

プラスアルファ

鳥取の温泉

三朝温泉のほか、白金の湯で知られる**関金温泉**、浪人踊りで有名な**東郷温泉**、同じ東郷湖の対岸にある**はわい温泉**なども人気。

用語

三徳山

三徳山は、**三徳山三佛寺**を中心とする山岳修験の場。三徳山で六根を清め、温泉で六感を癒すという、ユニークな世界を具現化している。

③中国一の高峰「伯耆富士」

鳥取砂丘と並ぶ自然観光のスポットは、「伯耆富士」の異名をもつ**大山**。中国地方一の高峰（標高1,729m）は、登山だけでなく、シャワークライミング、ダウンヒルサイクリング、スキーの名所でもあります。中腹には、西日本最大級の**ブナの原生林**が広がっています。

④境港と皆生温泉

県西部の**境港市**は、日本海側最大の漁業都市。ベニズワイガニのほか、マグロの水揚げ量も日本有数です。漫画家**水木しげる**の出身地で、妖怪のブロンズ像が並ぶ**水木しげるロード**、**水木しげる記念館**などが観光スポットになっています（▶P.199）。県内一の湯量を誇る**皆生温泉**（米子市）もこの近くです。

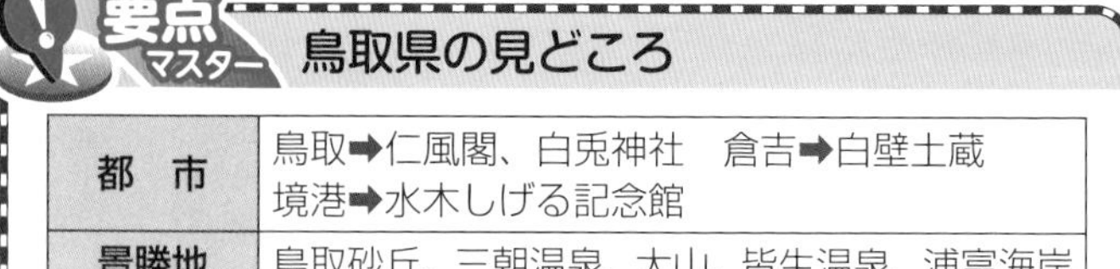

要点マスター　鳥取県の見どころ

都　市	鳥取➡仁風閣、白兎神社　倉吉➡白壁土蔵 境港➡水木しげる記念館
景勝地	鳥取砂丘、三朝温泉、大山、皆生温泉、浦富海岸

（2）島根県

①県庁所在地の松江市

県庁所在地の**松江市**は、千鳥城の愛称をもつ**松江城**の城下町として栄えました。夕景が美しい**宍道湖**と**中海**に面しており、「水の都」としても有名。松江城を囲む堀川は、遊覧船の**堀川めぐり**で楽しめます。堀沿いの**塩見縄手**には、**小泉八雲**の旧居など、武家屋敷風の建物が残っています。『出雲国風土記』に記載されている**玉造温泉**もすぐ近くです。

島根半島東端の「聖なる岬」**美保関**は、北前船の西廻り航路の寄港地として栄えました。美保神社や青石畳通り、美保関灯台、関の五本松公園などの名所が集まっています。

用語

シャワークライミング
沢登りのこと。渓流を水しぶきを浴びながら進んだり、滝つぼで泳いだりして楽しむ。

プラスアルファ

浦富海岸
山陰海岸ジオパーク屈指の景勝地。断崖絶壁・奇岩が続き、海水の透明度も高い。

プラスアルファ

智頭宿
県南東部の智頭町は、周囲を山々に囲まれた旧宿場町。石谷家住宅、塩屋出店ほか、**智頭宿**の伝統的建造物が多い。

プラスアルファ

空にのびる橋
松江市と境港市（鳥取県）を結ぶ**江島大橋**は、通称「**ベタ踏み坂**」。急勾配の橋として人気。

②古代のロマンが息づく出雲大社

出雲市には、**大国主大神**をまつる**出雲大社**が鎮座しています。国宝の本殿は**大社造り**という古代の神社建築様式によるもの。巨大な大注連縄がある**神楽殿**も必見です。門前町の**神門通り**には、多くの店が集まっています。

出雲大社の本殿

③石見銀山とたたら製鉄

中部の大田市には、世界文化遺産の**石見銀山**があり、**龍源寺間歩**などの坑道が公開されています。**石州瓦**の住居が並ぶ「**大森の町並み**」**地区**が往時をしのばせます。

銀だけではありません。奥出雲地方では、「たたら製鉄」による鉄づくりがさかんでした。**菅谷たたら山内・山内生活伝承館**や**奥出雲たたらと刀剣館**などで、その歴史や技術に触れることができます。

④世界ジオパークの隠岐

日本海に浮かぶ**隠岐**（隠岐諸島）は、**世界ジオパーク**に認定されています。三つの島からなる**島前**は、西ノ島の**国賀海岸**が一番の観光名所。最大の島である**島後**には、夕景が美しい**ローソク島**、左右２本からなる壇鏡の滝、樹齢800年という岩倉の乳房杉など多くの見どころがあります。

⑤「山陰の小京都」津和野

山口県に接する**津和野**は、盆地に発達した城下町。武士の居住区だった**殿町通り**、町人・商人の居住区だった本町通りには江戸情緒が漂っています。掘割に色鮮やかな鯉が泳いでいる様子も有名。日本五大稲荷の一つ**太皷谷稲成神社**、津和野（三本松）城跡、津和野出身の**森鷗外記念館**、西周旧居なども歴史を感じさせます。

プラスアルファ

名園をもつ足立美術館
安来節で有名な安来市にある美術館。**横山大観**の絵画や河井寛次郎の陶芸などを収蔵。自然の山々を借景にした優雅な**日本庭園**は、海外でも評価が高い。

用語

出雲大社
神話の時代に起源をもつ出雲国一の宮。大国主大神は「国造りの神」「**縁結びの神**」であることから、特に神無月は良縁を願う男女でにぎわう。社殿を建て替える**式年遷宮**は、出雲大社は60年ごとに行われる。なお、伊勢神宮（三重県）は20年ごと。

プラスアルファ

日御碕と経島
島根半島西端の岬。先端に建つ**出雲日御碕灯台**は、日本一の高さ（約43.6m）を誇る。近くにある**経島**は、ウミネコの繁殖地として有名。

用語

隠岐諸島
四つの有人島と**竹島**を含む多くの無人島からなる群島。有人島は三つの島からなる**島前**と、国府が置かれた西郷町のある**島後**に分けられる。隠岐は、**後鳥羽上皇**や**後醍醐天皇**の配流の地としても有名。

要点マスター 島根県の見どころ

都 市	松江➡松江城 出雲➡出雲大社 安来➡足立美術館 大田➡石見銀山 津和野➡武家屋敷
景勝地	美保関、隠岐（国賀海岸、ローソク島）、日御碕

3 山口県

①県庁所在地の山口市

萩市
∴松下村塾
∴萩城下町
∴明倫館
∴萩焼会館
∴萩反射炉
∴恵美須ヶ鼻造船所跡
∴大板山たたら製鉄遺跡
秋吉台（カルスト地形）
秋吉台カルスト展望台
秋芳洞
山口市
卍瑠璃光寺の五重塔
卍常栄寺の雪舟庭
∴山口サビエル記念聖堂
♨湯田温泉
山口県

県庁所在地の**山口市**は、中部の山口盆地に発達した都市です。主な観光名所は、日本三名塔の一つ**瑠璃光寺**（るりこうじ）の**五重塔**、雪舟（せっしゅう）がつくった**常栄寺の雪舟庭**など。

このほか、**山口サビエル記念聖堂**、中原中也の生誕地として知られる**湯田**（ゆだ）**温泉**、新山口駅（旧・小郡（おごおり）駅）と津和野駅（島根県）を結ぶ「**SLやまぐち号**」も人気です。

②萩城下町と「明治日本の産業革命遺産」

日本海に面した**萩**（はぎ）**市**は、毛利氏の城下町として発展しました。**松下村塾**（しょうかそん）（▶P.159）を開いた吉田松陰をはじめ、伊藤博文、高杉晋作、木戸孝允（たかよし）ら維新期の偉人を輩出したことでも知られています。**萩城下町**には、偉人たちの生家をはじめ、古い武家屋敷が軒を連ねています。ほかには、旧藩校の**明倫館**、**萩焼**を体験できる萩焼会館など。

また、松下村塾、萩城下町とともに「**明治日本の産業革命遺産**」として世界遺産に登録された**萩反射炉**、**恵美須ヶ鼻**（えびすがはな）**造船所跡**、**大板山たたら製鉄遺跡**も、新たな観光スポットになっています。

萩反射炉

プラスアルファ

三瓶山（さんべ）
大田市の南東部にそびえる火山。雄大なカルデラや四季を通じた自然を楽しめる。出雲国の成り立ちを伝える**国引き神話**で有名。石見銀山にも近い。

山口県の郷土料理の代表は、下関の**ふぐ料理**。地元では「ふく」といいます。**瓦そば**、ウニ飯など。岩国ずし、岩国茶がゆ、萩のいとこ煮も有名です。

用語

山口サビエル記念聖堂
ザビエルは、この地の守護大名の**大内氏**から布教活動を許されていた。この記念聖堂はザビエルの山口来訪400年を記念して、1952年に建てられた（現在の建物は1998年に再建）。

プラスアルファ

「関門の台所」
下関は、歴史ある港町。九州（門司）とは、関門橋、関門トンネルで結ばれている。「関門の台所」**唐戸市場**では、漁師が獲った魚介類を直接販売している。

③秋吉台と秋芳洞

美祢市の**秋吉台**は、広大な**カルスト地形**で有名。自然が造り出した独特の造形は、**秋吉台カルスト展望台**からの眺めやトレッキングでも楽しめます。地下にある**秋芳洞**は、日本最大級の鍾乳洞。洞窟の奥1kmまで探勝できます。

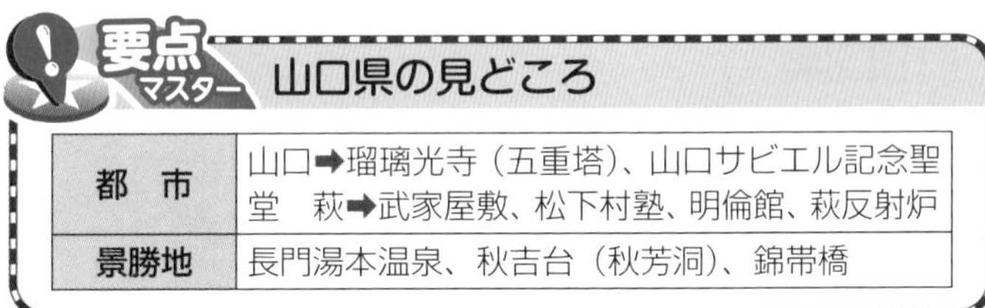

要点マスター 山口県の見どころ

都　市	山口➡瑠璃光寺（五重塔）、山口サビエル記念聖堂　萩➡武家屋敷、松下村塾、明倫館、萩反射炉
景勝地	長門湯本温泉、秋吉台（秋芳洞）、錦帯橋

4 香川県と徳島県（四国地方①）

（1）香川県

①県庁所在地の高松市

県庁所在地の**高松市**は、**高松城**の城下町として発展。高松城跡と玉藻公園は、JR高松駅近くにあります。最大の見どころは、**栗林公園**。面積日本最大級の大名庭園で、背後の紫雲山を借景にしています。人気の**イサム・ノグチ庭園美術館**は事前予約が必要。

②「石垣の名城」とこんぴらさん

丸亀城

坂出市は、**瀬戸大橋**で児島（岡山県）と結ばれています。その西南の**丸亀城**は、全国の現存天守12城の一つ。天守閣は小さいものの、高さ日本一の石垣が美しく、「石垣の名城」と讃えられています。

プラスアルファ

元乃隅神社

長門市にある絶景が人気の神社。日本海を見下ろす斜面に約120もの朱色の鳥居が並ぶ。音信川沿いの**長門湯本温泉**も近い。

プラスアルファ

日本三名橋の一つ

岩国市を流れる錦川に架かる**錦帯橋**は、日本三名橋の一つ。全長約193m、5連の木造橋で、中央の3連はアーチ造。1673年に初めて架設された。

香川県といえば、**讃岐うどん**。世帯あたりのうどんの支出は全国1位で、2位以下を大きく引き離しています。このほか、郷土料理には、わけぎあえ、いもたこ、てっぱい(ふな料理)、しょうゆ豆、小豆島の手延べ素麺などがあります。

栗林公園

栗林公園は「ミシュラン・グリーンガイド・ジャポン」で**三ツ星**に格付けされた。ほかの三ツ星は、高尾山、富士山、松本城、兼六園、道後温泉本館など。

その南の琴平町の象頭山の中腹には、**金刀比羅宮**が鎮座しています。海の神をまつる金刀比羅神社の総本宮で、「こんぴらさん」の愛称で親しまれてきました。奥社までは、1,368段の階段を上らなければなりません。

③自転車で回れる小豆島

瀬戸内海に浮かぶ**小豆島**は、オリーブ、素麺、醤油、石材の産地として知られます。各所にレンタルサイクル・スポットがあり、観光名所の**オリーブ公園**、**二十四の瞳映画村**、日本三大渓谷美の一つ**寒霞渓**、干潮時に島と結ばれる**エンジェルロード**などは自転車で回れます。瀬戸内海では、現代アートの島として名高い**直島**も人気ですが、宇野港（岡山県）からのほうがアクセスはよいでしょう。

要点マスター 香川県の見どころ

都　市	高松➡栗林公園、高松城跡、玉藻公園 丸亀➡丸亀城（石垣）　琴平町➡金刀比羅宮
景勝地	小豆島（オリーブ公園、寒霞渓）

（2）徳島県

①県庁所在地の徳島市

県庁所在地の**徳島市**は、**吉野川**がつくった三角州に発達した都市です。蜂須賀氏の城下町として、また、**藍**の産地としても栄えました。市のシンボルの**眉山**は『万葉集』に詠まれ、聖なる山として信仰されてきました。展望台からは360度のパノラマビューを満喫できます。徳島といえば、**阿波おどり**。8月に行われる盆踊りですが、阿波おどり会館では、一年じゅう観覧できます。

阿波おどり

プラスアルファ

満濃池

平安時代に**空海**が修築したと伝えられる日本最大級の**ため池**。県南部のまんのう町にある。瀬戸内海に面する香川県は、中国山地と四国山地が**季節風**をさえぎるため、1年を通して雨が少ない。また、大きな河川もないため、各地にため池がつくられている。

プラスアルファ

空海生誕の寺

四国八十八か所めぐり75番札所の**善通寺**は、弘法大師こと**空海**が生まれた寺として有名。周囲には、72〜76番まで五つの札所が点在している。

徳島県は、**すだち**の生産量が全国1位。郷土料理や名産品には、あじの押し寿司、半田素麺、祖谷そば、**鳴門わかめ**などがあります。ご当地グルメでは、徳島ラーメンが有名です。

②鳴門のうず潮

大鳴門橋で淡路島（兵庫県、▶P.67）と結ばれる鳴門市は、**鳴門のうず潮**が最大の観光資源。潮の干満によって発生するうず潮は、観光遊覧船からだけでなく、大鳴門橋に設けられた海上遊歩道からのぞくこともできます。このほか、鳴門市ドイツ館、大塚国際美術館にも立ち寄りたいところ。

③「日本の原風景」が残る祖谷渓

吉野川中流の**大歩危**（おおぼけ）・**小歩危**（こぼけ）は、切り込んだV字の渓谷。ダイナミックな奇観は遊覧船で楽しめます。平家落人伝説が残る**祖谷渓**（いやけい）は、野生のシラクチカズラを編んでつくる**かずら橋**が有名。この橋は、3年ごとにかけかえられます。

かずら橋

要点マスター　徳島県の見どころ

文　化	阿波おどり、藍染め
都　市	徳島➡眉山　鳴門➡ドイツ館、大塚国際美術館
景勝地	鳴門のうず潮、大歩危・小歩危、祖谷渓

5 愛媛県と高知県（四国地方②）

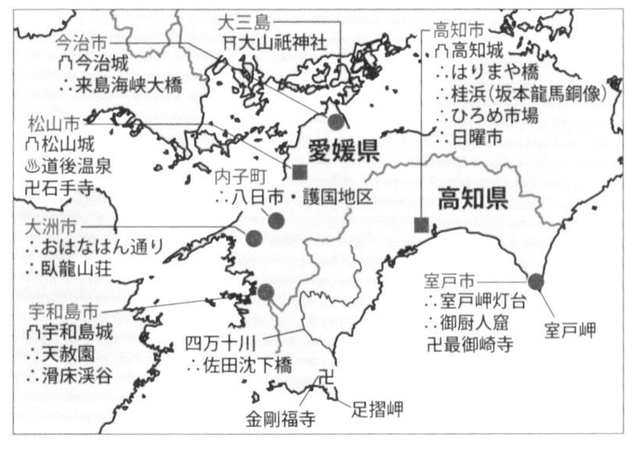

プラスアルファ

ウミガメの博物館
県南東部の美波町にある**日和佐うみがめ博物館カレッタ**は、ウミガメの産卵孵化場もあるユニークな博物館。

プラスアルファ

茅葺きの民家
祖谷の斜面には、茅葺きの民家が集まる**落合集落**がある。標高差390mの急斜面に趣深い約70軒が建てられている。

ココに注目！

四国お遍路
四国八十八か所（霊場）めぐりのこと。**弘法大師（空海）**にゆかりがある**88の札所**を訪ねる巡礼の旅。第1番札所は霊山寺（りょうぜんじ）（徳島県）、第88番札所は大窪寺（おおくぼじ）（香川県）。かつては修行の旅だったが、現在は自己を見つめ直す旅として、多くの老若男女が挑戦している。米国のTVが「世界の神聖な6か所」の一つとして取り上げるなど、海外での認知も高まっている。

（1）愛媛県

①県庁所在地の松山市

県庁所在地の**松山市**は、伊予松山藩の城下町。巨大アーケード街の**大街道**を中心としたコンパクトシティは、**夏目漱石**の小説『**坊っちゃん**』の舞台としても知られます。最大の観光名所は、加藤嘉明が築いた**松山城**。勝山の上に建てられた平山城で、現存天守12城の一つです。

もう一つの観光名所は、日本最古の温泉とされる**道後温泉**。明治27年建造の**道後温泉本館**(2024年12月まで工事中)の風格あるたたずまいは、松山にゆかりがある**正岡子規**や**夏目漱石**ら、多くの文人墨客に愛されてきました。温泉近くの**石手寺**は、四国霊場のなかでも特に文化財が多い寺院です。

道後温泉本館

②「タオルの町」今治

しまなみ海道で尾道市（広島県）と結ばれている今治市は、**今治タオル**の産地として有名です。観光名所の**今治城**は、夜のライトアップが人気。来島海峡展望館からは、世界初の３連吊り橋の**来島海峡大橋**と瀬戸内海を一望できます。

瀬戸内海の**大三島**にある**大山祇神社**には、国宝・重文の武具（甲冑・刀剣類）が多数収蔵されています。

③風情ある内子と大洲

県の西部には、歴史的な名所が集まっています。**内子町**は江戸時代後期から明治時代にかけて、木蝋の生産で栄えた町。**八日市・護国地区**には、その面影を残す土蔵や漆喰壁の古い建物が残されています。

大洲市（伊予大洲）は、加藤氏６万石の城下町。肱川の南には、石畳の**おはなはん通り**を中心に江戸～明治期の古い商家が並んでいます。数寄屋建築の**臥龍山荘**も趣があり

愛媛県は、いよかん、**まだい**の生産量が全国１位。郷土料理は、**鯛めし**、鯛そうめん、**じゃこ天**など海の幸が中心です。ご当地グルメでは、今治の焼き鳥と焼豚玉子飯が知られています。

用語

正岡子規
明治時代を代表する俳人・歌人。学生時代に**夏目漱石**と知り合い、その後、松山市内の尋常中学校に英語教師として赴任してきた漱石に俳句を教えた。松山市内に、子規の生家を復元した**子規堂**や**子規記念博物館**がある。

プラスアルファ

砥部焼
砥部町は、白い磁肌が美しい**砥部焼**の産地。約100軒もの窯元が残り、砥部町陶芸創作館では絵付け体験も行っている。

木蝋
ハゼの木の実が原料。ろうそくやマゲの**鬢付け油**などに使用される。

ます。

④多彩な魅力の宇和島

リアス海岸に面する**宇和島市**は、藤堂高虎が築いた**宇和島城**の城下町。宇和島城と大名庭園の**天赦園**（てんしゃえん）が観光名所ですが、伝統行事の**闘牛**や豊漁を祈る和霊大祭も人気です。**真珠**の養殖もさかんで、真珠加工体験も楽しめます。東部の**滑床渓谷**（なめとこ）は、雪輪（ゆきわ）の滝や千畳敷（せんじょうじき）の渓谷美が魅力的です。

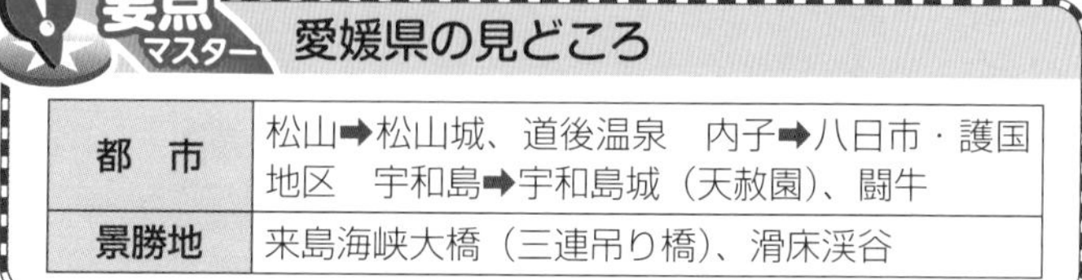

要点マスター　愛媛県の見どころ

都　市	松山➡松山城、道後温泉　内子➡八日市・護国地区　宇和島➡宇和島城（天赦園）、闘牛
景勝地	来島海峡大橋（三連吊り橋）、滑床渓谷

（2）高知県

①県庁所在地の高知市

県庁所在地の**高知市**は、**土佐藩**の城下町として栄えました。山内一豊が築いた**高知城**は、現存天守12城の一つ。よさこい節で知られる**はりまや橋**は、公園として整備されています。観月の名所の**桂浜**には、**坂本龍馬**の銅像があります。買い物なら、**ひろめ市場**と青空市場の**日曜市**。高知市の東の香美（かみ）市にある鍾乳洞、**龍河洞**（りゅうがどう）も見どころです。

②黒潮を望む二つの岬

土佐湾の南東端の**室戸岬**は、**世界ジオパーク**に認定されています。第1等レンズをもつ**室戸岬灯台**、空海が修行したと伝えられる**御厨人窟**（みくろど）のほか、四国八十八か所24番札所の**最御崎寺**（ほつみさきじ）も訪れたいところ。

南西端の**足摺岬**（あしずり）も、展望台から**黒潮**を眼下に270度の絶景を楽しめます。**ジョン（中浜）万次郎**の出身地としても有名。近くには、38番札所の**金剛福寺**が建っています。

プラスアルファ

マイントピア別子

県東部・新居浜市の**別子銅山**は、江戸時代から1973年まで日本有数の銅山として栄えた。跡地は、**マイントピア別子**という鉱山テーマパークになっている。標高750mの高地に残る鉱山町の遺産は「**東洋のマチュピチュ**」とよばれる。

高知県といえば、**かつおのたたき**。宴席では**皿鉢料理**（さわち）がふるまわれ、**酒豪**が多いといわれています。

プラスアルファ

竜串海岸と柏島（たつくし）

足摺岬の西の**竜串海岸**は奇勝が続く景勝地。さらに西の**柏島**は海の透明度が高く、絶好のダイビングスポット。

③「最後の清流」四万十川

不入山（いらずやま）に源を発し、四万十市で土佐湾に注ぐ**四万十川**は、「最後の清流」として知られます。各所から屋形船の遊覧船が出ており、欄干のない**佐田沈下橋**も船上から見ることができます。初心者でも楽しめるカヌー体験も人気です。

プラスアルファ

土佐和紙
仁淀川の下流の土佐市は、**土佐和紙**の産地として有名。**土佐和紙工芸村くらうど**では、紙すき体験を楽しめる。

要点マスター 高知県の見どころ

都　市	高知➡高知城、はりまや橋、桂浜（坂本龍馬像）
景勝地	室戸岬（御厨人窟）、足摺岬、竜串海岸、柏島 四万十川（最後の清流、佐田沈下橋）

Let's Try 確認テスト

正解したらチェックマーク☑を入れましょう

□ ① 2016年に「鎮守府　横須賀・＿＿・佐世保・舞鶴～日本近代化の躍動を体感できるまち～」として日本遺産の認定を受けた。「大和ミュージアム」が人気の＿＿に入る都市を次から一つ選びなさい。2018
ア　岩国　　イ　呉　　ウ　竹原　　エ　三原

□ ② 鳥取砂丘近隣の砂丘畑で生産される地理的表示保護制度（GI）に基づく登録産品で正しいものを次から一つ選びなさい。2020
ア　鳥取砂丘オリーブ　　イ　鳥取砂丘なつめやし
ウ　鳥取砂丘らっきょう　　エ　鳥取砂丘レモン

□ ③ ＿＿には、世界遺産に登録された松下村塾をはじめ、吉田松陰誕生地・墓所や初代総理大臣伊藤博文旧宅・別邸などがある。＿＿にあてはまる語句を次から一つ選びなさい。2019
ア　仙崎　　イ　長府　　ウ　津和野　　エ　萩

□ ④ 吉野川中流部の美馬市脇町は藍の集散地として繁栄し、商家町はうだつの町並みで知られる。「うだつ」の役割を次から一つ選びなさい。2021
ア　防音　　イ　防火　　ウ　防寒　　エ　防水

□ ⑤ 愛媛県西部の内子町やその周辺部には木造の＿＿が多数存在している。＿＿に入る語を次から一つ選びなさい。2022
ア　自動販売機　　イ　バス停　　ウ　彫像　　エ　屋根付き橋

解答 ①イ／②ウ／③エ／④イ／⑤エ

九州・沖縄地方

Check!

学習のPOINT

頻出度：★★★

九州地方は、古くから中国・朝鮮半島・東南アジアとの交易の窓口。火山が多く、湧出量の豊富な温泉が観光客を引きつけている。沖縄にも、内外から年間１千万人の観光客が訪れている。

九州・沖縄地方の主な観光資源をクイズでチェック！

1

遠浅の海で、干満差は6m以上。干潟では、ムツゴロウが生息

2

豊臣秀吉の朝鮮侵略「文禄・慶長の役」の拠点となった城跡

3

2022年に運行を開始した、武雄温泉駅と長崎駅を結ぶ観光列車

4

玄界灘に浮かぶ２つの離島。〇〇〇ヤマネコの生息地と原の辻遺跡が有名

5

湯布院と阿蘇を結ぶ、日本百名道に選ばれているドライブルート

6

噴煙を上げる中岳や放牧馬など、阿蘇を代表する景観が有名な草原

7

11月～2月に、各集落が三十三番の神楽を夜を徹して奉納する神事

8

与論島の大金久（おおがねく）海岸に、干潮時だけ姿を現す砂浜

9

西表島から水牛車で渡ることができる島

解答 ①有明海（佐賀県、長崎県、熊本県、福岡県）／②名護屋城跡（佐賀県）／③ふたつ星4047（佐賀県、長崎県）／④対馬・壱岐（長崎県）／⑤やまなみハイウェイ（大分県、熊本県）／⑥草千里ヶ浜（くさせんりがはま）（熊本県）／⑦夜神楽（宮崎県）／⑧百合ヶ浜（鹿児島県）／⑨由布島（沖縄県）

1 福岡県と大分県

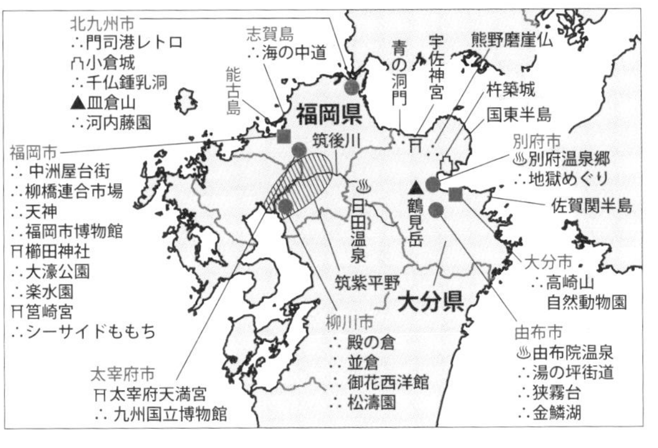

（1）福岡県

①県庁所在地の福岡市

県庁所在地の**福岡市**は、九州の地方中枢都市。福岡空港や博多港は、東アジアとの窓口になっています。福岡市はグルメと歴史の町です。飲食なら**中洲屋台街**、買い物なら「博多の台所」**柳橋連合市場**と**天神**。天神は九州一の繁華街で、地下街も発達しています。

博多湾に浮かぶ**志賀島**は、漢委奴国王印（▶P.109）が発見されたことで有名。本土とは、陸繋砂州の**海の中道**で結ばれています。金印は**福岡市博物館**に所蔵されています。四季折々の花が美しい**能古島**も博多港からフェリーですぐ。

中洲に近い**櫛田神社**は夏の**博多祇園山笠**、秋の博多おくんちで有名。このほか、**大濠公園**と福岡城跡、日本庭園の**楽水園**、日本三大八幡宮の一つ**筥崎宮**、福岡タワー、海浜公園の**シーサイドももち**なども、人気の観光スポットです。

博多祇園山笠

福岡県の郷土料理・名産品には、**明太子**、**がめ煮（筑前煮）**、鶏の水炊き、おきゅうと、梅が枝餅などがあります。豚骨スープの**博多ラーメン**やもつ鍋、果物では大粒いちごの**あまおう**が人気です。

用語

筥崎宮
筑前国一の宮で、筥崎八幡宮ともいう。**元寇（蒙古襲来）**を神風が撃退したという説から、厄除け・勝運の神として信仰を集める。新年の伝統行事の**玉取祭（玉せせり）**も有名。宇佐神宮（大分県）、石清水八幡宮（京都府）とともに、日本三大八幡宮の一つ。

プラスアルファ

博多どんたく
福岡市で毎年5月に開かれる市民の港祭り。200万人以上の見物客を動員する。**どんたく**は、オランダ語で「日曜日（休息日）」を意味するゾンタークが語源とされている。

②「水郷の町」柳川

筑紫平野の南部、有明海に面した**柳川市**は、柳川藩の城下町。**筑後川**と矢部川がつくる水郷地帯では、柳川城の水堀などの水路（クリーク）をどんこ舟でまわる**川下り**が人気です。観光スポットは、柳川藩主・立花家の**殿の倉**、赤レンガ麹蔵の**並倉**、立花家別邸の**御花西洋館**とその庭園の**松濤園**、北原白秋記念館など。

③太宰府天満宮と九州国立博物館

福岡市の南の太宰府市は、福岡平野と筑紫平野の中間に位置します。**太宰府天満宮**の門前町として栄えてきました。9世紀末、藤原時平との政争に敗れ、この地に左遷された「学問の神様」**菅原道真**をまつっています。隣には、「日本文化の形成をアジア史的観点から捉える博物館」をコンセプトとする**九州国立博物館**があります。

④門司港レトロと小倉城

県北東部の**北九州市**の門司は、明治後半から国際貿易都市として発展しました。港湾近くは、移転・修復された明治・大正期の建造物が並ぶ**門司港レトロ**という観光名所になっています。小倉には、1602年に細川忠興が建てた**小倉城**やカルスト地形の平尾台があります。平尾台では、**千仏鍾乳洞**など三つの鍾乳洞が開放されています。八幡には、山頂からの夜景が美しい**皿倉山**、「藤の花のトンネル」が海外メディアからも絶賛された**河内藤園**があります。

要点マスター 福岡県の見どころ

文　化	玉取祭(玉せせり)、博多どんたく、博多祇園山笠
都　市	福岡➡海の中道、天神、櫛田神社、大濠公園 太宰府➡太宰府天満宮　柳川➡水郷（川下り） 北九州市➡門司港レトロ、千仏鍾乳洞、皿倉山

プラスアルファ

「神宿る島」宗像・沖ノ島と関連遺産群
4～9世紀の祭祀を示す遺跡、新原・奴山古墳群、**宗像大社**などからなる。信仰の中心の沖ノ島には、原則として観光客の入島は認められていない。

プラスアルファ

「筑前の小京都」秋月
朝倉市北部、古処山の懐にいだかれた旧城下町。黒門、武家屋敷、目鏡橋などが、往時をしのばせる。秋月城跡に向かう**杉の馬場通り**は、桜の名所として知られる。明治初期には、**秋月の乱**の舞台となった。

用語

北九州市
北九州市は、福岡市と並ぶ**政令指定都市**。1963年に門司・小倉・若松・八幡・戸畑の5市が合併してできた。明治時代、官営の**八幡製鉄所**を中心に、**北九州工業地帯(地域)**の中核都市として発展。しかし、高度経済成長期、大気汚染や洞海湾の水質汚濁など公害が発生。その後、市民・企業・行政が一体となって環境改善に取り組み、現在は**環境モデル都市**に認定されている。

（2）大分県

①県庁所在地の大分市

県庁所在地の**大分市**は、別府湾に面した都市。沿岸部には**大分臨海工業地帯**が形成されています。見どころは、野生のニホンザルの生息地として知られる**高崎山自然動物園**と大分マリーンパレス水族館「うみたまご」。東部の**佐賀関半島**は、**関さば**・**関あじ**の漁場として知られます。

②二つの大人気温泉

大分県は「おんせん県」としてPRしています。その代表は、**鶴見岳**の扇状地に広がる**別府**（べっぷ）**温泉郷**。別府・鉄輪（かんなわ）など八湯からなる一大温泉郷で、源泉数・湧出量ともに日本一です。噴出口の**地獄めぐり**が観光客を引きつけます。

由布岳のふもとの**由布院**（ゆふいん）**温泉**も人気です。買い物は**湯の坪街道**で、田園風景は**辻馬車**で楽しめます。由布院の町を一望できる**狭霧台**（さぎりだい）、朝霧が美しい**金鱗湖**（きんりん）は必見です。

③国東半島の石仏

国東（くにさき）半島は、石仏と寺社が多いことで有名。半島の付け根にあたる宇佐市には、全国の八幡宮の総本宮である**宇佐神宮**が鎮座しています。半島の北西部に位置する豊後（ぶんご）高田市は、石造文化財の宝庫で、特に絶壁に彫られた**熊野磨崖仏**（くまのまがいぶつ）が有名です。その南の杵築（きつき）市は**杵築城**の城下町。白壁の武家屋敷群と商人の町が坂で結ばれており、「**サンドイッチ型城下町**」とよばれます。

熊野磨崖仏

④日田温泉と耶馬溪

県西部の日田市は、日田杉の製材業がさかん。山間の皿山は**小鹿田焼**（おんたやき）の産地です。三隈川沿いの**日田温泉**は、屋形船と鵜飼いが観光客を引きつけます。県北部の**耶馬溪**（やばけい）は渓

大分県は、**かぼす**と**干し椎茸**の生産量が全国1位です。高級魚では、日出（ひじ）町の**城下かれい**も有名。ご当地グルメは、中津唐揚げ、日田やきそばなどが人気です。

用語

鶴見岳
標高1,375mの複合火山。山頂からは、別府温泉郷と瀬戸内海を一望できる。春のミヤマキリシマ、秋の紅葉、冬の霧氷も美しい。**阿蘇くじゅう国立公園**に属する。

プラスアルファ

臼杵（うすき）**石仏（磨崖仏）**
県南東部の臼杵市にも、平安・鎌倉時代に彫られた60体余りの石仏群が残されている。南方には、純白な石柱・石筍が美しい**風連鍾乳洞**もある。

プラスアルファ

「昭和の町」
熊野磨崖仏と並ぶ、豊後高田市の観光名所。昭和30年代の活気ある町をよみがえらせた商店街で、昔懐かしい**ボンネットバス**も走っている。

谷美にすぐれ、なかでも「一目八景」とよばれる景勝地は必見。名勝の競秀峰の裾野には、僧の禅海が開削した**青の洞門**が残されています。

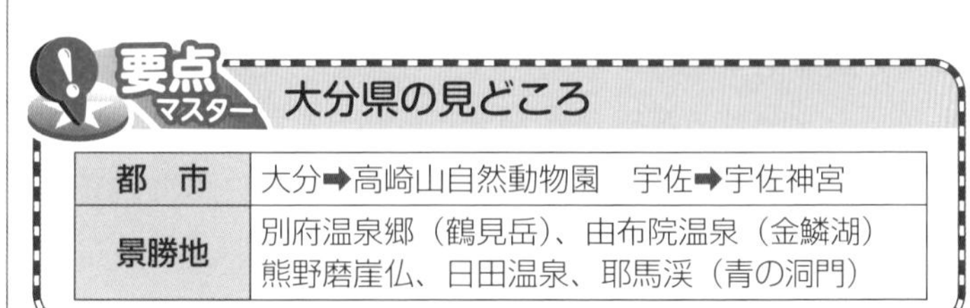

要点マスター　大分県の見どころ

都　市	大分➡高崎山自然動物園　宇佐➡宇佐神宮
景勝地	別府温泉郷（鶴見岳）、由布院温泉（金鱗湖） 熊野磨崖仏、日田温泉、耶馬渓（青の洞門）

2 佐賀県と長崎県

佐世保市
∴ハウステンボス
∴九十九島
∴海きらら
唐津市
⛫唐津城
∴虹の松原
∴七ツ釜
∴呼子の朝市
長崎市
∴出島・唐人屋敷跡
∴オランダ坂
∴グラバー園
∴大浦天主堂
∴浦上天主堂
∴眼鏡橋
∴平和公園、平和祈念像
▲稲佐山
♨∴武雄温泉
御船山楽園
吉野ヶ里
遺跡
佐賀市
∴三重津海軍所跡
佐賀県
嬉野市
♨嬉野温泉
∴長崎街道
長崎県
島原市
⛫島原城
∴湧水めぐり
原城跡
五島列島
福江島
∴高浜ビーチ
雲仙岳
♨雲仙温泉

（1）佐賀県

①県庁所在地の佐賀市

県庁所在地の**佐賀市**は、鍋島氏の城下町。見どころは、佐賀城跡、筑後川昇開橋、**「明治日本の産業革命遺産」**に登録された**三重津海軍所跡**など。毎年秋に開催される**佐賀インターナショナルバルーンフェスタ**も人気。市の北東の神埼郡にある**吉野ヶ里遺跡**（よしのがり）は、弥生時代最大級の遺跡です。

②唐津焼と有田焼

県西部は焼き物エリア。玄海灘に面した唐津（からつ）市は、江戸時代は**唐津焼**の産地、明治時代以降は石炭の積出港として

青の洞門
江戸時代に僧の禅海が30年余りの歳月をかけ、難所の岩壁をのみで開削したと伝えられるトンネル。菊池寛の小説『**恩讐**（おんしゅう）**の彼方に**』で知られるようになった。

プラスアルファ

九重"夢"大吊橋
鳴子川渓谷に架かる吊り橋。歩道専用の吊り橋としては高さ日本一（173m）。「**天空の散歩道**」と称される。

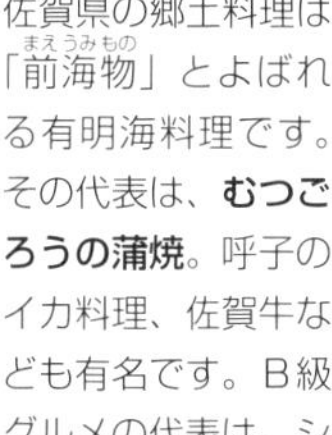

佐賀インターナショナルバルーンフェスタ
佐賀市の嘉瀬（かせ）川の河川敷で、毎年秋に開催される**熱気球競技大会**。世界各国の100機以上の気球がフライトを競い合う。

発展しました。見どころは、**唐津城**のほか、クロマツが並ぶ**虹の松原**、七つの洞窟が並ぶ**七ツ釜**など。唐津神社の例大祭の**唐津くんち**、**呼子の朝市**も見逃せません。

その南の有田町は**有田焼**の産地。九州陶磁文化館や大川内鍋島窯跡などがあり、陶芸体験も楽しめます。

③武雄温泉と嬉野温泉

県南西部は温泉エリア。武雄(たけお)市には『肥前国風土記』に記された**武雄温泉**があります。ランドマークの楼門は、釘を１本も使わない独創性が存在感を放っています。桜・紅葉の名所の**御船山(みふねやま)楽園**もすぐ近く。嬉野(うれしの)市は**長崎街道**の宿場町です。「美肌の湯」として名高い**嬉野温泉**があります。

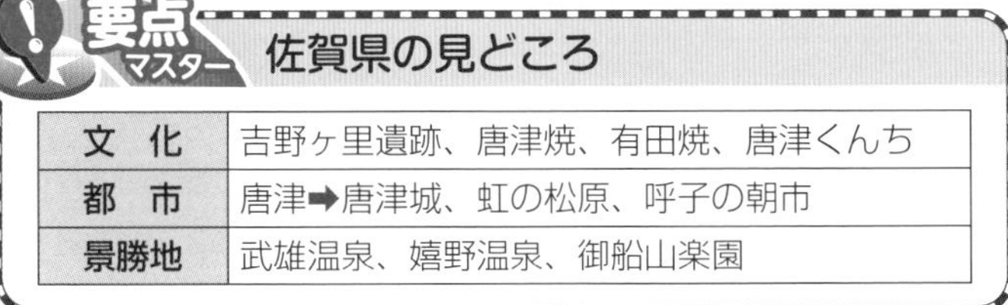

要点マスター　佐賀県の見どころ

文　化	吉野ヶ里遺跡、唐津焼、有田焼、唐津くんち
都　市	唐津➡唐津城、虹の松原、呼子の朝市
景勝地	武雄温泉、嬉野温泉、御船山楽園

（2）長崎県

①県庁所在地の長崎市

県庁所在地の**長崎市**は、西日本有数の漁業都市・観光都市です。鎖国中、オランダ・清との交易の窓口になったことから、**出島跡**、**唐人屋敷跡**（▶P.150）、**オランダ坂**をはじめ、歴史的な観光遺産が多く残されています。

幕末の貿易商人の屋敷跡・**グラバー園**、現存する日本最古の教会建築の**大浦天主堂**、被爆マリア像が残る**浦上天主堂**、中国の僧・黙子如定(もくすにょじょう)が架設したと伝えられる**眼鏡橋**など、見どころはつきません。原爆の爆心地に近い平和公園には、平和祈念像が建てら

大浦天主堂

用語

有田焼
豊臣秀吉の朝鮮出兵の際、日本に連行した陶工の**李参平**が創始。江戸時代、**酒井田柿右衛門(さかいだかきえもん)**が**赤絵**の絵付けを施して、急速に発展。伊万里港から輸出・出荷されたことから、**伊万里焼**ともいう。

プラスアルファ

祐徳稲荷神社
県南西部の鹿島市にある神社。豪華絢爛な美しさから**鎮西(ちんぜい)日光**とも称される。伏見稲荷大社（京都府）、笠間稲荷神社（茨城県）とともに**日本三大稲荷**の一つに挙げられる。

長崎県は、**びわとあじ類**の生産量が全国１位。郷土料理も、西洋・中国の影響を受けています。**ちゃんぽん**、皿うどん、肉や魚介を大皿に盛った**卓袱(しっぽく)料理**などが代表。製法がポルトガルから伝わった**カステラ**も外せません。ご当地グルメでは、佐世保バーガーが有名です。

れています。**稲佐山**からの夜景も人気です。

②ハウステンボスと九十九島

県北部の佐世保市には、オランダの町並みを再現した敷地面積日本一のテーマパーク、**ハウステンボス**があります。208の島々からなる**九十九島**も、日本有数の海の景勝地として人気です。絶景は遊覧船のほか、展海峰、弓張岳展望台、映画『ラストサムライ』のロケ地になった石岳展望台からも楽しめます。「**海きらら**」は、地域密着型水族館です。

③島原半島の城下町・温泉

島原半島東岸の島原市は、**島原城**の城下町。**島原・天草一揆**（島原の乱）で有名です。島原湧水群の**湧水めぐり**や武家屋敷が軒を連ねる鉄砲町の町歩きを楽しめます。キリシタンや農民が立てこもった**原城跡**は南島原市にあります。

半島の多くの都市は、**雲仙岳**の扇状地に発達しており、「雲仙地獄めぐり」で有名な**雲仙温泉**をはじめ、小浜温泉、島原温泉など温泉街が形成されています。

④五島列島の教会めぐり

五島列島には、世界遺産「**長崎と天草地方の潜伏キリシタン関連遺産**」のうちの、野崎島・頭ヶ島・奈留島の江上（江上天主堂）・久賀島の各集落があり、新たな観光名所になっています。観光の拠点は**福江島**。水ノ浦教会、堂崎天主堂、**高浜ビーチ**などの観光スポットも集まっています。

要点マスター　長崎県の見どころ

都　市	長崎➡出島跡、唐人屋敷跡、グラバー園、 大浦天主堂、眼鏡橋、稲佐山、平和公園 佐世保➡ハウステンボス 島原➡島原城、湧水群
景勝地	九十九島、雲仙岳（雲仙温泉）、五島列島

プラスアルファ

端島（軍艦島）
周囲1.2kmの島。**海底炭鉱の採掘島**で、最盛期5,000人以上が暮らしていたが、1974年の閉山で廃虚の島になった。**世界遺産**に登録されている。

ココに注目！

「明治日本の産業革命遺産―製鉄・製鋼、造船、石炭産業」
開国後の日本の急速な工業成長の基盤となった産業遺産で、世界文化遺産に登録されている。8県23の構成資産。
・**岩手県釜石市**…橋野鉄鉱山
・**静岡県伊豆の国市**…韮山反射炉
・**山口県萩市**…萩反射炉、恵美須ヶ鼻造船所跡、大板山たたら製鉄遺跡、萩城下町、松下村塾
・**福岡県、熊本県**…三池炭鉱・三池港、三角西港、官営八幡製鐵所、遠賀川水源地ポンプ室
・**佐賀市**…三重津海軍所跡
・**長崎市**…小菅修船場跡、三菱長崎造船所関連（4か所）、高島炭坑、端島炭坑、旧グラバー住宅
・**鹿児島市**…旧集成館、寺山炭窯跡、関吉の疎水溝

3 熊本県と宮崎県

（1）熊本県

荒尾市
∴三池炭鉱の旧万田坑施設・専用鉄道敷跡
熊本市
凸熊本城
∴水前寺成趣園（水前寺公園）
∴夏目漱石第三旧居
三角旧港（三角西港）
えびの高原
日南市
∴モアイ像
⛩鵜戸神宮
∴猪八重渓谷
∴城下町飫肥
阿蘇山
▲中岳
∴草千里
▲米塚
▲杵島岳
▲大観峰
♨黒川温泉
熊本県
∴通潤橋
白鳥温泉
霧島連峰
宮崎県
高千穂峡
∴真名井の滝
⛩天岩戸神社
宮崎市
∴青島、鬼の洗濯板
日南海岸
▲堀切峠
都井岬

①県庁所在地の熊本市

県庁所在地の**熊本市**は、肥後藩の城下町として栄えました。「銀杏城」の異名をもつ**熊本城**と東海道五十三次を模した**水前寺成趣園**（水前寺公園）が観光の目玉。熊本城の麓には、観光施設の桜の馬場「城彩苑」があり、水前寺成趣園の近くには、**夏目漱石第三旧居**が移築されています。

②大草原が広がる阿蘇山

世界最大級の**カルデラ**をもつ**阿蘇山**は、世界ジオパークに認定されています。噴煙たなびく**中岳**の火口、烏帽子岳の裾野に広がる**草千里**、寄生火山の**米塚**などがハイライト。**杵島岳**や外輪山の**大観峰**からの展望も素晴らしく、栃木温泉や内牧温泉などの湯どころもそろっています。

阿蘇山の北方には、南小国温泉郷が連なっています。田の原川（筑後川の源流）沿いの**黒川温泉**は、日本屈指の人気温泉。**入湯手形**による露天風呂めぐりを楽しめます。

③通潤橋と産業革命遺産

県の中東部を流れる轟川には、**通潤橋**がかかっています。江戸時代に建造された石造りのアーチ橋で、橋の中央の放水口から噴き出る水の勢いにも圧倒されます。

世界遺産「**明治日本の産業革命遺産**」の登録地も多く、荒尾市には**三池炭鉱の旧万田坑施設・専用鉄道敷跡**が、宇城市には**三角旧港（三角西港）**がそれぞれ残っています。

熊本県は、**トマト**、すいか、**いぐさ**の生産量が全国1位。郷土料理・名産品には、**辛子蓮根**、太平燕、馬刺しなどがあります。ご当地グルメでは、熊本ラーメン、あか牛丼に注目。

用語

熊本城
名城の誉高い平山城。江戸時代初め、**加藤清正**が大拡張工事を行って、巨大で堅固な城となった。1877年の**西南戦争**で焼失したが、1960年に天守閣が復元された。城内には、加藤神社が建てられている。

プラスアルファ

夏目漱石第三旧居
熊本市内には、漱石の5番目の旧居（**夏目漱石内坪井旧居**）もあるが、工事のため現在は休館中。第三旧居は長らく公開していなかったが、内坪井旧居の公開が難しくなったため特別公開している。

要点マスター 熊本県の見どころ

都　市	熊本➡熊本城、水前寺成趣園
景勝地	阿蘇山（世界最大級のカルデラ、草千里、米塚） 黒川温泉、通潤橋、天草諸島

（2）宮崎県

①県庁所在地の宮崎市と日南海岸

県庁所在地の**宮崎市**は、大淀川の河口に発達した都市です。最大の観光名所は、鹿児島県まで続く**日南海岸**。かつては新婚旅行のメッカでした。

鬼の洗濯板

海岸北部の**青島**は、**鬼の洗濯板**とよばれる奇岩に囲まれています。ヤシの木に囲まれた青島神社は「縁結びの神」として有名。**堀切峠**からは太平洋を一望できます。中部では、サンメッセ日南（日南市）の７体の**モアイ像**が人気。その南には、本殿が洞窟の中にある**鵜戸神宮**（日南市）が鎮座しています。南部の見どころは、日本在来馬の一つ**御崎馬**（岬馬）が放牧されている**都井岬**（串間市）です。

②情緒あふれる飫肥城下町

日南市には日南海岸のほかにも、多くの名所があります。**猪八重渓谷**は貴重なコケの宝庫。五重の滝をはじめ、20を超える滝が渓谷美をつくっています。中部の**飫肥**は伊東氏の城下町として栄えました。飫肥城跡、旧伊東伝左衛門家など、江戸時代の面影を残す建造物が残っています。

③霧島連峰とえびの高原

鹿児島県との県境にそびえる**韓国岳**（霧島山の最高峰）の北麓には、四季折々の自然が美しい**えびの高原**が広がっています。不動池、六観音御池、白紫池などの火山湖めぐり

プラスアルファ

天草諸島
大小約110の島々から成る。海食崖、**リアス海岸**など複雑な地形が発達。**﨑津集落**は潜伏キリシタン関連の世界遺産の構成資産。

宮崎県は、宮崎平野で野菜の**促成栽培**がさかん。**きゅうり**の生産量は全国一です。また、鹿児島県と並ぶ「畜産王国」。郷土料理は**冷や汁**、チキン南蛮などです。

用語

鵜戸神宮
崇神天皇の創建と伝えられる歴史ある神社。日向灘に面する巨大な**洞窟内**に本殿がある。断崖の上の参道からの眺めは絶景として人気。

プラスアルファ

クルスの海
県北部の**日向岬**の展望台から見る大海原も絶景。波に浸食された岩の十字に見える形状から「**クルスの海**」とよばれ、願いが叶うという伝説がある。

やトレッキングを楽しめる自然豊かな高原です。征韓論に敗れた**西郷隆盛**が癒しに訪れた**白鳥温泉**もあります。

④絶景の高千穂峡

県北西部の**高千穂峡**も大自然の景勝地。五ヶ瀬川が阿蘇山の溶岩を浸食してできた約７kmの峡谷です。**真名井**(まない)**の滝**、鬼八の力石、槍飛橋などが、遊歩道と観光ボートで楽しめます。天照大神伝説が残る**天岩戸**(あまのいわと)**神社**をはじめ、歴史ある神社が点在する「神話の里」としても知られます。

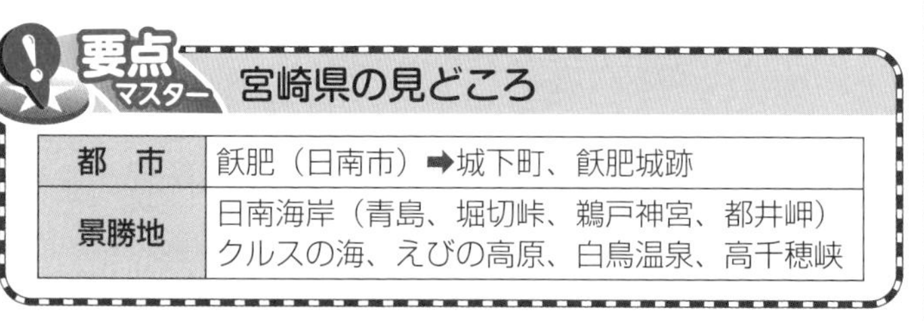

要点マスター　宮崎県の見どころ

都　市	飫肥（日南市）➡城下町、飫肥城跡
景勝地	日南海岸（青島、堀切峠、鵜戸神宮、都井岬） クルスの海、えびの高原、白鳥温泉、高千穂峡

4 鹿児島県

①県庁所在地の鹿児島市

県庁所在地の**鹿児島市**は、**薩摩藩**の城下町です。**西郷隆盛**、**大久保利通**ら、維新の立役者を多く輩出しました。最大の繁華街は天文館通り、一番の観光名所は**桜島**。桜島は1914年の大噴火で大隅半島と陸続きになった火山で、いまも南岳からの噴煙が止みません。**黒神埋没鳥居**などが噴火の威力をもの語ります。

島津家の別宅の**仙巌園**(せんがんえん)

鹿児島市
∴仙巌園
∴旧集成館
∴維新ふるさと館
▲城山
∴西郷隆盛銅像
霧島連山
♨関平温泉
⛩霧島神宮
∴丸尾滝
∴曽木の滝
鹿児島県
桜島
∴黒神埋没鳥居
池田湖
開聞岳
長崎鼻
指宿市
♨指宿温泉
佐多岬
種子島
∴種子島宇宙センター
屋久島
▲宮之浦岳
∴縄文杉
奄美大島

プラスアルファ

西都原古墳群(さいとばる)

県中部の西都市の高台にある古墳群。前方後円墳の男狭穂塚(おさほづか)、女狭穂塚(めさほづか)をはじめ**大小約330の古墳**が点在する。菜の花と桜の名所としても知られる。

プラスアルファ

綾の照葉(てるは)**大吊橋**

内陸部の綾町を流れる本庄川に架かる吊り橋。長さ250m。歩道用の吊り橋としては、**三島スカイウォーク**（静岡県）、**九重"夢"大吊橋**（大分県）に次ぐ規模。

鹿児島県は、火山灰の**シラス**が広がっているため、農業は**茶**の栽培と畜産が中心です。**豚**の飼育数、**かんしょ（さつまいも）**の生産量は全国1位。郷土料理・名産品には、**きびなご料理**、**さつま揚げ**、黒豚料理、かるかんなどがあります。宮崎県と並び、**焼酎**の生産量が多いのも特徴です。

（磯庭園）は、桜島を借景にした庭が美しく、世界遺産の**旧集成館**には最古の洋式工場が残されています。**維新ふるさと館**や西郷が自害した**城山**、その城山を背景に立つ軍服姿の**西郷隆盛銅像**なども人気です。

②霧島温泉郷と二つの滝

えびの高原（宮崎県）から続く**霧島連山**の裾野には、硫黄谷温泉や名水の鉱泉で知られる**関平温泉**（せきひら）をはじめ、多くの温泉が点在しています。新年の**九面太鼓**（くめん）の行事が人気の**霧島神宮**、温泉の湯が流れ落ちる**丸尾滝**、また、霧島連峰の西方にある**曽木の滝**（そぎ）もぜひ訪れたいところ。

③指宿温泉と個性豊かな自然

薩摩半島南部の指宿（いぶすき）市には、**天然の砂むし風呂**で有名な**指宿温泉**があります。周囲には、「薩摩富士」の異名をもつ**開聞岳**（かいもん）、藍色の水面が美しく、幻の怪獣イッシー伝説で知られる**池田湖**、干潮時に砂の道（砂州）で陸とつながる無人島の知林ヶ島（ちりんがしま）、最南端の岬の**長崎鼻**など、自然の見どころが盛りだくさんです。

④「縄文杉」の屋久島と種子島

縄文杉

世界自然遺産の**屋久島**は、大隅半島南端の佐多岬の沖合約60kmに浮かぶ島。九州最高峰の**宮之浦岳**を中心に亜熱帯から亜寒帯の豊かな植生が見られます。エコツアーがさかんで、推定樹齢7,200年の**縄文杉**、千尋（せんぴろ）の滝や大川（おおこ）の滝、平内海中温泉など、雄大な自然が迎えてくれます。

種子島は、1543年に鉄砲が伝来したことで有名です。南東端に、ロケットの打ち上げ基地をもつ**種子島宇宙センター**があります。

プラスアルファ

「薩摩の小京都」
南九州市の**知覧町**は、古い武家屋敷や庭園が残り、「**薩摩の小京都**」とよばれる。また特攻隊の出撃基地があったことでも有名。**知覧特攻平和会館**には、隊員の遺品などが展示されている。

用語

曽木の滝
県北東部、川内川の上流にある滝。高さは12mほどだが、滝幅が210mもあり、「**東洋のナイアガラ**」とよばれる。

プラスアルファ

出水ツルの越冬地
八代海に面する干拓地を中心とした田園地帯。2021年ラムサール条約登録湿地に指定された。

プラスアルファ

奄美大島（あまみ）
奄美群島最大の島。鹿児島の南沖約380kmに浮かぶ。玄関港は名瀬（奄美市）。マングローブの林など、亜熱帯の美しい自然が魅力。**アマミノクロウサギ**など固有種も多い。泥染めの**本場大島紬**、**さとうきび（黒糖）**の産地としても知られる。歴史も古く、記紀にも記述がある。戦後、米国の管理下に置かれたが、1953年に返還された。

要点マスター 鹿児島県の見どころ

都　市	鹿児島➡桜島、仙巌園、旧集成館、城山 知覧➡知覧武家屋敷、知覧特攻平和会館
景勝地	曽木の滝、指宿温泉（砂むし風呂）、開聞岳、 屋久島（縄文杉）、奄美大島

5 沖縄県

①県庁所在地の那覇市

県庁所在地の**那覇市**は、**琉球**王国の王都・首里の外港として発展しました。買い物・飲食なら**国際通り**や平和通り商店街、**牧志公設市場**。伝統文化なら、**壺屋焼**の焼き物体験を楽しめる**壺屋やちむん通り**に足を運びましょう。

最大の観光の目玉は、**首里城跡**を中心とした首里城公園。首里城は琉球王国を治めた尚氏の居城です。2019年の火災で正殿などが焼失しましたが、現在、復元工事が進められています。正門の**守礼門**と拝所の**園比屋武御嶽石門**、第二尚氏の陵墓の**玉陵**は見逃せません。人工池の龍潭、風情ある**首里金城町石畳道**、天然記念物の**大アカギ**も近く。尚氏の離宮だった**識名園**も同エリアにあります。

隣の豊見城市にある**旧海軍司令部壕**、DMMかりゆし水族館なども観光地として人気です。

プラスアルファ

ユニークな観光列車
2022年に西九州新幹線が開通し、在来線には観光列車「**ふたつ星4047**」（武雄温泉〜長崎）が登場（▶P.90）。九州には、「**指宿のたまて箱**」、「**A列車で行こう**」、「**或る列車**」、「**あそぼーい！**」などユニークな名の観光列車が多い。

沖縄県は、**さとうきび**、パイナップル、マンゴーの生産量が全国一。郷土料理は、**ゴーヤチャンプル**、ラフテーなどの**豚料理**、豆腐よう、ジーマミー豆腐、アーサ汁、ちんすこう、サーターアンダギーなどたくさんあります。

用語

琉球王国
15世紀初め、**尚巴志**が沖縄本島の三つの国（山北、中山、山南）を統一して建てた王朝。**明**との朝貢貿易、日本や東南アジア諸国との中継貿易で栄えたが、1609年に**薩摩藩**の支配下に置かれた。その後、1879年の**琉球処分**で沖縄県となった。

②自然が魅力の沖縄本島の北・中部

北部は、ジャングルが広がる**ヤンバル**（山原）。中心都市は名護市で、**沖縄美ら海水族館**が一番の観光スポットです。巨大な水槽では、ジンベエザメやナンヨウマンタの悠々と泳ぐ姿を見ることができます。周辺には、紺碧の海にかかる**古宇利大橋**、岩山がそびえる伊江島や珊瑚が美しい水納島、世界遺産で桜祭りで有名な**今帰仁城跡**などがあります。

中部は、リゾート気分を味わえる**万座ビーチ**など、大型ホテルが並ぶビーチが続いています。周辺には、美しい天然芝と象の鼻の形をした断崖が特徴の**万座毛**、神秘的なダイビングスポットの**青の洞窟**、伝統的な沖縄の村を再現したテーマパークの**琉球村**があります。

③戦跡が残る沖縄本島の南部

南部は、**沖縄戦**最後の激戦地でした。その悲惨な歴史に目を背けることはできません。平和祈念公園がある糸満市の**摩文仁の丘**や**ひめゆりの塔**などの戦跡が語ってくれます。ひめゆりの塔に隣接する**ひめゆり平和祈念資料館**も訪れたいところ。このほか、ニライカナイ橋、**琉球ガラス村**、琉球最大の聖地の**斎場御嶽**、変化に富んだ鍾乳洞の**玉泉洞**など、見どころは豊富です。

斎場御嶽

④慶良間諸島と久米島

沖縄本島の西沖約30〜40kmの**慶良間諸島**は世界有数の**ダイビングスポット**。那覇泊港から日帰りも可能です。最大の島である**渡嘉敷島**の阿波連ビーチ、座間味島の古座間味ビーチなどが人気です。

沖縄最西端の**久米島**は、**ハテの浜**が息をのむ美しさ。草木が生えていない、白砂だけの島です。このほか、樹齢200年を超える**フクギ並木**の防風林、奇岩の畳石、上江洲

用語

ヤンバル
沖縄本島北部の通称。国頭地方のこと。2021年に「**奄美大島、徳之島、沖縄島北部及び西表島**」の構成資産として世界遺産に登録された。亜熱帯のジャングルが広がっている。**ヤンバルクイナ**やノグチゲラなどの希少生物も多く棲み、カヌー、ハイキングなどのエコツアーがさかんである。奇岩が多い**大石林山**、カルスト地形が魅力的な最北端の**辺戸岬**も人気。

プラスアルファ

北部の魅力的な離島
・**伊平屋島**…沖縄最北の有人島。天岩戸伝説地の一つ**クマヤ洞窟**があり、「てるしの」の島とよばれる。
・**伊是名島**…伊平屋島の南に浮かぶ絶景の島。**尚円王**（第二尚氏の始祖）にゆかりがある。

用語

斎場御嶽
南城市にある霊場。「せーふぁ」は最高位という意味で、「**御嶽**」は祭祀を行う聖地のこと。文字通り琉球王国最高の聖地。琉球創生の神がつくったといわれる。

家住宅など、観光資源は豊富です。**久米島紬**、泡盛の久米仙の産地としても知られています。

⑤宮古島と周辺の島々

沖縄本島の南西約300kmの**宮古島**も、「宮古ブルー」の海と白砂の砂浜が美しい。絶景の**東平安名崎**（ひがしへんなざき）の先には、白亜の平安名埼灯台が建っています。シギラ黄金温泉は、日本最南端の温泉。宮古創生の神話が伝わる**張水御嶽**（はりみずうたき）も見落とせません。**伊良部島**（いらぶ）とは、2015年に伊良部大橋（全長3,540m）で結ばれました。無料の橋としては日本一の長さです。

⑥観光資源が豊富な石垣島

八重山諸島の中心となる**石垣島**は、観光資源が豊富です。一番の見どころは、澄んだ海と小島群が美しい**川平湾**（かびら）。ミシュラン・グリーンガイド・ジャポンで三ツ星評価を受けました。

白砂のビーチの数々に加え、夕日が美しい岬の御神崎（おがんざき）と観音崎、米原のヤエヤマヤシ群落、干潟とマングローブ林が広がる**名蔵アンパル**、テーマパークの**星空ビレッジ（石垣やいま村）**など、見どころはバラエティに富んでいます。琉球時代の屋敷の**宮良殿内**（みやらどぅんち）、中国人苦力（クーリー）をまつる**唐人墓**などの史跡にも足を運びたいところ。

沖約６kmにある**竹富島**は、八重山観光のハイライトの一つ。サンゴの石垣に囲まれた赤瓦屋根の家並みが残っています。屋根には魔除けの焼き物**シーサー**が鎮座しています。

竹富島

⑦八重山諸島の島々

沖縄本島に次ぐ広さの**西表島**（いりおもてじま）には、亜熱帯・熱帯の密林が広がっています。星砂の浜、**マングローブ**が群生する湿

＋α プラスアルファ

琉球王国のグスク及び関連遺産群

琉球王国の繁栄の歴史や庶民の伝統信仰を伝える世界文化遺産。2000年に登録された。グスク（城）跡を中心として、沖縄本島にすべて集中している。登録資産は、**今帰仁城跡**（なきじんじょうあと）、**座喜味城跡、勝連城跡、中城城跡**（なかぐすくじょうあと）、**首里城跡、園比屋武御嶽石門、玉陵、識名園、斎場御嶽**の９資産。

ココに注目！

沖縄の伝統的工芸品

経済産業省が指定している沖縄の伝統的工芸品は、次の通り。

- **久米島紬**
- **宮古上布**
- **読谷山花織**（ゆいたんざはなうい）
- **読谷山ミンサー**
- **壺屋焼**
- **琉球絣**（かすり）
- **首里織**
- **琉球びんがた**
- **琉球漆器**
- **与那国織**
- **喜如嘉の芭蕉布**（きじょかのばしょうふ）
- **八重山ミンサー**
- **八重山上布**
- **知花花織**
- **南風原花織**（はえばるはなおり）
- **三線**（さんしん）

このほか、琉球ガラスなども有名。

地帯、ピナイサーラの滝など、エコツアーでその魅力に触れることができます。素朴な**波照間島**や日本最西端の**与那国島**も、手つかずの自然が見どころです。

用語

与那国島
荒々しい海岸線が魅力の島。岬の**西崎**(いりざき)には、**日本最西端の碑**がある。南東部の海には、島のシンボルの**立神岩**(たちがみいわ)がそそり立っている。1980年代に南部沖で**海底遺跡**（自然浸食という説もあり）が発見され、島を代表する観光スポットになった。台湾までは、わずか約111km。

要点マスター 沖縄県の見どころ

文　化	壺屋焼、ひめゆりの塔、今帰仁城跡、斎場御嶽
都　市	那覇➡国際通り、首里城跡、首里金城町石畳道
景勝地	沖縄本島（ヤンバル、万座ビーチ、玉泉洞） 久米島（ハテの浜）、宮古島（東平安名崎） 石垣島（川平湾、宮良殿内、竹富島）、西表島

Let's Try 確認テスト

正解したらチェックマーク☑を入れましょう

□ ① 福岡県農業総合試験場で育成され、2005年に商標登録された大粒で甘みの強いイチゴを次から一つ選びなさい。2018
ア　あまおう　　イ　こいのか　　ウ　紅ほっぺ　　エ　とちおとめ

□ ② 筑後川の下流域の筑紫平野では[　　]の水郷景観などが、特色ある観光資源となっている。[　　]にあてはまる市を次から一つ選びなさい。2020
ア　うきは市　　イ　久留米市　　ウ　鳥栖市　　エ　柳川市

□ ③ 長崎市内にあるもので正しいものはどれか、次から一つ選びなさい。2019
ア　旧野首教会堂　　イ　グラバー園
ウ　ハウステンボス　　エ　松浦史料博物館

□ ④ 熊本市と大分市を結ぶ鉄道路線を次から一つ選びなさい。2021
ア　久大本線　　イ　筑豊本線　　ウ　肥薩線　　エ　豊肥本線

□ ⑤ 鹿児島市の仙巌園に隣接する敷地には、[　　]をはじめとする産業施設が1850年代に設けられ、その遺構が2015年に世界文化遺産に登録された。[　　]に入る語を次から一つ選びなさい。2022
ア　小菅修船場　　イ　集成館機械工場　　ウ　万田坑　　エ　三重津海軍所

□ ⑥ 「琉球王国のグスク及び関連遺産群」の構成資産の中で、毎月1月下旬から2月上旬に開催される桜祭りで有名な城跡を次から一つ選びなさい。2017
ア　勝連城跡　　イ　座喜味城跡　　ウ　首里城跡　　エ　今帰仁城跡

解答　①ア／②エ／③イ／④エ／⑤イ／⑥エ

第2章 日本の歴史

Lesson 1　古代　旧石器時代～平安時代（前・中期）

Lesson 2　中世　平安時代（後期）～戦国時代

Lesson 3　近世　安土桃山時代～江戸時代

Lesson 4　近現代　明治時代～平成時代

古代 旧石器時代～平安時代（前・中期）

頻出度：★★★

Check! ／ ／ ／

先史時代は頻出ではないが、縄文と弥生の違いは区別しておきたい。古墳時代は、主な古墳と場所を確認しておこう。飛鳥～平安時代は、仏教の変遷と奈良の寺院、彫像、工芸品がよく出る。

★ 古代のできごとを年表でチェック！

区分	時代	年代	主なできごと
1	旧石器時代		・打製石器を用いた狩猟生活が行われる
	縄文時代	約13,000年前	・日本列島が形成される
	弥生時代	紀元前4世紀	・稲作が伝来する
		57	・奴国（なこく）が光武帝（後漢）から金印を贈られる
		239	・邪馬台国の卑弥呼（ひみこ）が魏に使いを送る
2	古墳時代	5世紀中頃	・倭の五王が南朝に使いを送る
	飛鳥時代	603	・冠位十二階が定められる
		604	・憲法十七条が制定される
		607	・遣隋使（小野妹子）が派遣される
		645	・乙巳（いっし）の変が起こり、大化の改新が始まる
		663	・白村江の戦いが起こる
		672	・壬申の乱が起こる
		694	・藤原京に都が移される
		701	・大宝律令が出される
3	奈良時代	710	・平城京に都が移される
		729	・長屋王の変が起こる
		743	・大仏造立の詔（みことのり）、墾田永年私財法が出される
		752	・大仏開眼供養が行われる
		784	・長岡京に都が移される
	平安時代（前期・中期）	794	・平安京に都が移される
		802	・坂上田村麻呂が胆沢城（いさわじょう）を造営する
		9世紀初め	・最澄が天台宗、空海が真言宗を開く
		820頃	・弘仁格式が編纂される
		858	・藤原良房が摂政となる
		894	・菅原道真の建議で、遣唐使が停止される
		11世紀初め	・『源氏物語』『枕草子』などが書かれる
		1016	・藤原道長が摂政となる
		1053	・藤原頼通（よりみち）が平等院鳳凰堂を建立する

〈イントロダクション―古代のざっくりとした流れ〉

考古学の時代区分では、文字が使われていなかった時代を先史時代といいます。日本の先史時代は、**旧石器時代**から**縄文時代**を経て、**弥生時代**まで続きました。

日本に文字（**漢字**）が伝わったのは、弥生時代末期の3～4世紀頃と考えられています。時代区分では、この頃から**古代**に分類されます。しかし、漢字を広く使うようになったのは**古墳時代**も終わりのこと。豪族の連合政権である**ヤマト政権**の支配地域が広がった7世紀頃からです。

漢字の使用は、文明を発達させました。推古朝による憲法十七条の制定、天智天皇による戸籍の作成、天武天皇による律令の整備などをうながしたのです。その後、710年には奈良に**平城京**、794年には京都に**平安京**が開かれました。平安時代半ばになると、漢字から**仮名文字**がつくられ、**『源氏物語』『枕草子』**などの宮廷文学が生まれました。

近年、熱い注目を浴びているのが、**縄文時代**です。エコな争いのない時代で、SDGsの先がけなどとも？ ユニークな形状の**土偶**も人気。2021年には、「**北海道・北東北の縄文遺跡群**」が世界文化遺産に登録されました。**弥生時代**になると権力者があらわれ、その後、古代の政治の担い手は大王を中心とした**豪族**から**天皇**、そして**貴族**へと移っていきます。

1 旧石器時代と縄文・弥生時代

（1）旧石器時代

①岩宿遺跡の発掘

旧石器時代とは、石を打ち欠いただけの**打製石器**を使っていた時代のことです。戦後まもない1946年、アマチュアの考古学研究者・相沢忠洋が**関東ローム層**の赤土の中から初めて打製石器を発見しました。これは考古学・地質学の常識をくつがえす画期的な発見でした。この**岩宿遺跡**（群馬県）の発掘調査を進めるうちに、日本にも旧石器を使う人類が住んでいたことが証明されたからです。この旧石器時代は1万3,000年ほど前まで続きました。

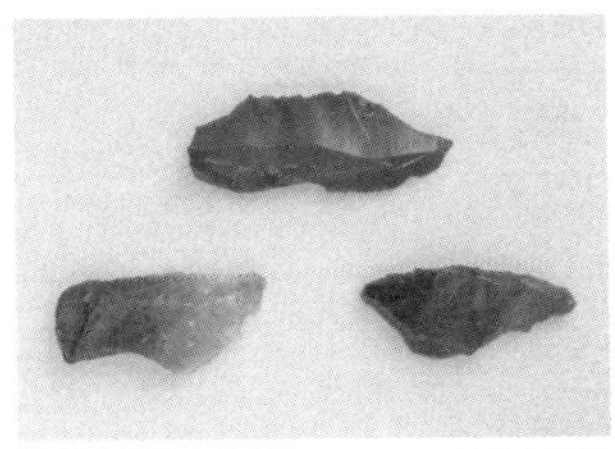

打製石器

プラスアルファ

野尻湖立が鼻遺跡
旧石器時代の遺跡。**野尻湖**（長野県）の湖底の堆積物から、打製石器や骨角器が出土した。また、**ナウマンゾウ**や**オオツノジカ**の化石も発掘され、旧石器時代の暮らしが明らかになった。

プラスアルファ

旧石器時代の遺跡
岩宿遺跡の発掘から70年以上。その間に全国で1万を超える**旧石器時代の遺跡**が発見されている。

②日本列島の誕生

この頃、氷河期が終わって、地球の海面が上昇しました。日本海の海面も大きく上昇し、それまで大陸と陸続きだった**日本列島**が切り離されて、現在のかたちになったのです。約13,000年前のことです。

（2）縄文時代と弥生時代

①縄文時代の生活

1万年前頃から石の表面をみがいてつくった**磨製石器**が使われるようになりました。また、**縄文土器**も発明されて、食物の煮炊きが始まり、ドングリやトチの木が育てられるようになりました。この時代を、歴史学の時代区分から**縄文時代**といいます。かつては「縄文時代＝狩猟・採取」「弥生時代＝稲作」と区分けされていましたが、いまは縄文時代後半に大陸から**稲作**が伝わり、弥生時代になって全国に広がった、というのが定説になっています。

縄文時代の人々は**竪穴住居**に住み、豊作を祈って**土偶**をつくりました。この時代の代表的な遺跡は、青森県の**三内丸山遺跡**（さんないまるやま）（▶P.25）です。また、モースが発見した**大森貝塚**（東京都）をはじめ、各地から**貝塚**も発見されています。

土　偶

②弥生時代と邪馬台国

前述の通り、稲作が東日本まで広がったのが、**弥生時代**です。丈夫な**弥生土器**が発明され、青銅器や鉄器などの金属器も使われました。この時代の代表的な遺跡は、**吉野ヶ里遺跡**（よしのがり）（佐賀県、▶P.94）と**登呂遺跡**（静岡県、▶P.51）です。どちらも観光名所になっています。稲作の拡大は、社会のしくみを大きく変容させました。身分の差が生まれ、小さな「くに」を束ねる支配者が現れたのです。

縄文時代は、考古学の時代区分では、**新石器時代**にあたります。磨製石器を使っていたからですね。

プラスアルファ

「星降る中部高地の縄文世界」
山梨県から長野県にかけての中央高地に点在する遺跡群。**「数千年を遡る黒曜石鉱山と縄文人に出会う旅」**として、**日本遺産**に登録されている。とくに八ヶ岳の北麓一帯は良質な**黒曜石**の大産地。黒曜石は割れ口が鋭いことから、矢じりなどの材料に使われた。

用語

土　偶
土製の人形。**女性**をかたどったものが多く、豊作を願ってつくられたと考えられている。

用語

縄文土器と弥生土器
縄文土器は厚手でもろい。黒褐色で、表面に縄目の模様が入っているものが多い。一方、**弥生土器**は薄手で硬い。模様はなく、赤褐色のものが多い。

この時代で特筆すべきは、**卑弥呼の出現**でしょう。『三国志』の「**魏志倭人伝**」に、**邪馬台国**の女王卑弥呼が倭の30余りの「くに」を治めていたと記されています。卑弥呼は中国・魏の皇帝に使いを送り、金印、銅鏡100面のほか、「**親魏倭王**」の称号を授けられたことも記されています。

要点マスター 縄文時代と弥生時代

縄文時代	狩猟・採取が中心。後半に稲作が伝わる。 ➡三内丸山遺跡、大森貝塚
弥生時代	稲作が全国に拡大。身分の差が生まれる。 ➡吉野ヶ里遺跡、登呂遺跡、邪馬台国

2 古代国家の形成

（1）古墳時代

３世紀頃に現れた古墳は、しだいに巨大化していきました。古墳は**豪族**という土着の権力者の墓ですが、その権威の象徴でもあったのです。墳丘には土製の人形・**埴輪**が並べ置かれていました。これから７世紀頃まで続く豪族の時代を、**古墳時代**といいます。

４世紀になると、近畿地方の有力な豪族による連合政権が生まれました。これが**ヤマト政権**（大和朝廷・大和王権）です。その首領は５世紀には、**大王**とよばれるようになり、支配地域を九州から東北南部にまで拡大しました。古墳の規模も大きくなり、**大仙陵古墳（仁徳天皇陵）**に代表される**前方後円墳**も出現しました。大仙陵古墳は面積最大の古墳です。2019年に世界遺産に登録された**百舌鳥・古市古墳群**（大阪府堺市・羽曳野市・藤井寺市）の構成資産で、百舌鳥エリアにあります（▶P.66）。古市エ

大仙陵古墳（大阪府堺市）

プラスアルファ

箸墓古墳
邪馬台国の場所をめぐっては、古くから熱い論争が繰り広げられてきた。特に北九州説派と畿内説派が対立してきたが、最近は畿内説が優勢で、**纒向遺跡**の**箸墓古墳**が卑弥呼の墓として有力視されつつある。

史書に登場する日本
中国の歴史書『**漢書**』**地理志**には、紀元前１世紀頃、倭（日本）には100余りの国があったと記されている。また、『**後漢書**』**東夷伝**には、１世紀半ば、倭の奴国の王が後漢に使いを送り、皇帝から金印を授けられたと記されている。これが、江戸時代に博多湾の志賀島（▶P.91）で発見された「**漢委奴国王**」と刻まれた金印と考えられている（異説もあり）。

プラスアルファ

倭の五王
稲荷山古墳（埼玉県）と**江田船山古墳**（熊本県）は同じ大王の**武**（**ワカタケル**）の名が刻まれた鉄刀・鉄剣が出土したことで有名。武は**倭の五王**の一人で、雄略天皇といわれる。

リアには、大仙陵古墳につぐ面積の**誉田御廟山古墳**（応神天皇陵）があります。

大王を頂点としたヤマト政権は、**氏**とよばれる血縁を基礎とし、**姓**とよばれる地位・身分によって秩序立てられていました。こうした支配のしくみを**氏姓制度**といいます。ただし、政治には**太占の法**、**盟神探湯**などの呪術が取り入れられていました。天照大神など、古代の神々をまつる神社の基礎も築かれました。

また、古墳時代には、朝鮮半島から**渡来人**が一族で日本に移住し、漢字・仏教・儒教、**須恵器**の製造法などの技術・文化をもたらしました。

（2）推古朝の政治（飛鳥時代）

①蘇我氏の台頭

ヤマト政権も盤石だったわけではありません。527年、九州で**磐井の乱**が起こり、その後、吉備らの豪族による反乱も起こりました。しかし、豪族の連合政権であるヤマト政権はこれらの反乱を鎮圧し、渡来人を積極的に採用しながら、支配のしくみを整えていったのです。

豪族のなかから頭角を現したのが**蘇我馬子**です。馬子は崇仏論争で**物部守屋**を破り、仏教を受容しました。そして、崇峻天皇を暗殺すると、**推古天皇**を飛鳥で即位させ、大王を中心とする国づくりを進めたのです。これに摂政として協力したのが、推古天皇の甥・**厩戸王**（**聖徳太子**）でした。

②推古朝の政治

推古朝の時代には、**冠位十二階**や**憲法十七条**が定められました。冠位十二階は、氏姓制度の弊害を排除するために設けられたもので、功績・能力に応じて役人を採用するという官僚制度でした。その位階は「徳・仁・礼・信・義・智」の６つで、大小に分けて、冠の色で表していました。憲法

プラスアルファ

小型化する古墳
6世紀後半になると、大型の古墳はあまり造られなくなった。仏教を受容したことで、**権威の象徴は古墳から寺院へと移っていった**のだった。

プラスアルファ

神々をまつる神社
天照大神をまつるのが**伊勢神宮**（三重県、▶P.69）、大国主神をまつるのが**出雲大社**（島根県、▶P.82）。このほか、海神をまつる**住吉大社**（大阪府、▶P.65）や世界文化遺産に登録された宗像三女神をまつる**宗像大社**（福岡県、▶P.92）などもある。

プラスアルファ

石舞台古墳（▶P.73）
奈良県明日香村にある方形の古墳。土や草木がなく、むき出しになっている。**蘇我馬子**の墓という説が有力。

プラスアルファ

豪族をまつる神社
蘇我入鹿をまつるのは**入鹿神社**（橿原市）、物部氏をまつるのは**石上神宮**（天理市）。石上氏は物部氏を祖とする。

十七条の要点は三つ。**役人の和、仏教、天皇**を重んじることでした。第一条の「和を以て貴しとなし」は条文通り。第二条の「篤く三宝を敬え」の「三宝」とは、**仏・法・僧**のことです。第三条の「詔を承りては必ず謹め」とは、天皇の命令には必ず従え、ということです。

また、隋との関係も重視し、607年に**小野妹子**らが**遣隋使**として、隋に派遣されました。翌608年には、隋から国使の**裴世清**が倭（日本）に派遣されています。

聖徳太子は没後につけられた名です。諸改革についても、聖徳太子の関与を疑う説が出ています。こうしたことから、歴史の専門書では、**厩戸王**や**厩戸皇子**という表記が一般的になっています。

（3）大化の改新と律令国家の成立

①大化の改新

推古天皇に続く舒明・皇極天皇の時代も、蘇我氏の勢いは衰えず、**蘇我蝦夷・入鹿**の父子が厩戸王の子・山背大兄王を滅ぼすなど、専制的な政治を進めました。これに危機感を抱いたのが、**中大兄皇子**と**中臣鎌足**です。645年、二人は飛鳥板蓋宮で蘇我入鹿を暗殺し、蘇我氏を滅ぼしました。これを**乙巳の変**といいます。

この後、中大兄皇子は**難波宮**に都を移し、中臣鎌足の協力を得ながら、天皇中心の中央集権国家づくりを進めました。これが**大化の改新**です。唐から帰国した高向玄理と僧侶の旻を国博士に登用し、鎌足は内臣として改革を進めました。その改新の目玉は、土地と人民を朝廷が直接支配する**公地・公民**の導入でした。

②白村江の戦い

中大兄皇子は日本と関係の深い**百済**の復興を支援するため、朝鮮半島に兵を送りました。しかし663年、唐・新羅の連合軍に退けられました。この戦いを**白村江の**

7世紀半ばの東アジア

プラスアルファ

日出づる処の天子
「日出づる処の天子、書を日没する処の天子に致す……」これは、**小野妹子**が隋の**煬帝**に手渡した国書の文面。これを読んだ煬帝が激怒したことはよく知られている。

用語

公地・公民
それまで豪族が支配していた土地と人民を、すべて国家（朝廷）の直接支配下に入れようとする制度。導入の目的は、豪族を排除して**天皇の権威を高める**ことと、税制度を整備して**国の財政を安定**させること。ただし、すぐに成果が出たわけではなかった。

戦いといいます。

国内では新羅の攻撃に備えて、国防の強化をはかり、九州北部や瀬戸内沿岸に**水城**と**山城**を築きました。その後、中大兄皇子は**大津宮**（滋賀県）で即位し、**天智天皇**になりました。天智天皇は初めての全国の戸籍・**庚午年籍**をつくるなど、中央集権国家の実現をめざしました。また、近江令を制定したとも伝えられます。

③律令国家の成立

天智天皇没後の672年、弟の大海人皇子と天智天皇の息子の大友皇子が皇位をめぐって争いました。この**壬申の乱**に勝った**大海人皇子**は飛鳥浄御原宮で即位し、**天武天皇**になります。天武天皇は**八色の姓**を定めたり、『帝紀』『旧辞』をもとに国史の編纂に着手したりするなど、天皇一族を中心とした政治を進めました。これを**皇親政治**といいます。

天武天皇の事業は、皇后だった**持統天皇**やその孫の文武天皇に引き継がれました。持統天皇らが取り組んだのは律令制度の構築です。都を**藤原京**に移し、701年には刑部親王と藤原不比等によって**大宝律令**が制定されました。中央の政治は、**二官八省**によって行われました。大王という呼称にかわって**天皇**の称号が使われるようになったのも、倭にかわって**日本**の国号も使われるようになったのも、この頃だと考えられています。こうして、天皇と官僚制を中心とした律令国家が確立されました。

要点マスター　古墳時代～飛鳥時代の政治

古墳時代	古墳＝豪族・大王の権威の象徴 ➡前方後円墳の大仙陵古墳など
飛鳥時代前期	天皇中心、仏教重視の国づくり ➡推古天皇、蘇我氏、厩戸王
飛鳥時代後期	大化の改新、律令制度の構築 ➡中大兄皇子(天智天皇)➡天武天皇➡持統天皇

プラスアルファ

大宰府と防人

白村江の戦いのあと、中大兄皇子は防衛のための役所を置き、**防人**とよばれる兵士を配置した。この役所が**大宰府**の前身。

律とは刑罰の決まり、令は行政の決まりのことです。

用語

藤原京

中国の都城にならった最初の本格的な都。**大和三山**（**畝傍山**・**耳成山**・**天香具山**）に囲まれた平地に造営された。

用語

二官八省

文武天皇の時代には、中央政治のしくみも整備され、天皇の下に**太政官**と**神祇官**の二官が置かれた。太政官は政治全般をつかさどる官庁で、**太政大臣・左大臣・右大臣**がその職務を担った。この太政官の下に、**八省**が置かれた。

3 奈良時代と平安時代（前・中期）

（1）奈良時代

①平城京

女帝の元明天皇は710年、都を奈良盆地北部に移しました。唐の都の**長安**にならって造営された**平城京**です。平城京は整然と区画された**条坊制**の計画都市でした。東西に**市**が配置され、**和同開珎**という銅銭も使われていました。約10万人が住んでいたと推測されています。

ここから、長岡京を経て平安京に遷都する期間を含む約80年間が、**奈良時代**です。

②聖武天皇と鎮護国家

奈良時代初めは、中臣鎌足（藤原鎌足）の子・**藤原不比等**が政治の主導権を握っていました。不比等の死後、天武天皇の孫・**長屋王**が実権をうばいましたが、不比等の４人の子が勢力をのばし、729年に長屋王を自殺に追いこみました。これを**長屋王の変**といいます。さらに740年には、**橘諸兄**の専制に反発した**藤原広嗣の乱**も起こりました。

貴族・皇族の争いに天災も重なるなか即位した**聖武天皇**は、仏教の力で国を平定しようと考えました。これを**鎮護国家**の思想といいます。聖武天皇は光明皇后とともに、各地に**国分寺・国分尼寺**を建て、さらに743年に**大仏造立の詔**を出しました。**東大寺の大仏**（**盧舎那仏**）は、民衆からの信望が厚い**行基**の力を借りながら、752年に完成しました。

東大寺大仏殿

③農民の暮らし

人々は戸籍に登録され、６歳以上の男女には**口分田**という水田があたえられました。ただし、死ぬと国に返す決ま

用語

条坊制
直線の道路で町を区画するしくみ。藤原京ものちの平安京も、条坊制を採用している。なお、町ではなく耕地を区画するしくみは**条里制**という。

プラスアルファ

芸亭
平城京内にあった**日本最初の図書館**。石上宅嗣が旧宅を寺にし、その一部に漢籍を収めた書庫を設け、自由に閲覧させたという。

プラスアルファ

日本最古の貨幣
かつては和同開珎が日本最古の貨幣とされていた。しかし20世紀末、飛鳥池遺跡から、より古い天武天皇の時代の**富本銭**が大量に出土。日本最古の貨幣の座は、この富本銭にうばわれた。

用語

光明皇后（光明子）
藤原不比等の娘で、聖武天皇の皇后。聖武天皇と同じく仏教を厚く信仰した。また、**悲田院・施薬院**という貧民や病人の救済施設をつくった。

りになっていました。これを**班田収授法**といいます。また、成年の男子には、**租**・**調**・**庸**という税、**兵役**や雑徭（地方での労役）の義務もありました。重い負担に苦しむ農民の姿は、『万葉集』に収められている**山上憶良**「**貧窮問答歌**」に描かれています。都では浮浪する者や逃亡する者、また**私度僧**も目立つようになりました。

④土地制度の変化

この頃、農村では稲の生産力が増大しましたが、それ以上に人口が増えたため、口分田が不足しはじめました。これを補うため、723年に**三世一身法**が出されました。開墾した土地は三代に限り私有できるというものでしたが、あまり効果は出ませんでした。

そこで朝廷は、743年に**墾田永年私財法**を制定しました。新たに開墾した土地は、開墾した者が永久に私有できるというものでしたが、財力のある貴族や大寺院だけが貧しい農民を雇って、私有地を拡大していったのでした。これによって、公地・公民のしくみは崩れていきました。

⑤仏教勢力の台頭

仏教の力で国を安定させようとした聖武天皇の鎮護国家の思想は実を結んだのでしょうか？　残念ながら、764年に**恵美押勝の乱**が起こるなど、貴族の争いは収まりませんでした。それどころか仏教寺院の力も高まり、称徳天皇（孝謙太上天皇）の寵愛を得た僧の**道鏡**らが政治に口出しするようになったのです。

（2）平安時代（前・中期）

①平安京

律令政治を立て直そうと考えた**桓武天皇**は、仏教勢力が強い奈良を離れ、琵琶湖と難波津を結ぶ**長岡京**への遷都を計画しました。これは洪水や**藤原種継**の暗殺事件などで頓

私度僧
官許（国の許可）を得ないで、勝手に僧を名乗っている者。教化と社会事業に力を注いだ**行基**のように、民衆から崇敬され、朝廷に取り立てられた私度僧もいた。

用語

道鏡
法相宗の僧侶。女性の称徳天皇（孝謙太上天皇）の病気を治したことで重用された。皇位もねらったが、**和気清麻呂**らに阻止された。

長岡京
桓武天皇の信を得た**藤原種継**の提言で造営がはじまったが、種継が暗殺されたため、遷都は中止になった。現在の向日市、長岡京市、大山崎町と京都市の一部に及ぶ（▶P.72）。

挫しましたが、794年に改めて京都盆地に都を移し、**平安京**を開きました。遷都を進言したのは、道鏡を追放したことで朝廷の信を得た**和気清麻呂**（わけのきよまろ）です。これから鎌倉幕府が成立するまでの約400年間を**平安時代**といいます。

平安京

②蝦夷の平定

　桓武天皇は律令国家の立て直しを図るとともに、律令支配に抵抗する蝦夷（えぞ）の制圧にも乗り出しました。**坂上田村麻呂**（さかのうえたむらまろ）を**征夷大将軍**（せいいたいしょうぐん）に任命し、東北に派遣して、蝦夷の族長・**阿弖流為**（あてるい）を服属させたのです。その後、**多賀城**（宮城県中部）に続いて、**胆沢城**（いさわ）（岩手県南西部）、**志波城**（岩手県盛岡市）を築き、朝廷の支配地域を拡大していきました。

　桓武天皇の事業は、子の平城天皇（へいぜい）と**嵯峨天皇**（さが）に受け継がれました。嵯峨天皇は朝廷政治のしくみを変えるとともに、法制の整備に力を注ぎ、**弘仁格式**（こうにんきゃくしき）を編纂しました。格式の格とは、律令を修正・追加した法令で、式とはその細則のことです。

③藤原氏の摂関政治

　この頃から勢力をさらに拡大したのが藤原氏です。**藤原冬嗣**（ふゆつぐ）は810年に嵯峨天皇から**蔵人頭**（くろうどのとう）に任命されて、朝廷内で強い権力をもちました。その子・**藤原良房**（よしふさ）も、842年の**承和の変**（じょうわ）でライバル貴族の伴健岑（とものこわみね）や橘逸勢（たちばなのはやなり）らをおとしいれ、さらに866年には**応天門の変**を利用して政治の実権をにぎりました。こうして、9世紀後半以降、藤原氏が**摂政**と**関白**の要職を独占するようになったのです。

プラスアルファ

羅城門（らじょうもん）

平安京の正門で、朱雀大路の南端に建てられたが、度重なる暴風雨で倒れ、平安時代の後期には荒廃していた。**芥川龍之介**（あくたがわりゅうのすけ）の小説『**羅生門**（らしょうもん）』は、死体捨て場になっていた、この時代を舞台にしている。なお、黒澤明監督の映画「羅生門」は、芥川の小説『藪の中』が原作である。

プラスアルファ

坂上田村麻呂と清水寺

「清水の舞台」で知られる京都の**清水寺**（▶P.71）は、**坂上田村麻呂**によって創建された。境内には、田村麻呂が服属させた**阿弖流為の石碑**もある。

プラスアルファ

嵯峨天皇の政策

嵯峨天皇は**蔵人所**（くろうどどころ）という朝廷政治の新たな役所を設けた。蔵人頭は蔵人所の長官のこと。また、京の治安警備を担う**検非違使**（けびいし）も設置した。

摂関政治
藤原氏は、天皇が幼いときには**摂政**、成人したら**関白**に就き、天皇の政治を補佐した。

用語

藤原道長
4人の娘を天皇に嫁がせ、絶大な権力を握った。1016年に**摂政**となるが、翌年にはその位を子の頼通に譲り、みずからは太政大臣になった。全盛期に詠んだ歌「**この世をば我が世とぞ思う望月の欠けたることもなしと思えば**」も有名。

摂関政治は、11世紀前半の**藤原道長**・**頼通**父子の時代に全盛を迎えます。藤原氏は広大な荘園からの収入や国司からの贈りものなどで、栄華を誇りました。この頃、貴族の間では、極楽浄土に生まれ変わることを阿弥陀仏に願う**浄土信仰**が流行しました。宇治の**平等院鳳凰堂**（▶P.72）は、頼通が建てた阿弥陀堂です。

平等院鳳凰堂

要点マスター　奈良時代～平安時代の政治

奈良時代	社会不安の拡大、鎮護国家 ➡聖武天皇が国分寺・国分尼寺、大仏を建立
平安時代（前・中期）	律令国家の再建➡桓武天皇 嵯峨天皇が藤原冬嗣を重用➡摂関政治が全盛へ

4 飛鳥時代～平安時代中期の文化

（1）飛鳥時代の文化

①仏教中心の飛鳥文化

7世紀前半、仏教を受容した推古朝の時代の文化を**飛鳥文化**といいます。政治の中心は、飛鳥地方（奈良盆地南部）でした。崇仏派の蘇我馬子は、ここに**飛鳥寺**を建てました。また、厩戸王は斑鳩（奈良盆地西部）に**法隆寺**（斑鳩寺）や**中宮寺**、摂津（大阪）に**四天王寺**を創建しました。それまでは、古墳が権威の象徴でしたが、寺院が古墳にとって代わったのです。伽藍の配置には、それぞれの寺院の特徴が見られます。

飛鳥寺は本格的な伽藍をもつ日本最古の寺で、**飛鳥大仏**が安置されています。寺の西側には、乙巳の変で殺害された**蘇我入鹿**の首塚（五輪塔）がひっそりと立っています。

プラスアルファ

南都七大寺
奈良（南都）に建てられた七つの大寺院。一般に、**東大寺**、**西大寺**、**法隆寺**、**薬師寺**、**大安寺**、**元興寺**、**興福寺**を指す。時代によって、唐招提寺や法華寺を加えることもある。

法隆寺（▶P.73）は、現存する**世界最古の木造建築**として知られています。法隆寺は**金堂**を中心とした西院伽藍と**夢殿**（ゆめどの）を中心とした**東院伽藍**に分かれ、さらに西院伽藍の南東には**若草伽藍**の跡地も発見されています。西院の伽藍様式は、金堂と**五重塔**を中心に歩廊が囲む**飛鳥様式**で、金堂や歩廊の柱は中央部がふくらんでいます。ギリシア建築にならったもので、**エンタシス**とよばれます。国宝の文化財も多く、**鞍作止利**（くらつくりのとり）（鞍作鳥）の作とされる**金堂釈迦三尊像**（こんどうしゃかさんぞん）や**夢殿救世観音像**（ゆめどのくぜかんのん）、**玉虫厨子**（たまむしのずし）などが収められています。また、法隆寺に隣接する尼寺の**中宮寺**には、**半跏思惟像**（はんかしい）や絵画の**天寿国繡帳**（てんじゅこくしゅうちょう）などが残されています。

四天王寺（▶P.65）は、平安時代に天台宗の寺になりましたが、**太子信仰**の高まりによって、多くの参拝者を集めました。戦後、天台宗から独立して、和宗の総本山を名乗るようになっています。伽藍様式は、南北に中門、五重塔、金堂、講堂を一直線に配置し、それを歩廊が囲む様式で、**四天王寺式伽藍配置**とよばれます。

②清新な白鳳文化

7世紀後半、天武・持統天皇の時代の文化を**白鳳文化**（はくほう）といいます。飛鳥文化と同じく仏教中心の文化ですが、630年に**遣唐使**が派遣されたこともあり、初唐の清新な文化の影響を強く受けています。なお、第1回遣唐使の大使は、**犬上御田鍬**（いぬかみのみたすき）が務めました。

白鳳文化の代表は、藤原京の**大官大寺**（だいかんだいじ）（**大安寺**）と**薬師寺**（▶P.73）。薬師寺は、680年に天武天皇が皇后（持統天皇）の病気快復を願って建てた寺です。境内には二つの塔が残されていますが、**東塔**がこの時

薬師寺の東塔

プラスアルファ

大宝蔵院（だいほうぞういん）
1998年に完成した法隆寺の宝物館。玉虫厨子をはじめ、**百済観音像**や伝橘夫人念持仏及び厨子、百万塔など、法隆寺に伝来する宝物が収められている。

鞍作止利
飛鳥時代を代表する仏師。蘇我氏や厩戸王とつながりが深く、法隆寺の金堂釈迦三尊像のほか、飛鳥寺の釈迦如来像（**飛鳥大仏**）をつくった。

薬師寺の東塔は、唯一創建当時から残る建築物。解体・修復作業が2020年春に完了しました。

プラスアルファ

薬師寺
法相宗の本山。薬師寺は当初、持統天皇が開いた**藤原京**（奈良県橿原市）に建てられた。その後、平城京に移転した。そのため、東塔は藤原京で建てられたという説もある。藤原京の薬師寺は、**本薬師寺**（もと）として残されている。

代のものです。伽藍方式は、金堂を中心とする左右二つの塔を歩廊が囲む様式で、**薬師寺式伽藍配置**とよばれます。

彫刻では、丸みを帯びた興福寺の仏頭が有名です。また、**法隆寺金堂壁画**や明日香村の**高松塚古墳壁画**、**キトラ古墳壁画**なども、この時代に描かれました。法隆寺金堂壁画にはインド・西域の影響が、高松塚古墳壁画には唐、朝鮮（高句麗）の影響がみられます。

文学では漢詩文が流行し、和歌・長歌では**柿本人麻呂**や**額田王**らが多くの名歌をつくりました。また、**伊勢神宮**が皇祖神をまつる神社という位置づけになって整備されたのも、天皇即位後の初の新嘗祭を**大嘗祭**として重要視するようになったのも、この頃です。

（2）奈良時代の文化（天平文化）

奈良時代の文化を、**天平文化**といいます。飛鳥文化、白鳳文化と同じく仏教中心ですが、唐や西アジアの影響が色濃く、**国際色豊か**という特色が加わります。朝廷から公認された**南都六宗**は、政治にも強い影響力をもつようになりました。その代表は**東大寺**です。

東大寺（▶P.73）は、諸国に建てられた**国分寺**の総本山、**華厳宗**の総本山です。大仏（盧舎那仏）が有名ですが、**法華堂（三月堂）**や正倉院宝庫、転害門も見のがせません。その多くは、源平争乱時（▶P.125）の1180年に焼失しましたが、源頼朝の協力を得た**重源**（▶P.135）が再建しました。1185年には、後白河法皇を導師として、大仏開眼供養が行われています。その後も、たびたび落雷や兵火などの被害を受けましたが、18世紀後半にほぼ現在の形になりました。

校倉造で知られる**正倉院**には、聖武天皇の愛用品や法会に用いられた仏具、シルクロードを通って伝えられた**螺鈿紫檀五絃琵琶**や**漆胡瓶**（ペルシャ風の水差し）、**鳥毛立女図屏風の樹下美人図**など、多くの宝物が収められています。

劣化が著しかった**高松塚古墳壁画**も、13年間に及んだ修復作業が終わり、2020年夏に公開されました。

用語

額田王
『万葉集』初期の女性歌人。大海人皇子（天武天皇）とその兄・天智天皇に寵愛され、**壬申の乱**にも影響をおよぼしたとされるが、生没年をふくめ謎が多い。

用語

南都六宗
信仰の拡大より、仏教理論の解釈・研究が中心だった。**法相宗**、**華厳宗**、律宗、三論宗、成実宗、倶舎宗の六宗。

プラスアルファ

創建当初の燈籠
東大寺大仏殿の正面には、高さ約4.6mの**八角燈籠**が立っている。見すごされがちだが、東大寺創建当初のもので、**日本最古の燈籠**として、国宝に指定されている。大きな火袋の四面に彫られた音声菩薩（一部修復）が有名。

興福寺の阿修羅像

藤原氏一門の氏寺である**興福寺**（▶P.73）は、中世にかけて強大な勢力をほこった法相宗の本山です。平安時代には多くの僧兵（奈良法師）を擁し、朝廷からも恐れられました。中臣鎌足とその夫人にゆかりがある寺で、平城京への遷都のとき、**藤原不比等**によって平城京左京に移され、興福寺と名づけられました。乾漆像の八部衆像（はちぶしゅう）の一つである**阿修羅像**が安置されています。

唐招提寺（とうしょうだいじ）（▶P.73）は、苦難の末に唐から渡ってきた高僧・**鑑真**（がんじん）が開いた寺院で、律宗の総本山です。建築物では**金堂**と講堂、彫刻では、**鑑真和上坐像**（がんじんわじょうざぞう）が知られます。

絵画では、薬師寺に伝わる**吉祥天像**（きちじょうてん）も有名です。この時代には、史書『**古事記**』『**日本書紀**』、地方の自然・産物などを記した地誌『**風土記**』（ふどき）、最古の和歌集『**万葉集**』、最古の漢詩集『**懐風藻**』（かいふうそう）なども編まれました。

（3）平安時代（前・中期）の文化

①密教が中心の弘仁・貞観文化

平安時代の初め、旧奈良仏教の僧に代わって重んじられた僧が、**最澄**（さいちょう）と**空海**です。二人とも唐に渡り、厳しい修行を重んじる**密教**を日本にもたらしました。最澄は**天台宗**を伝え、比叡山に**延暦寺**（▶P.68）を開きました。延暦寺は興福寺と同じく多くの僧兵（山法師）を擁し、一大勢力となりました。また、多くの名僧を輩出し、織田信長の焼き打ちにあうまで、日本仏教界に君臨しつづけました。

空海は**真言宗**を伝え、京都に**東寺（教王護国寺）**（▶P.72）、高野山に**金剛峯寺**（こんごうぶじ）（▶P.74）を開きました。東寺の隣には、

プラスアルファ

春日大社（▶P.73）
天平期に創建された神社。**藤原氏**の氏神で、**神仏習合**が進むにつれ、**興福寺**と一体となっていった。平安時代、興福寺の僧兵が**強訴**を行うときには、**春日神木**が用いられた。

『万葉集』の代表的な歌
あかねさす紫野行き標野行き野守は見ずや君が袖振る　／**額田王**
東の野にかぎろひの立つ見えてかへり見すれば月かたぶきぬ　／**柿本人麻呂**
春過ぎて夏来るらし白栲の衣干したり天の香具山　／**持統天皇**
銀も金も玉も何せむにまされる宝子にしかめやも　／**山上憶良**
石走る垂水の上のさわらびの萌え出づる春になりにけるかも　／**志貴皇子**

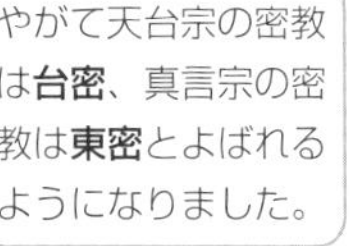

三筆と三蹟

平安時代初期の優れた三人の書家のことを**三筆**という。**空海**・**嵯峨天皇**・**橘逸勢**をさす。平安時代中期の優れた三人の書家の**小野道風**・**藤原佐理**・**藤原行成**のことは**三蹟**という。

民衆のための教育機関として**綜芸種智院**を設けました。空海は書家としても名高く、**三筆**の一人として知られます。

高野山は「**紀伊山地の霊場と参詣道**」として世界文化遺産に登録され、近年は外国人観光客にも人気です。真言宗の寺院では、**神護寺**（京都市）や**室生寺**（奈良県宇陀市）も建立されています。室生寺は修験道の開祖・**役小角**が創建した寺で、女性の参拝を認めたため、女人禁制の高野山に対して、「**女人高野**」とよばれました。

こうした修験道を中心とした仏教と土着的な信仰とを結びつける**神仏習合**の考えが強まったのも、伊勢神宮を頂点とした神社の系列化が進んだのも、この頃です。

②貴族が担い手の国風文化

菅原道真

漢学者だったが、宇多天皇に重用され、右大臣になった。しかし、**藤原時平**の策略によって、大宰府に左遷された。梅を神紋とする**太宰府天満宮**（▶P.92）をはじめ、全国の天満宮・天神社で、学問の神様として崇拝されている。

平安時代の初期までは、政治・文化とも中国の影響を強く受けてきました。しかし、894年に**菅原道真**が建議した**遣唐使の停止**が朝廷に認められると、しだいに日本の風土や感情にあった**国風文化**が広がりました。漢字から**仮名文字**がつくられ、伝奇物の『竹取物語』、歌物語の『伊勢物語』が書かれました。**紀貫之**の『**土佐日記**』は、女性に仮託して仮名文字で書いた旅日記です。

この時代には、国文学史上に燦然と輝く作品が書かれています。**紫式部**の長編『**源氏物語**』と**清少納言**の随筆『**枕草子**』です。俗に『源氏物語』は「**あはれ**」（情緒的なしみじみとした感動）の文学、『枕草子』は「**をかし**」（感覚的な機知に富む感動）の文学といわれます。『源氏物語』の名場面は、絵巻物でも伝えられています。このほか、藤原道綱母の『**蜻蛉日記**』、菅原孝標女の『**更級日記**』なども有名です。

浄土信仰や末法思想の流行から、めでたく往生をとげたと信じられた人々の伝記を集めた慶滋

源氏物語絵巻

プラスアルファ

大和絵

絵画も、それまでの中国風の唐絵から日本風のものへと変わった。日本の生活や事象を対象とする**大和絵**が発展し、障子や屏風、絵巻物に描かれた。また、漆工芸品などに色粉で文様を描く**蒔絵**も生まれた。

保胤の『日本往生極楽記』など、往生伝も書かれました。

また、勅撰和歌集の『古今和歌集』も編纂されました。

建築物では、浄土信仰の影響による**平等院鳳凰堂**や**法成寺**、真言宗の**醍醐寺五重塔**が有名です。平等院鳳凰堂には、**定朝**の作による**阿弥陀如来像**が残されています。

古今和歌集
醍醐天皇の命によって編まれた。編者は、紀友則・紀貫之・凡河内躬恒・壬生忠岑ら。**繊細で技巧的な歌風**が特徴。平安時代初期を代表する**六歌仙**（遍昭、在原業平、文屋康秀、喜撰法師、小野小町、大友黒主）の歌をはじめ、約1,100首が収められている。

要点マスター 古代文化（仏教）の特色

飛鳥時代	飛鳥文化➡仏教を受容（飛鳥寺、法隆寺）
奈良時代	天平文化➡南都六宗を保護（東大寺）
平安時代	弘仁・貞観文化➡密教（最澄と空海） 国風文化➡貴族が担い手、浄土信仰

Let's Try 確認テスト

正解したらチェックマーク☑を入れましょう

□ ① 奈良県天理市にある石上神宮は、物部氏の氏神として古くから崇拝されてきた神社である。ここに由来する［　　］は、百済から贈られたものといわれ国宝に指定されている。［　　］に入る語を次から一つ選びなさい。**2022**
ア 七支刀　イ 神獣鏡　ウ 須恵器　エ 銅鐸

□ ② 797年（延暦16）年に征夷大将軍となり、阿弖流為を帰順させて、鎮守府を多賀城から胆沢城に移した人物を次から一つ選びなさい。**2021**
ア 坂上田村麻呂　イ 藤原清衡　ウ 文室綿麻呂　エ 源義家

□ ③ 飛鳥文化の作品にあてはまるものを、次から一つ選びなさい。**2020**
ア 法隆寺玉虫厨子　イ 扇面古写経
ウ 興福寺阿修羅像　エ 神護寺両界曼荼羅

□ ④ 律宗の総本山、唐招提寺のはじまりは、唐の高僧が759年にこの地に修行道場を開いたことによる。この高僧を次から一つ選びなさい。**2017**
ア 行基　イ 玄奘　ウ 鑑真　エ 最澄

□ ⑤ 空海は唐で密教を学んだ2年後に帰国、［ a ］を建てて［ b ］を開いた。［　　］
a・bにあてはまる語句を次から一つずつ選びなさい。**2018**
a ア 比叡山延暦寺　イ 石山本願寺　ウ 仁和寺　エ 高野山金剛峯寺
b ア 天台宗　イ 真言宗　ウ 浄土真宗　エ 浄土宗

解答 ①ア／②ア／③ア／④ウ／⑤aエ bイ

LESSON 2

中　世　平安時代（後期）～戦国時代

学習のPOINT

頻出度：★★★

古代と異なり、中世は鎌倉幕府が開かれたことで、寺社・史跡は関東地方を中心に全国に広がった。宗教にも変化がある。浄土宗の系列、武士の文化に影響を与えた禅宗に注目したい。

Check! ／ ／ ／

中世のできごとを年表でチェック！

時代	年代	主なできごと
平安時代（後期）	1051	・前九年合戦が起こる（～1062）
	1068	・後三条天皇が即位する
	1083	・後三年合戦が起こる（～1087）
	1086	・白河上皇が院政をはじめる
	1156	・保元の乱が起こる
	1159	・平治の乱が起こる
	1167	・平清盛が太政大臣に就任する
	1185	・壇ノ浦の戦いで平氏が滅びる
鎌倉時代		・源頼朝が守護・地頭を設置する
	1189	・奥州藤原氏が滅亡する
	1192	・源頼朝が征夷大将軍に就任する
	1219	・源実朝が暗殺される（北条氏の執権政治へ）
	1221	・承久の乱が起こる
	1232	・御成敗式目（貞永式目）が制定される
	1274	・文永の役が起こる（1回目の蒙古襲来）
	1281	・弘安の役が起こる（2回目の蒙古襲来）
	1297	・永仁の徳政令が出される
	1332	・後醍醐(ごだいご)天皇が倒幕に失敗し、隠岐(おき)に流される
	1333	・鎌倉幕府が滅びる
室町時代（南北朝時代）（戦国時代）	1334	・後醍醐天皇の建武の新政がはじまる
	1336	・南朝と北朝に分裂する
	1338	・足利尊氏が征夷大将軍に任命される
	1350	・観応の擾乱(じょうらん)が起こる
	1378	・足利義満が室町に「花の御所」を建てる
	1392	・南朝と北朝が合一される
	1428	・正長の徳政一揆が起こる
	1441	・嘉吉(かきつ)の変が起こる
	1467	・応仁の乱が起こる（～1477）
	1485	・山城の国一揆が起こる（～1493）
	1488	・加賀の一向一揆が起こる（～1580）

〈イントロダクション―中世のざっくりとした流れ〉

中世は**武士の時代**です。藤原氏が摂関政治を行っていた平安時代半ば、弓馬の技術にすぐれた武官が、天皇や貴族の警護を担うようになりました。地方では、豪族や武装した農民が、武力で争いを収めるようになりました。

こうした武官と豪族が結びついたのが武士のはじまりです。やがて武士は多くの家来を従えて**武士団**を組織しました。この武士団のなかから台頭してきたのが、**源氏**（**清和源氏**）と**平氏**（**桓武平氏**）です。平安時代の終わりには、平氏の棟梁・平清盛が政治の実権を握りました。

その後、鎌倉時代から室町時代、戦国時代にかけて、武士たちが歴史を動かしていきます。

平安時代の半ば、頭角を現したのが、**天皇や貴族の用心棒として雇われた武士**です。やがて中央政界に進出した武士は、**幕府**という統治機構を築き、全国を支配するようになります。江戸時代の終わりまで続く、武士の時代の始まりです。

1 武士の時代のはじまり

（1）武士の台頭（平安時代後期）

①院政の開始

藤原氏による摂関政治のあと、**後三条天皇**（ごさんじょう）が1068年に天皇に即位し、学識者の**大江匡房**（おおえのまさふさ）らを登用し、藤原氏を排除しました。翌1069年には**荘園整理令**（**延久**（えんきゅう）**の荘園整理令**）を出して、書類に不備のある荘園を停止するなど、積極的な改革を進めました。

次の**白河天皇**（しらかわ）も親政（天皇中心の政治）を行い、皇位を幼少の堀河天皇にゆずったあとも、政治の実権を手放しませんでした。白河天皇は上皇となり、**院**という場所で政治をはじめたのです。これを**院政**といいます。上皇という立場は、摂関家に遠慮することなく、先例にしばられることもないので、朝廷の力を強化することにつながりました。

その後も約100年間にわたり、**鳥羽上皇・後白河上皇・後鳥羽上皇**が院政を行いました。

用語

大江匡房
1041～1111年。江帥とも。8歳で『史記』を読破したという逸話が残り、神童と称せられた。広く深い学識は**後三条・白河・堀河**の3代の天皇・上皇に信頼された。子孫には、のちに鎌倉幕府を支えた**大江広元**（▶P.126）らがいる。

プラスアルファ

六勝寺
院政期、**京都の白河に建てられた6つの寺の総称**。法勝寺・尊勝寺・最勝寺・円勝寺・成勝寺・延勝寺と「勝」の字をふくむ。すべて消失し、**現存していない**。

②豪族による内乱

この頃、東北地方では**前九年合戦**（1051年）、**後三年合戦**（1083年）という武士（豪族）による大規模な反乱が起こりました。この争いを収めたのが、**源義家**（みなもとのよしいえ）です。これを契機に、源氏が東国での支配権を拡大しました。

12世紀半ばには、朝廷内で権力争いが起こり、対立した二派がそれぞれ武士の助けを借りて、**保元**（ほうげん）**・平治の乱**に拡大しました。**保元の乱**は1156年、藤原家の内紛に崇徳（すとく）上皇と後白河天皇の対立が結びついて起こった乱です。平清盛を味方につけた**後白河天皇**が勝利しました。**平治の乱**は、この３年後の1159年、後白河上皇の政権内部の争いに源平が参戦した乱です。**平清盛**が源義朝をやぶり、これによって平氏の勢力が拡大しました。

③平氏の繁栄

保元・平治の乱に勝利した平清盛は、朝廷に重んじられ、1167年には武士として初めて太政大臣（だいじょうだいじん）に任ぜられました。翌年、清盛は出家しましたが、**厳島神社**（いつくしま）（▶P.77、P.135）や**大輪田泊**（おおわだのとまり）（神戸港、▶P.64）を整備し、父・忠盛にならって**日宋貿易**（にっそう）に力を注ぎました。このとき大量の**宋銭**が輸入され、貨幣経済の発達をうながしました。

さらに清盛は娘の徳子（建礼門院）を高倉天皇にとつがせ、その子の安徳天皇の外祖父として権力を強めました。そして1177年の**鹿ヶ谷事件**（ししがたに）をきっかけに後白河法皇を鳥羽殿（京都南部）に幽閉し、一族で朝廷の重職を独占するようになったのです。こうして、平家は「**此の一門にあらざらむ人は皆人非人なるべし**」（平家にあらずんば人にあらず）といわれるほどの栄華を誇るようになりました。

④源平の合戦

平氏政権は史上初めての武士政権でしたが、独自の政治機構をつくったわけではありませんでした。ほかの武士や

プラスアルファ

奥州藤原氏

後三年合戦のあと、藤原清衡（きよひら）・基衡（もとひら）・秀衡（ひでひら）の3代にわたる**奥州藤原氏**が、岩手県の**平泉**を拠点に、東北地方の広い範囲を治めた。3人の遺体は、世界文化遺産の**中尊寺金色堂**（▶P.30）に収められている。

平治の乱で殺された義朝の子が、**源頼朝**です。頼朝も**伊豆**に流され、源氏の勢力は大きく後退してしまったのです。

用語

日宋貿易

福原（兵庫県）に拠点を移した平清盛が進めた貿易。宋（今の中国）からは大量の**宋銭**（銅銭）や陶磁器などを輸入した。宋銭は鎌倉時代にかけても輸入され、日本の貨幣経済を発展させた。

プラスアルファ

平家の邸宅があった六（ろく）波羅蜜寺（はらみつじ）

空也（くうや）が建立した、真言宗の寺院。京都市東山区にある。**空也上人像**

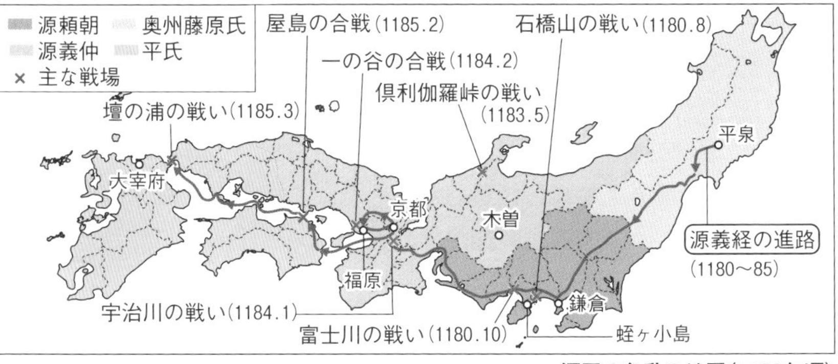

源平の争乱の地図（1183年頃）

寺社は、独裁的な政治を行う平氏に不満をいだくようになりました。こうした勢力を結集したのが、伊豆に流されていた**源頼朝**（よりとも）と木曽の**源義仲**（よしなか）です。1180年、後白河法皇の皇子・**以仁王**（もちひとおう）が平氏打倒をよびかけると、頼朝と義仲は即座に挙兵しました。源平の対立は、**源平合戦**という全国的な内乱に発展しました。

平清盛は**福原**（兵庫県神戸市）に都を移し、体制を立て直そうとしました。しかし、貴族や寺院の反対を受け、再び京都に都を移しました。迷走する平氏は追いつめられ、1181年に清盛が病死したあとは、西国へと撤退していきました。そして1185年、頼朝の弟・**源義経**（よしつね）によって**壇ノ浦の戦い**で滅ぼされました。この後、義経は頼朝と反目し、奥州藤原氏の平泉まで追われて、最期は衣川館（ころもがわのたて）で自殺しました。

（2）鎌倉時代（前期）

①鎌倉幕府の成立

平氏を滅ぼした源頼朝は、**鎌倉**（神奈川県）に拠点を置きました。鎌倉は三方を山に囲まれ、南は海に面しています。攻め入るには、**切通し**（きりどおし）とよばれる険しい道を通らなければ

鎌倉の切通し（朝比奈）

（欄外）…などの木彫仏像を収める。清盛とゆかりが深く、平家全盛期には、境内に5,000を超える平家一門の邸宅が建てられていた。

用語

福　原
兵庫県神戸市の西部。平家の別荘地で、**大輪田泊**にも近く、人工島の経が島（経ヶ島）の造営も進められた。

プラスアルファ

赤間神宮
山口県下関市にある神社。壇ノ浦の戦いで幼くして亡くなった**安徳天皇**をまつる。かつては阿弥陀寺で、小泉八雲の『怪談』で知られる「**耳なし芳一**」の舞台になった。明治時代の**廃仏毀釈**で神社になった。

ならず、要塞として最適でした。

1185年、頼朝は国ごとに**守護**を、荘園・公領ごとに**地頭**（じとう）を置くことを後鳥羽上皇に認めさせました。逃走した義経を捕らえるのが口実でした。さらに1192年には、朝廷から**征夷大将軍**に任命されました。こうして、**鎌倉幕府**という初めての武士政権が確立されていきました。鎌倉時代のはじまりです。

中央には、**侍所**（さむらいどころ）・**政所**（まんどころ）・**問注所**（もんちゅうじょ）という役所が置かれましたが、簡素なものでした。地方を治める守護と地頭のうち、守護は主に東国の**御家人**（ごけにん）（将軍に忠誠を誓った武士）が任命されました。地方の御家人の統制や治安維持の任務が中心で、大番役の催促、謀反人の逮捕、殺害人の逮捕という**大犯三か条**（だいぼん）の役割を担っていました。地頭も御家人から選ばれ、守護と同じく治安の維持にあたりましたが、年貢の徴収・納入と土地の管理が主な任務でした。地頭に任命されることは、新たな領地を得ることに等しかったのです。

②封建制度

鎌倉幕府は、「鎌倉殿」こと将軍と御家人とのこうした信頼関係で成り立っていました。将軍は御家人に領地を支配させ、さらに手柄を立てると新しい土地・職を与えました。これを**御恩**（ごおん）といいます。これに対し、御家人は将軍や天皇を警備し、戦いが起こると将軍のために「いざ鎌倉」として駆けつけました。これを**奉公**（ほうこう）といいます。土地を仲立ちにして、主人と従者が結ばれる主従関係を**封建制度**といいます。鎌倉幕府は、御恩と奉公の封建制度によって成立した初めての政権でした。

③承久の乱

頼朝の死後、政治の実権を握ったのは、**北条時政**でした。時政は、頼朝の妻・**北条政子**の父にあたります。時政は、頼朝の死によって２代将軍となった源頼家を廃し、頼家の

プラスアルファ

鎌倉幕府はいつ成立？
かつては、「1192（いいくに）鎌倉」として、1192年が鎌倉幕府の成立とされていた。しかし、頼朝が東日本の支配を認められた**1183年説**、頼朝が守護・地頭を設置した**1185年説**など諸説が出ている。現在の学校教科書も、こうした説を併記するにとどめている。

プラスアルファ

一所懸命
武士にとって生活に欠かせない所領の土地を「**一所懸命の地**」という。将軍からたまわった一つの所（領地）を命を懸けて守ることからきた言葉で、四字熟語「一所懸命（一生懸命）」の語源。

プラスアルファ

13人の合議制
「鎌倉殿」頼朝の死後、子の頼家が2代将軍に就任。わずかの期間、**北条時政**・**義時父子**を中心に**大江広元**・**梶原景時**・**比企能員**（ひきよしかず）・**和田義盛**ら13人の官人・御家人による**合議制**で幕政が行われた。

弟の**実朝**を3代将軍に立てました。そして自らは、将軍の政治を補佐する**執権**という地位につき、幕府の実権を握ったのです。執権は時政の子・義時に継承され、その後、北条氏が世襲していきました。

一方、京都では**後鳥羽上皇**が幕府から政治の実権を取りもどそうと企てていました。1219年に実朝が頼家の子・公暁に暗殺されるという事件が起こると、**後鳥羽上皇**はこれを機に幕府を倒そうと計画し、1221年、兵を挙げました。しかし、上皇軍は北条政子の名演説で結束した幕府の御家人に敗れ、後鳥羽上皇は隠岐（▶P.82）に配流されました。これを**承久の乱**といいます。

④執権政治の安定

この後、幕府は京都に**六波羅探題**という役所を置き、朝廷や西日本の武士を監視・統制しました。さらに3代執権の**北条泰時**は執権の地位を強化するため、補佐役の**連署**をおきました。さらに有力な御家人ら11人を**評定衆**に迎え、合議制による政治を進めました。1232年には、武家にとって初めての法典となる**御成敗式目（貞永式目）**を制定し、公平な裁判を行う基準を明確にしました。御成敗式目は、幕府の支配範囲の拡大とともに、社会全体に影響を及ぼすようになりました。こうして確立された北条氏による専制政治を**得宗専制**といいます。

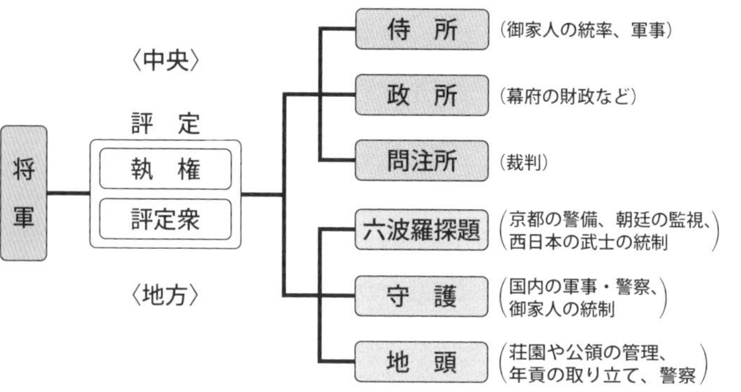

鎌倉幕府の仕組み

用語

北条政子
1157～1225年。源頼朝が伊豆に流されていたときに知り合い、妻となった。頼朝の死後、源実朝を将軍に立てたが、実朝が暗殺されると、みずから幕政を担い「**尼将軍**」とよばれた。承久の乱のとき、動揺する御家人に頼朝の恩を説き、鼓舞した演説は有名。

プラスアルファ

流刑の島々
承久の乱で敗れた後鳥羽上皇は**隠岐**（島根県、▶P.82）に流された。また、後鳥羽上皇の子・土御門上皇は土佐（高知県）に、順徳天皇は**佐渡**（新潟県、▶P.59）にそれぞれ流された。隠岐には、倒幕に失敗した**後醍醐天皇**（▶P.130）が流されている。また佐渡には、鎌倉幕府を批判した**日蓮**や能を大成しながら将軍から疎まれた**世阿弥**らも流されている。

用語

御成敗式目（貞永式目）
51か条からなる武家法。それまでの朝廷が定めた律令とは違い、**武士の慣習**に基づいた独自の法で、その後の武士の法律の手本にもなった。

⑤武士の暮らし

武士は武勇と名誉を重んじ、恥をきらいました。こうした武士の気質は「**弓馬の道**」「**もののふの道**」「**兵(つわもの)の道**」などとよばれます。堀や土塁に囲まれた館に住み、「いざ鎌倉」という有事に備え、騎射三物(きしゃみつもの)の**笠懸(かさがけ)**・**流鏑馬(やぶさめ)**・**犬追物(いぬおうもの)**などで武芸の訓練にはげんでいました。幕府も巻狩を催すなどして、武術を競わせました。

なお、武士の世界には男尊女卑のイメージがあるかもしれませんが、女性の地位は比較的高いものでした。**分割相続**で女性にも財産が与えられ、夫婦別財産が原則でした。地頭になった女性もたくさんいたくらいです。

⑥農業と商業の発展

農村では、刈敷(かりしき)・**草木灰(そうもくばい)**などの肥料や牛馬を使った耕作が広がり、**二毛作**も定着しました。寺社の境内や交通の要衝では、宋銭の流通がもたらした貨幣経済の発達によって、常設の見世棚が生まれ、**三斎市(さんさいいち)**などの定期市も開かれるようになりました。

京都や鎌倉には、**借上(かしあげ)**とよばれる金融業者が現れ、**座**とよばれる商業の同業組合も生まれました。港湾には、年貢や産品を保管する**問(とい)**（**問丸(といまる)**）という業者が現れました。鎌倉は「武者の都」として発展し、その玄関港として、由比ヶ浜の**和賀江島(わかえじま)**の修築が行われ、多くの物資が鎌倉に集められました。

（3）鎌倉時代（後期）

①元の襲来

盤石に見えた北条氏の執権政治を揺るがしたのは、外敵でした。中国北部を支配し、**元(げん)**王朝を打ち立てたモンゴル民族の**フビライ・ハン**が、日本に服属を求めたのです。

８代執権・**北条時宗**がこれを無視すると、元軍は1274年

プラスアルファ

現代の流鏑馬
疾走する馬上から鏑矢を的めがけて放つ**流鏑馬**は現在、祭礼として全国100を超える寺社で行われている。なかでも、**鶴岡八幡宮**（鎌倉市）、**下鴨神社**（京都市）、**若一王子神社(にゃくいちおうじじんじゃ)**（長野市）で開催されるものは日本三大流鏑馬として、多くの観光客を集める。

プラスアルファ

三斎市
月に3回、定期的に開かれた市。全国に残る**二日市**（福岡県）、**三日市**（富山県）、**四日市**（三重県）、**八日市**（滋賀県）などの地名は、その名残を示している。

プラスアルファ

蟻の熊野詣
平安時代末期から、紀伊半島の霊場を参拝する人が急増。多くの巡礼者でにぎわう熊野古道は「**蟻の熊野詣**」ともいわれた。2004年には、「**紀伊山地の霊場と参詣道**」として世界文化遺産に登録されている（▶P.74、P.195）。

に高麗の軍を従え、博多湾（福岡市）に上陸しました。幕府の御家人は、元の**集団戦法**や**てつはう**（火器）などの武器に苦しめられました。しかし、暴風雨が起こったため、元軍は早々に引き上げました。これを**文永の役**といいます。

さらに1281年、元軍は約14万人の大軍で再攻撃してきましたが、幕府は**異国警固番役**を設け、博多湾沿岸には**防塁**（石築地）を築いて、来襲に備えていました。元軍はこれにはばまれ、さらに再び起こった暴風雨によって大きな打撃を受け、退却しました。これを**弘安の役**といいます。そして、この２度にわたる元の襲来をまとめて、**元寇**または**蒙古襲来**といいます。

防塁

②幕府の衰退

幕府は元寇を退けたものの、御家人からの信頼を失いました。御家人は十分な恩賞を受け取ることができず、また領地の**分割相続**によって生活状況が悪化したからです。

これに対して、幕府も1297年に**永仁の徳政令**を出すなどして、御家人の借金を帳消しにすることで信頼を回復しようとしました。しかし、その効果は限定的で、むしろ経済の混乱をもたらす結果になりました。さらに北条氏は守護と地頭を一族で支配しようとしたため、御家人の強い反発を招きました。こうして、北条氏の得宗専制はゆらぎはじめ、鎌倉幕府は衰退の道をたどっていったのです。

要点マスター 平安時代後期～鎌倉時代の政治

平安時代（後期）	武士の台頭、院政の開始 ➡平氏の栄華➡源氏が平氏を滅ぼす
鎌倉時代	将軍と御家人の主従関係➡承久の乱 ➡北条氏の執権政治➡蒙古襲来➡幕府の衰退

プラスアルファ

神風は吹かなかった？

２度の元寇のとき、暴風雨という神風が吹いたと伝えられるが、最初の暴風雨は「なかった」「小規模だった」という説が有力。2度目も、暴風雨の影響より、**防塁**と**御家人**の健闘の方が大きかったともいわれる。

プラスアルファ

得宗の強化

元寇を退けた幕府の８代執権**北条時宗**は、北条家の**得宗専制**を強化した。北条一門は全国の守護の半数近くを握り、元の再来に備えて設置した**鎮西探題**にも就任した。

2 室町時代と戦国時代

（1）室町時代

①倒幕と建武の新政

御家人の心が幕府から離れるにつれ、幕府に従わない**悪党**とよばれる集団が現れました。その悪党を束ねていたのが、河内（大阪府）の**楠木正成**（くすのきまさしげ）です。そして、楠木正成に目をつけたのが、**後醍醐天皇**です。

後醍醐天皇肖像画

政治の実権を朝廷にとりもどそうとした後醍醐天皇は、２度の倒幕計画をくわだてましたが、いずれも失敗し、隠岐（島根県）に流されました。しかし、屈することなく、楠木正成や有力な御家人の**足利尊氏**（たかうじ）、**新田義貞**を味方につけて、1333年に北条氏を滅ぼしたのです。こうして、約150年間続いた鎌倉幕府は滅亡しました。

翌1334年、後醍醐天皇は改元し、**建武の新政**とよばれる新しい政治をはじめました。後醍醐天皇は皇帝が絶大な権力をもつ宋にならい、天皇中心の政治を推し進めました。しかし、**公家**を重視したため、武士からの反発を招き、建武の新政はわずか２年余りでついえました。

②南北朝時代

1336年、足利尊氏が光明天皇を立て、京都に**北朝**を開くと、追われた後醍醐天皇は吉野（奈良県）に**南朝**を開きました。**南北朝時代（南北朝の動乱）**のはじまりです。北朝では、足利尊氏が**建武式目**という政治の基本方針を出し、1338年に征夷大将軍に任じられました。尊氏は弟の**足利直義**（ただよし）と政務を分担するという二頭体制によって、新たな武士政権の体制を固めていきました。

用語

悪党
為政者や領主に反抗する武装した人々。**幕府の支配をおびやかす**ものとして、禁圧の対象になっていた。

プラスアルファ

湊川神社
兵庫県神戸市にある神社。**楠木正成（大楠公**（だいなんこう）**）**をまつることから、「**楠公さん**」の愛称でよばれる。正成は足利尊氏らと違って、最後まで後醍醐天皇に従ったため、明治時代には忠君として見直された。湊川神社は、この動きのなか、1872（明治５）年に建立された。

用語

公家
鎌倉時代以降の用語。朝廷側に属する貴族のことを**公家**とよんだ。

プラスアルファ

吉野山（▶P.73）
後醍醐天皇が南朝を置いた吉野山には、後醍醐天皇陵、金峯山寺（きんぷせんじ）、吉水神社などの旧跡・古刹がある。**桜**の名所としても有名。

全国の武士は、二つの朝廷の勢力を比べながら、どちらかの味方につき、自分の立場を強めようとしました。こうして、約60年間にわたり、南北朝の動乱が続いたのです。

③南北朝の合一

北朝では、**観応の擾乱**（1350年）などの内紛が起こりましたが、しだいに南朝より優位に立つようになりました。南朝は京都を一時期占領したものの、勢いを増すことはなく、しだいに衰退していきました。

1392年、３代将軍の**足利義満**は南朝と交渉し、南朝の後亀山天皇が北朝の後小松天皇に譲位するという形で、南北朝を合一させました。この後、皇位は北朝の天皇が継承することになります。

④室町幕府

足利義満が室町の「花の御所」で執務を行ったことから、足利将軍による幕府を**室町幕府**といいます。室町幕府の統治体制は、鎌倉幕府とあまり変わりません。ただ、執権の代わりに補佐役として、新たに**管領**が置かれました。

管領に任命されたのは、有力な**守護大名**の斯波氏・細川氏・畠山氏で、**三管領**とよばれます。この三管領を、侍所の長官についた山名氏・赤松氏・一色氏・京極氏の**四職**が補佐しました。これを**三管四職**といいます。

⑤倭寇と勘合貿易

義満は金融業者の**土倉**や**酒屋**から税を徴収し、幕府の財源にしました。また、**明**との貿易にも目をつけ、朝貢という屈辱的な形式でしたが、日明貿易をはじめました。

日明貿易では、**倭寇**の船と正式な貿易船とを区別するため、**勘合**とよばれる合い札が用いられました。そのため、

勘合

守護大名
南北朝の動乱のなか、地方の守護は、年貢を取り立てる権利を得て、多くの家来を従えるようになった。一国を支配するまで成長した守護を**守護大名**という。

琉球王国の繁栄
沖縄では、14世紀に北山・中山・南山の３王国が成立。15世紀に中山の**尚巴志**が統一し、首里（那覇市）を都に**琉球王国**を打ち立てた。尚氏は明と朝貢貿易をはじめ、日本や東南アジア諸国との**中継貿易**によって、繁栄を築いた。居城の首里城跡（▶P.101）は世界文化遺産に登録されている。

用語

倭 寇
おもに13～16世紀に、中国や朝鮮沿岸で**略奪行為**や**密貿易**などを行っていた武装集団。日本人、中国人、朝鮮半島の人々などで構成されていた。日明貿易が開始されると、倭寇は一時沈静化した。

勘合貿易ともよばれます。日本は刀や銅、硫黄などを輸出し、生糸や絹織物、銅銭、陶磁器などを輸入しました。明の皇帝は、倭寇の海賊行為に悩まされていたため、倭寇の討伐で功績をあげる義満に「**日本国王（日本国王源道義）**」の称号をあたえました。

日明貿易によって、幕府は莫大な収益を上げ、貿易を担った**堺**（大阪府）や**博多**（福岡県）などの都市も成長していきました。堺の商人と結びついた細川氏、博多の商人と結びついた大内氏も力を伸ばしました。

⑥室町幕府の衰退

次の４代将軍**足利義持**は日明貿易を廃止するなど、義満の政治を改めようとしましたが、合議制による政治をすすめたため、幕政が不安定になることはありませんでした。

しかし、くじ引きで選ばれた６代将軍の**足利義教**は強権的で、守護大名や僧侶らを弾圧したため、1441年に赤松満祐に暗殺されました。これを**嘉吉の変**といいます。この事件によって、将軍の権威は失墜し、幕府の統制力も弱まっていきました。

（２）戦国時代

①応仁の乱から下剋上へ

15世紀に入ると、**守護大名**の権力争いが激化しました。８代将軍の**足利義政**のときには、義政の後継問題をめぐって、細川勝元と山名持豊（宗全）が対立しました。多くの守護大名を巻きこみ、1467年には**応仁の乱**に発展しました。約11年間続いた内乱によって、京都の町は荒れ果て、多くの貴族や職人が地方に逃れました。

この後も、**山城の国一揆**（1485年）、**加賀の一向一揆**（1488年）などの**土一揆**に加え、武士による内乱も収まらず、やがて実力で上の地位の者にとって代わろうとする**下剋上**の風潮が広がっていったのです。

プラスアルファ

永楽通宝
明から輸入した銅銭。宋銭（▶P.124）につづき、日本各地に流通した。江戸時代に**寛永通宝**が発行されるまで広く使われた。

プラスアルファ

応仁の乱の影響
応仁の乱で京都の町が荒廃すると、**雪舟**（▶P.140）や**宗祇**ら多くの文化人・職人は、室町幕府の要職にあった**大内氏**を頼り、山口に移住した。**瑠璃光寺の五重塔**（▶P.83）をはじめ、京の文化が息づき、山口は「西の京都」とよばれるようになった。

用語

加賀の一向一揆
加賀の国（石川県）では、**蓮如**の布教活動によって、**浄土真宗（一向宗）**を信仰する農民が増えた。浄土真宗の門徒は、1488年に守護の富樫氏を追い出し、約100年間にわたって自治を行った。このため、加賀は「**百姓の持ちたる国**」とよばれた。

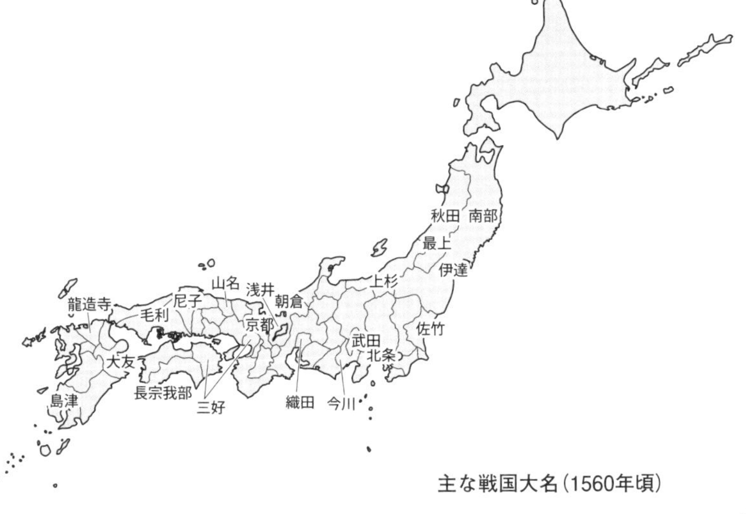

主な戦国大名（1560年頃）

多くの分国法には、**喧嘩両成敗**、**分割相続の禁止**などが定められていました。

②戦国大名の台頭

下剋上の風潮のなかで、守護大名にとって代わり領地を支配するようになったのが、**戦国大名**です。戦国大名は堅固な城を中心に城下町を築き、独自の**分国法**を定めて、領国を支配しました。

城下町の名残は、**武田信玄**の甲府（▶P.53）、**朝倉氏**の一乗谷（▶P.62）、**北条氏**の小田原（▶P.39）などに見られます。戦国大名は鉱山開発にも余念なく、世界文化遺産の**石見銀山**（いわみ）（▶P.82）も、この頃に開発された鉱山です。

石見銀山の龍源寺間歩（まぶ）

要点マスター 室町時代～戦国時代の政治

室町時代	北朝（足利尊氏）と南朝（後醍醐天皇）に分裂 ➡足利義満が南北朝を合一➡三管領との合議
戦国時代	応仁の乱、土一揆➡下剋上の風潮 （守護大名から戦国大名へ）

プラスアルファ

商業の発達

鎌倉時代から室町時代にかけて、銅銭が普及し、商品経済が発達した。**土倉**や**酒屋**などの金融業者や手工業者は、**座**という同業者団体をつくり、**寄合**を開いて自治を行った。京都では**町衆**とよばれる富裕層が成長し、日明貿易で栄えた博多や堺でも商工業者が自治を行った。中世の商業都市の一つ**草戸千軒町遺跡**（くさどせんげんちょう）（広島県福山市）には、当時の町並みが再現されている。

3 平安時代後期～室町時代の文化

（1）平安時代後期の文化

①阿弥陀信仰

平安時代後期は、貴族のあいだで、**阿弥陀如来**（あみだにょらい）を信仰する浄土信仰が広まり、各地に**阿弥陀堂**が建てられました。奥州藤原氏が建てた平泉の**中尊寺金色堂**（▶P.30）、福島県いわき市の**白水阿弥陀堂**（しらみず）が、その代表です。

平泉では、世界遺産の構成遺産である**毛越寺**（もうつうじ）の浄土庭園も、高く評価されています。曼荼羅（まんだら）にえがかれた仏教の**浄土世界**を再現しようとして造られました。白水阿弥陀堂がある願成寺（がんじょうじ）も、広大な浄土式庭園をもっています。

毛越寺の浄土庭園

また、鳥取県の**三佛寺奥院投入堂**（さんぶつじおくのいんなげいれどう）（▶P.80）は、断崖絶壁に建っていることで有名です。国東半島の**富貴寺大堂**（ふき）（大分県豊後高田市）は、九州最古の建造物として知られています。どちらも天台宗の寺院です。

阿弥陀如来
悟りを開いた仏で、極楽浄土への往生を説く。この阿弥陀如来を信仰するのが、**浄土信仰（浄土教）**である。数ある仏像のなかでも、阿弥陀如来像の地位はきわめて高い。

②後白河上皇

院政期では、**後白河上皇（法皇）**が仏教を厚く保護するとともに、庶民の間で親しまれていた**今様**（いまよう）に関心をもち、歌集『**梁塵秘抄**』（りょうじんひしょう）を編纂しました。また、田楽（でんがく）・猿楽（さるがく）などの農耕の遊興や、さらには催馬楽（さいばら）などの歌謡も愛好しました。**蓮華王院本堂**（れんげおういん）（▶P.71）は、後白河上皇の命によって建てられた寺院で、内陣の柱間が33間あることから、**三十三間堂**の愛称で知られています。建造費を負担したのは、平清盛です。江戸時代には、ここで通し矢（射技）がさかんに行われました。

今様
院政期に流行した歌謡。古い歌に対し、今の様式の歌を意味する「**今様歌**」の略。当初は、遊女によって広まった。

用語

催馬楽
雅楽の一種とされるが、15世紀に廃れたため、17世紀に再興された現在の宮廷雅楽とは連続性がない。

③厳島神社

安芸の国（広島県）の**厳島神社**（▶P.77）も、**平清盛**の復興・増築工事によって、現在の規模になりました。海上に浮かぶ朱塗りの大鳥居や寝殿造の本殿などの建築群と背後の自然が一体になった景観が評価されて、1996年に世界文化遺産に登録されました。平家一門が繁栄を願って奉納した全33巻の絵巻「**平家納経**」には、平安時代の装飾技術が結集されています。

この頃、**伊勢神宮**（▶P.69）を筆頭に、全国の神社の序列化も進められました。各国のなかで最も由緒が深く、多くの崇敬を集めた神社が一宮とされ、さらに二宮、三宮などと格付けされました。

（2）鎌倉時代の文化

①素朴で勇壮な文化

平安時代の貴族中心の優雅な国風文化に対し、鎌倉時代は武士の気風にあった**素朴で雄壮な文化**が栄えました。当初は公家文化が主流でしたが、武士が貴族文化や中国の文化を受容することで、独自の文化を生み出したのです。

建築では、源平合戦で焼失した**東大寺**が**重源**によって再建されるとともに、宋の建築様式を取り入れた**東大寺南大門**が建てられ、運慶・快慶の手による**金剛力士像**が左右に置かれました。寄木造による木彫の立像です。

金剛力士像

彫刻では、東大寺の**重源上人像**、六波羅蜜寺の**空也上人像**なども造られました。空也上人像は、口から六体の小さな阿弥陀仏が飛び出す独特の姿で知られます。

鎌倉にある**円覚寺舎利殿**は、15世紀半ば頃の建造物ですが、鎌倉時代に伝わった禅宗様の建築の代表として知られ

プラスアルファ

日本三大舞台

厳島神社には、戦国時代に造られた**板舞台（高舞台・平舞台）**が残されている。四天王寺と住吉大社（共に大阪市）の**石舞台**とともに、日本三大舞台に挙げられる。

プラスアルファ

朱の大鳥居の大改修

現在の厳島神社の大鳥居は平安時代から数えて**9代目**（8代目説もあり）。2019年から3年をかけて大規模改修が行われた。

用語

重 源

浄土宗の僧侶。1121〜1206年。源頼朝の依頼を受け、源平の争乱で焼失した**東大寺の再建**に勧進職として力をつくした。

プラスアルファ

空 也

空也上人像は、鎌倉時代の彫刻だが、**空也**は平安時代の僧。民衆に**念仏**を広め、「市聖」「阿弥陀聖」などとよばれた。時宗を開いた一遍は、「**我が先達なり**」と空也を崇敬している。

ます。鎌倉では、**高徳院**の**阿弥陀如来坐像**も有名で、「鎌倉大仏」の名で親しまれています。鶴岡八幡宮や**鎌倉五山**（▶P.38）の建長寺、円覚寺などとともに、この地域有数の観光名所になっています。

高徳院の鎌倉大仏

鶴岡八幡宮は、源頼義が京都の石清水八幡宮から分祀したのがはじまりで、1180年に**源頼朝**が現在の場所に移しました。源氏の氏神というだけでなく、**武家の守護神**として、多くの武士から信仰を集めました。

②多様な文学

文学では、多くの軍記物が書かれました。その代表は、**琵琶法師**が平曲によって広めた『**平家物語**』です。「祇園精舎の鐘の声、諸行無常の響あり。娑羅双樹の花の色、盛者必衰の理をあらはす……」の書き出しは、誰もが知るところでしょう。平家一門の盛衰をえがいた物語は、この**諸行無常**の思想でつらぬかれています。

随筆では、**鴨長明**の『**方丈記**』も無常観が基調になっています。前半は、災害・遷都・飢饉などの史実の記述や感想が中心で、後半は日野山（京都市の日野岳）での閑居生活の随想が中心です。朝廷に仕えたあとに遁世した**兼好法師**（吉田兼好）の随筆集『**徒然草**』も、無常観を基調としていますが、題材は人生訓から有職故実、自然観、趣味、逸話、奇譚までと幅広く、世の中を鋭い視点で描いています。

史論では**慈円**が、公家の没落と武士の台頭を『**愚管抄**』に著しました。鎌倉幕府前期のできごとを、幕府の家臣が編んだとみられる『**吾妻鏡**』は、この時代を知る貴重な史料になっています。

紀行文では**阿仏尼**の『**十六夜日記**』が有名です。また、この時代には説話集も多く書かれました。『**宇治拾遺物語**』

α プラスアルファ

露坐の大仏

鎌倉大仏の名で知られる**高徳院**の阿弥陀如来坐像は、高さ11mの仏像。当時は、大仏殿のなかに安置されていたが、暴風雨などで倒壊し、野天にさらされることになった。そのため、「**露坐の大仏**」などとよばれる。

用語

琵琶法師

元は琵琶を演奏する僧侶のことをいったが、しだいに**琵琶を演奏する盲目の人びと**の俗称となった。鎌倉時代末期になると、職能集団をつくり、もっぱら『**平家物語**』だけを歌い語るようになった。『**徒然草**』には、後鳥羽天皇の頃、生仏という盲目の僧が語りはじめたと記されている。

α プラスアルファ

絵巻物

鎌倉時代には、絵巻物も多く描かれた。「**蒙古襲来絵詞**」「**一遍上人絵伝**」「**男衾三郎絵巻**」などは、史料的価値も高い。

『十訓抄』『古今著聞集』『沙石集』などで、内容は仏教説話が中心で、各地の民間説話も収められています。

③和歌と学問

公家の間で人気が継続していたのは、**和歌**です。後鳥羽上皇の命で、**藤原定家**らが『**新古今和歌集**』を編纂しました。優美で技巧的な新古今調とよばれる歌風が特徴です。**西行**の『**山家集**』、定家の手ほどきを受けた3代将軍**源実朝**の『**金槐和歌集**』なども高く評価されています。

武家のあいだで、公家の学問を吸収しようとする動きも起こりました。2代執権・北条義時の孫にあたる**北条実時**（金沢実時）が和漢の書を集め、武蔵国金沢（横浜市金沢区）の敷地内に**金沢文庫**を建てています。

鎌倉時代末期には、中国から**宋学**（**朱子学**）が伝えられました。宋学は、**朱熹**が大成した儒学の一派で、大義名分や君臣父子の上下関係を重んじることから、のちの江戸時代には官学になります。

（3）鎌倉仏教

①浄土宗の系統

戦乱や飢饉が続いた平安時代末期から鎌倉時代にかけて、民衆や武士の心のよりどころになる新しい仏教が生まれました。その口火を切ったのが、**法然**です。法然は**浄土宗**を開き、「**南無阿弥陀仏**」という**念仏**を唱えれば（専修念仏）、死後に誰でも極楽浄土に往生できると説きました。厳しい修行や学問を必要としなかったため、法然の教えは、貴族だけでなく、武士や民衆にも広まりましたが、幕府の迫害を受けました。

法然の弟子の**親鸞**は、阿弥陀の救いを信じる心があれば、誰でも往生できると説き、**浄土真宗（一向宗）**を開きました。また、煩悩が深く自分の罪を自覚した悪人こそが救わ

新古今和歌集
幽玄とよばれる象徴的な美や余情表現が特徴。韻律的で、本歌取り、体言止めも多い。**後鳥羽上皇**の命によって、1201年に和歌所が設置された。**藤原定家**のほか、源通具、藤原有家、藤原家隆、藤原（飛鳥井）雅経、寂蓮が撰者になったが、後鳥羽上皇も事実上の撰者といわれる。

用語

金沢文庫
北条実時の晩年に近い1275年に設立。蔵書の内容は、政治・文学・歴史と多岐に及んだが、北条氏の滅亡後、多くが消失した。現在は、歴史博物館の「**神奈川県立金沢文庫**」になっている。

プラスアルファ

神が主で仏は従
鎌倉時代は、神への信仰も強かった。元寇などへの不安から、神が仏の本当の姿であると**反・本地垂迹説**がおこり、室町時代の**伊勢神道**（▶P.139）へと結びついていった。

れるという**悪人正機説**を唱えました。親鸞も幕府の迫害を受け、越後に流されましたが、関東で布教をつづけました。

浄土真宗は農民のあいだにも広まり、その後、門徒が**加賀の一向一揆**（▶P.132）や**石山合戦**（▶P.145）を起こすなど、幕府や社会を揺るがすことになります。親鸞の主著は『**教行信証**』です。

六角堂

少し遅れて現れたのが、**時宗**を開いた**一遍**です。一遍は諸国を巡り歩き、**踊念仏**（念仏を唱えながら踊ること）を行ったり、民衆に念仏の札をわたしたりして布教したことから、「遊行上人」といわれます。

②法華宗（日蓮宗）

法華宗は開祖の**日蓮**の名をとり、日蓮宗ともよばれます。日蓮は「**南無妙法蓮華経**」という**題目**を唱えれば、人も国も救われると説きました。天台宗の重要な経典「法華経」だけが真実の教えであると説き、他宗派や幕府を厳しく批判したため、伊豆や佐渡（▶P.59）に島流しにされました。その後、幕府にゆるされると、**身延山久遠寺**（山梨県）に入り、唱題の修行や弟子の育成に努めました。法華宗は、関東地方の武士や商人のあいだで広く信仰されました。日蓮の主著は『**立正安国論**』です。

③禅　宗

阿弥陀仏など、仏にすがって救いを得ようとする**他力本願**に対し、**坐禅**など厳しい修行によって自力で悟りを得ようとする宗派が、**禅宗**とよばれる一派です。**宋**で学んだ**栄西**と道元が日本に伝えました。

どちらも、武士に広く受け入れられましたが、栄西が開いた**臨済宗**は幕府にも厚く保護されました。宋の禅僧・**蘭溪道隆**が開いた**建長寺**や同じく宋の禅僧・**無学祖元**が開い

プラスアルファ

六角堂
頂法寺（京都市）の通称。本堂の形から、こうよばれる。厩戸王が開き、その後は天台宗の寺になった。修行中の**親鸞**が訪れ、**厩戸王**のお告げを聞いて、法然に師事することになったことで有名。本堂の北の本坊は、**池坊**とよばれる。**生け花**の名人を出し、池坊華道の発祥地でもある。

プラスアルファ

お茶の伝道師
臨済宗を開いた**栄西**は、宋から茶の作法を伝え、**源実朝**に『喫茶養生記』を献上した。日本有数の茶の生産地**牧之原台地**（静岡県）には、「茶祖」として栄西の立像が建てられている。

ココに注目!

鎌倉仏教の代表的な寺院
・**浄土宗**…知恩院（京都市）
・**浄土真宗**…本願寺（京都市）
・**時宗**…清浄光寺（神奈川県藤沢市）
・**法華宗**…久遠寺（山梨県身延町）
・**臨済宗**…建仁寺（京都市）
・**曹洞宗**…永平寺（福井県永平寺町）

た**円覚寺**などの鎌倉五山（▶P.140）は、すべて臨済宗の寺です。栄西は延暦寺から厳しく批判されましたが、禅宗は最澄の教えを生かすものと反論しました。栄西の主著は『**興禅護国論**』です。

道元は栄西の死後、宋にわたって禅宗を学び、**曹洞宗**を開きました。道元はひたすら坐禅することを説きました。これを**只管打坐**といいます。道元は幕府とは距離をおき、越前（福井県）の**永平寺**（▶P.63）にこもって、弟子を育成しました。このため、主に北陸地方で信者を増やしました。道元の主著は『**正法眼蔵**』です。

（4）室町時代の文化

①南北朝時代の文化

軍記物は、南北朝の内乱を生き生きと描いた『**太平記**』が有名です。江戸時代には「太平記読み」という講釈師も現れました。詩歌では、和歌にかわって**連歌**が人気になり、二条良基が選んだ『**菟玖波集**』によって、その地位が確立されました。

歴史書のうち、北朝の立場からは、足利尊氏の活躍を中心とした『**梅松論**』が書かれました。南朝の立場からは、後醍醐天皇に仕えた**北畠親房**によって、『**神皇正統記**』が書かれました。南朝の正統性をうったえた歴史書です。また、伊勢神宮の神官を務めた**度会家行**が独自の神道論を唱え、伊勢神道（度会神道）を確立しました。

②義満の北山文化

14世紀後半、公家の文化を取り入れた武家中心の文化を**北山文化**といいます。荘麗で華やかな文化で、その代表は３代将軍**足利義満**が京都北山に別荘（**鹿苑寺**）として建てた**金閣**（▶P.71）です。初層が寝殿造風、２層が和様の仏堂風、３層が禅宗様式で、多様なスタイルからなる北山文

プラスアルファ

根強い旧仏教勢力
新しい仏教が台頭したものの、奈良時代の**南都六宗**（▶P.118）や平安時代の**天台宗・真言宗**（▶P.119）の勢力は衰えていなかった。比叡山の**延暦寺**は仏教界に君臨し、しばしば浄土宗などの新仏教と対立した。また、旧仏教の山岳信仰に基づく**西国三十三カ所**の霊場めぐりも、この頃さかんになった。

室町時代の文化は、**南北朝時代の文化**、**北山文化**、**東山文化**に分けられます。

用語

北畠親房
1293～1354年。南朝の公家で、思想的な支柱でもあった。『**神皇正統記**』では、建国の由来から南朝2代の後村上天皇までの歴史をたどりながら、国体論や神道論を展開している。**南朝の正統性**や「**神国」日本**の独自性を強くうったえ、後世の尊皇思想に大きな影響をあたえた。

化の特徴がよく表れています。

この時代には、宋から伝わった茶を飲む習慣が広がり、茶の銘柄を当てる**闘茶**が流行しました。猿楽や田楽から**能**（**能楽**）が生まれ、**観阿弥・世阿弥**父子が義満の庇護の下、洗練された芸術へと大成させました。**世阿弥**は、能の理論書『**風姿花伝**』も著しています。能の合間には、**狂言**が演じられました。

鎌倉幕府と同じく室町幕府も、禅宗の臨済宗を厚く保護し、京都と鎌倉の五山とそれに次ぐ10の寺院を十刹と定めました。これを**五山十刹の制**といいます。

③義政の東山文化

15世紀後半、８代将軍**足利義政**の頃の質素・閑寂な文化を**東山文化**といいます。義政が東山の別荘（**慈照寺**）に銀閣（▶P.71）や**東求堂**（**東求堂同仁斎**）を建てたことから名づけられました。禅の精神や幽玄の美を基調とした文化です。

銀閣は禅宗の建築様式を取り入れた楼閣で、下層は**書院造**になっています。同じく書院造の東求堂同仁斎は、現在の和風住宅の源流といわれます。床の間には、**雪舟**が大成させた墨一色で自然を描く**水墨画**がかけられ、**生け花**や**茶の湯**などが行われました。

東求堂同仁斎

また慈照寺の境内には、砂や岩、木々をたくみに配置した**枯山水**の庭園が造られました。庭園では、**龍安寺**の石庭（▶P.71）、西芳寺（苔寺）、大徳寺、天龍寺も有名です。

この頃、浄土真宗の**蓮如**が各地に**講**を組織し、信者を増やしました（▶P.132）。晩年には、大阪に**石山道場**（のちの石山本願寺）を築いています。民衆のあいだでは、「一寸法師」など、**御伽草子**とよばれる絵入りの物語が人気を博しました。

プラスアルファ

国宝ではない金閣
金閣は、庭園を含め、**「古都京都の文化財」**の一つとして世界文化遺産に登録されている。しかし、現在の金閣は1955年に再建されたもので、歴史的建造物としての価値は高くなく、国宝には指定されていない。

用語

五　山
京都五山は、南禅寺を別格に、天龍寺、相国寺、建仁寺、東福寺、万寿寺の順。**鎌倉五山**は、建長寺を筆頭に、円覚寺、寿福寺、浄智寺、浄妙寺の順。五山の僧侶は漢詩文をたしなみ、**五山文学**が栄えた。

用語

雪　舟
禅僧、画家。1420～1506年？　明で画法を学び、帰国後、周防（山口県）の**大内氏**の庇護を受けた。水墨画のなかでも、**山水画**を多く描いている。山口市の**常栄寺**には、大内氏の命で雪舟がつくったとされる庭園も残る（▶P.83）。

要点マスター 平安時代後期～室町時代の文化

平安後期	浄土教が流行（阿弥陀如来信仰）
鎌倉時代	雄壮な文化➡金剛力士像、『平家物語』 新しい仏教➡浄土真宗、法華宗、禅宗など
室町時代	北山文化（義満）➡金閣、能、五山十刹 東山文化（義政）➡銀閣、生け花、茶の湯

Let's Try 確認テスト

正解したらチェックマーク☑を入れましょう

□ ① 11世紀末から12世紀のはじめに、奥州藤原氏が陸奥の［ a ］を根拠地として支配権を奥羽（陸奥、出羽）地方全域に広げた。しかし藤原氏討伐のため28万の大軍を率いた［ b ］の奥州侵攻により滅亡する。a・bにあてはまる語句を次から一つ選びなさい。**2019**

a ア 胆沢　イ 一関　ウ 仙台　エ 平泉

b ア 源義経　イ 源頼朝　ウ 源頼家　エ 北条泰時

□ ② 後鳥羽上皇や後醍醐天皇などが配流された地名を次から一つ選びなさい。**2018**

ア 佐渡　イ 隠岐　ウ 土佐　エ 伊豆

□ ③ 1232（貞永元）年に最初の武家の法典である「御成敗式目」が制定された。この時の執権として権力を握っていた人物を一つ選びなさい。**2022**

ア 北条時宗　イ 北条時頼　ウ 北条泰時　エ 北条義時

□ ④ 武田信玄が制定したといわれる分国法を次から一つ選びなさい。**2022**

ア 甲州法度之次第　イ 塵芥集

ウ 新加制式　エ 早雲寺殿廿一箇条

□ ⑤ 厳島（宮島）の説明として正しいものを次から一つ選びなさい。**2017**

ア 厳島神社は、平清盛によって創建された。

イ 後白河法皇・高倉上皇・建礼門院ら皇族・貴族が厳島神社を参拝した。

ウ 1185年、「厳島の戦い」によって平氏は滅亡した。

エ 厳島神社は1996年にユネスコの「世界自然遺産」に登録された。

□ ⑥ 室町時代に流行した民衆文化として正しいものを、次から一つ選びなさい。**2020**

ア 今様　イ 連歌　ウ 義太夫節　エ 講談

解答 ①aエ bイ／②イ／③ウ／④ア／⑤イ／⑥イ

近　世　安土桃山時代〜江戸時代

学習のPOINT　頻出度：★★★

戦乱の時代から泰平の江戸時代へ。時代別では、もっともよく出題される。この時代に生まれた特産品、城下町や宿場町、鉱山跡地などは、重要な観光資源になっている。

★ 近世のできごとを年表でチェック！

	時代	年代	主なできごと
1	室町時代（戦国時代）	1543	• ポルトガル人が鉄砲を伝える
		1549	• フランシスコ・ザビエルがキリスト教を伝える
		1560	• 織田信長が桶狭間の戦いで勝利を収める
		1573	• 室町幕府が滅びる
	安土桃山時代	1590	• 豊臣秀吉が全国を統一する
		1592	• 秀吉が朝鮮侵略を開始する
		1600	• 徳川家康が関ヶ原の戦いで勝利を収める
2	江戸時代	1603	• 徳川家康が征夷大将軍になる
		1615	• 大阪の陣で豊臣氏が滅びる
			• 武家諸法度・禁中並公家諸法度が制定される
		1635	• 参勤交代が制度化される
		1637	• 島原・天草一揆が起こる
		1641	• オランダ商館を平戸から出島に移す（鎖国の完成）
3		1651	• 慶安事件（由井正雪の乱）が起こる
		1657	• 明暦の大火が起こる
		1685	• 徳川綱吉が生類憐みの令を出す
		1709	• 新井白石が正徳の治をはじめる
4		1716	• 徳川吉宗が享保の改革をはじめる
		1772	• 田沼意次（おきつぐ）が老中になる
		1787	• 松平定信が寛政の改革をはじめる
		1825	• 異国船打払令が出される
		1841	• 水野忠邦が天保の改革をはじめる
		1853	• ペリーが来航、翌年、日米和親条約が結ばれる
		1858	• 日米修好通商条約が結ばれる
			• 安政の大獄が起こる（〜1859）
		1860	• 桜田門外の変が起こる
		1866	• 薩長同盟が結ばれる
		1867	• 徳川慶喜が大政奉還を行う
			• 王政復古の大号令が出される
		1868	• 戊辰戦争が起こる（〜1869）

〈イントロダクション―近世のざっくりとした流れ〉

近世は、戦乱の安土桃山時代から天下泰平の江戸時代、激動の幕末（明治維新）までの時代です。「織田がつき、羽柴がこねし天下餅、座りしままに食うは徳川」の歌の通り、室町幕府を滅ぼした**織田信長**が道筋をつけた天下統一事業を、**羽柴（豊臣）秀吉**が成し遂げ、その後、関ヶ原の戦いで豊臣方をやぶった**徳川家康**が**江戸幕府**を開きました。

その後、約265年間続いた徳川長期政権は、海外との交易を限定し、民衆の身分を固定化する一方、商業・交通・学問・文化の発展をうながしました。激しい内乱も起こらず、海外の歴史家からは、パクス・トクガワーナ（平和な徳川時代）として高く評価されています。

信長と秀吉が政権を担った安土桃山時代は、二人の名をとって**織豊時代**とよばれることもあります。

1 安土桃山時代

（1）鉄砲とキリスト教の伝来

1543年、ポルトガル人を乗せた中国船が遭難し、**種子島**（たねがしま）（▶P.100）に漂着しました。日本に来た最初のヨーロッパ人で、**鉄砲**を日本に伝えました。島の領主・種子島時堯（ときたか）は鉄砲を手に入れると、家臣にその製法を学ばせました。下剋上の世に突入しているなか、鉄砲は**堺**（大阪府）、**国友**（くにとも）（滋賀県）、**根来**（ねごろ）（和歌山県）などで大量生産され、戦国大名のあいだに広まりました。

この6年後の1549年、今度は一人のスペイン人が鹿児島に上陸しました。**イエズス会**の宣教師**フランシスコ・ザビエル**です。宗教改革でプロテスタントが台頭したため、劣勢になった**カトリック**は、アジアへの布教を進めていたのです。イグナチウス・ロヨラらが結成したイエズス会は、カトリック教会の先鋭的な修道会でした。その一員であるザビエルは、大内氏や大友氏らの保護を受け、**平戸**（長崎県）、**山口**、**堺**などで布教しました。

用語

国　友
鉄砲の一大生産地で、最盛期には500人もの鉄砲鍛冶がいた。現在の滋賀県長浜市（▶P.68）国友町には、**国友鉄砲ミュージアム**があり、江戸時代の火縄銃が展示されている。

プラスアルファ

キリシタン大名と少年使節
九州の大友義鎮（よししげ）（宗麟（そうりん））、大村純忠（すみただ）、有馬晴信らはキリスト教の信者となり、**キリシタン大名**とよばれた。彼らは1582年に**伊東マンショ**、**千々石**（ちぢわ）**ミゲル**ら4人の少年使節（**天正遣欧少年使節**）をローマ教皇のもとに派遣。4人は各地で厚い歓待を受けたが、1590年に帰国したときには、豊臣秀吉の禁教令が出されていた。

（2）信長の天下布武

①織田信長の台頭

下剋上の世から頭角を現したのが、尾張の**織田信長**です。1560年、**桶狭間の戦い**で駿河の**今川義元**をやぶると、一気に名をあげました。その後、岐阜城（▶P.56）に拠点を置き、「天下布武」の文字を刻んだ印章を使うようになりました。武力で天下を統一するという強い意思を示したのです。

②信長の統一への道

1568年、信長は**足利義昭**を15代将軍に立てて上洛し、畿内を支配下におくなど、勢力を広げていきました。これを警戒した義昭は、**浅井長政**や**朝倉義景**らを味方につけましたが、1570年の**姉川の戦い**で、信長は浅井・朝倉軍をやぶりました。そして1573年、京都から義昭を追放し、室町幕府を滅ぼしたのです。

1575年の**長篠の戦い**では、足軽の**鉄砲隊**を組織して騎馬隊の武田勝頼をやぶり、翌1576年には、琵琶湖の湖畔に**安土城**の築城を開始。天下統一の拠点にしました。

長篠合戦図屏風（3-4扇、部分）

③信長の経済政策

安土城下で信長は、商業・貨幣経済の発展をうながすため、関所を廃止し、商人の特権的な組織だった座をなくし、

プラスアルファ

信長の戦いの跡

桶狭間の戦いの舞台（桶狭間）は、愛知県名古屋市の南東にある。現在、**桶狭間古戦場公園**として整備されている。**長篠の戦い**の舞台（長篠）も愛知県で、東部の新城市。**長篠・設楽原決戦場跡**として整備され、信長が鉄砲隊を配置した馬防柵などが再現されている。

用語

安土城

現在の滋賀県近江八幡市に建てられた平城で、完成は1579年。信長の死後に焼失し、いまは石垣しか残されていない。**5層7重**の壮麗な天守閣をもっていたと伝えられる。

プラスアルファ

信長ゆかりの城

愛知県には、信長ゆかりの城が多い。**犬山城**（▶P.50）は、信長の叔父・信康が現在の木曽川沿いに築いた城。**小牧山城**は信長が初めて築いた城で、**清洲城**は天下統一の拠点にした城。

誰でも自由に商工業を行えるように改めました。これを**楽市・楽座**といいます。キリスト教を保護し、セミナリオ（神学校）の建設も認めました。

④信長の寺院対策

そんな信長の最大の敵は、仏教勢力でした。なかでも**延暦寺**は多くの僧兵を擁し、強大な力をもっていました。信長はこれに容赦なく、1571年にふもとの町とともに焼き払いました。これを**延暦寺焼き打ち**といいます。

また、各地の**一向一揆**もおさえ、浄土真宗（一向宗）の根拠地だった大阪の**石山本願寺**も、10年におよぶ戦いの末、屈服させました。

（3）秀吉の天下統一事業

①豊臣秀吉の躍進

天下布武の直前、信長は裏切りに遭いました。1582年に本能寺に宿泊中、家臣の**明智光秀**に襲撃されたのです。これを**本能寺の変**といいます。信長の天下統一事業を受け継いだのが、**豊臣秀吉**です。備中高松城（岡山県）で毛利氏と戦っていた豊臣秀吉は、信長の死を知ると、すぐに「中国の大返し」とよばれる強行軍で京都に向かい、**山崎の戦い**で光秀を倒しました。

②秀吉の天下統一事業

その後、ライバルの**柴田勝家**を**賤ヶ岳**（しずがたけ）**の戦い**でやぶると、石山本願寺の跡地に**大阪城**（▶P.65）を築き、全国統一の拠点にしました。1585年、朝廷から**関白**に任じられると、その権威をもとに各地を平定。1587年には、京都に**聚楽第**（じゅらくてい）という大邸宅を建て、後陽成天皇を招いてさらに権威を高め、諸大名に忠誠を誓わせました。

また1585年、**惣無事令**（そうぶじれい）を出し、武力による戦いを禁じま

プラスアルファ

長島の一向一揆
桑名市長島町（三重県）で、1570～74年におこった**長島の一向一揆**では、約2万人の門徒が信長軍によって虐殺されたと伝えられる。

用語

石山本願寺
15世紀末に**蓮如**（れんにょ）が大阪に建てた寺院で、浄土真宗（一向宗）の根拠地となった。信長が1570年に大阪からの退去を命じたが、これを受け入れず抵抗。その後、10年にわたって信長と戦った。これを**石山合戦**という。

プラスアルファ

秀吉の戦いの跡
山崎の戦いの舞台は、山城国。大阪府と京都府の境にあたり、古戦場の石碑や歴史資料館などが建っている。**賤ヶ岳の戦い**の舞台は、滋賀県長浜市。賤ヶ岳は標高421mの山で、両軍はそのふもと、琵琶湖北すぐの余呉（よご）湖をはさんで対峙した。戦跡碑や戦没者の碑・墓などが点在している。

した。これに抵抗した薩摩（鹿児島県）の**島津義久**（よしひさ）を屈服させ、さらに1590年、小田原（神奈川県）の北条氏政を滅ぼして、全国統一を果たしました。

③秀吉の兵農分離政策

秀吉はますやものさしなどの基準を統一し、支配地域で**太閤検地**（たいこうけんち）を行いました。これによって成立した**石高制**（こくだか）は、江戸時代にも引き継がれます。また秀吉は**刀狩令**を出し、農民から刀・弓・やりなどの武器を取り上げました。また、1591年に**身分統制令**を出し、武士が町人・農民になることも、農民が商人になることも禁じました。こうした政策によって、**兵農分離**が進みました。農民は農村に、商工業者は都市に住むようになったのです。

④秀吉の対外政策

秀吉は当初、キリスト教を保護していましたが、長崎がイエズス会の教会領になったことをきっかけに、1587年に**バテレン追放令**を出して宣教師を国外に追放しました。

その後、秀吉は明の征服をくわだて、協力を求めた朝鮮に拒否されると、名護屋城（佐賀県唐津市）を拠点として、1592年に朝鮮に大軍を送りました。しかし、**李舜臣**（りしゅんしん）が率いる**朝鮮水軍**や明の援軍の反撃にあい、苦戦を強いられました。これを**文禄の役**といいます。1597年、秀吉は再び大軍を朝鮮に送りましたが、またも苦戦を強いられ、秀吉が亡くなると撤退しました。これを**慶長の役**といいます。

要点マスター　安土桃山時代

織田信長	桶狭間の戦い➡長篠の戦い（鉄砲）➡室町幕府を滅ぼす➡楽市・楽座➡仏教を弾圧
豊臣秀吉	山崎の戦い➡関白➡惣無事令➡天下統一➡兵農分離（太閤検地、刀狩）➡朝鮮侵略

プラスアルファ

聚楽第の遺構
豊臣秀吉は、信長によって大打撃を受けた本願寺を再興させた。**西本願寺の飛雲閣**は数寄屋造風の書院建築で、**聚楽第**の一部を移したと伝えられる。

プラスアルファ

徹底されなかった禁教
バテレン追放令が出たものの、禁教は徹底されなかった。秀吉は商人に東南アジアとの交易やポルトガルやスペインとの**南蛮貿易**を認めていたからである。

プラスアルファ

高山右近
信長や秀吉に仕えたが、バテレン追放令により領地を取り上げられる。前田利家らの保護もあったが、江戸時代の禁教令により**マニラ**へ追放。同地で没した。

プラスアルファ

五大老と五奉行
秀吉の政治は独裁制だったが、晩年には徳川家康や毛利輝元らの**五大老**と、石田三成らの**五奉行**に分担して政務を任せるようになった。しかし秀吉の死後、家康と三成が対立することになる。

2 江戸幕府の成立

（1）幕藩体制

①関ヶ原の戦い

秀吉の死後、豊臣家に忠誠をつくす五奉行の**石田三成**と五大老で関東を拠点とする**徳川家康**が対立しました。家康は1600年、美濃（岐阜県）の**関ヶ原の戦い**で、石田三成の命を受けた毛利輝元の指揮する西軍（豊臣側）を倒しました。この「天下分け目の戦い」を制したことによって、家康は全国支配の実権を握り、翌1601年、**京都所司代**（しょしだい）を設置し、西国の大名や朝廷も監視下に入れました。

②家康の大御所政治

1603年、家康は朝廷から征夷大将軍に任命され、**江戸幕府**を開きました。この後、約265年間にわたってつづく**江戸時代**のはじまりです。しかし、それからまもない1605年、家康は将軍の座を息子の**秀忠**にゆずりました。徳川家が代々将軍に就くことを全国の大名にアピールしたのです。

家康は**大御所**として駿河（静岡県）に退きながらも、政治の実権は握り続けました。しかし、まだ豊臣秀頼に従おうとする大名が残っていたため、家康は**大阪冬の陣**（1614年冬）、**大阪夏の陣**（1615年夏）の２度にわたり大阪城を攻め、豊臣氏を滅ぼしました。

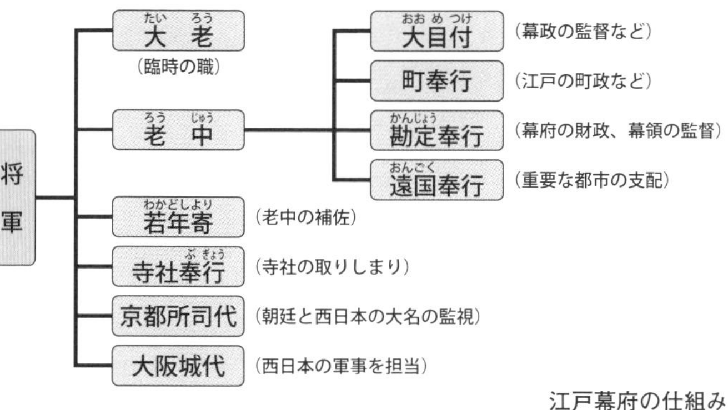

江戸幕府の仕組み

プラスアルファ

関ケ原古戦場
岐阜県南西の関ケ原町。跡地が整備され、近くには関ケ原町歴史民俗学習館が建っている（▶P.57）。古代には三関の一つ**不破関**（ふわのせき）が置かれ、江戸時代には**中山道**（なかせんどう）の宿場町にもなった。

プラスアルファ

家康の外交顧問
英国人**ウィリアム・アダムズ**は、外交顧問として家康に仕えた。1600年にオランダ船**リーフデ号**で**ヤン・ヨーステン**と共に来日。**平戸**に東インド会社のオランダ商館（▶P.149）を建て、**朱印船貿易**を推進した。幕府から相模国三浦郡に250石の所領をあたえられ、**三浦按針**（あんじん）と名乗った。

「大阪城」「大阪冬の陣」など、本書は「**大阪**」表記にしていますが、当時は「**大坂**」という表記でした。江戸時代後半から、両方の表記が混在するようになり、明治維新のときに「大阪」に統一されました。

③大名の統制

家康は**旗本・御家人**という家臣団をつくり、地方の支配は**大名**にまかせました。江戸時代の大名とは、幕府と主従関係を結び、幕府から１万石以上の領地（藩）をあたえられた武士のことです。幕府と藩主の大名が全国の土地・領民を支配するしくみを**幕藩体制**（ばくはん）といいます。

幕府は大名を徳川一門の**親藩**（しんぱん）、古くからの家臣だった**譜代**（ふだい）、関ヶ原の戦い以後に家来になった**外様**（とざま）に分け、全国に配置しました。親藩のなかでも、家康の分家にあたる尾張藩・紀伊藩・水戸藩は、**御三家**とよばれます。

幕府はさらに**一国一城令**と**武家諸法度**を定めて、大名を厳しく統制しました。大名が許可なく城を修理したり、大名家どうしが結婚したりすることを禁止したのです。違反した場合には、**改易**（かいえき）（藩のとりつぶし）、**減封**（げんぽう）（領地の削減）、**転封**（てんぽう）（領地替え）といった厳しい処分を科しました。

武家諸法度は将軍の代替わりのときに部分改訂されることもあり、３代将軍**徳川家光**のときには、**参勤交代**の制度が明文化されました。

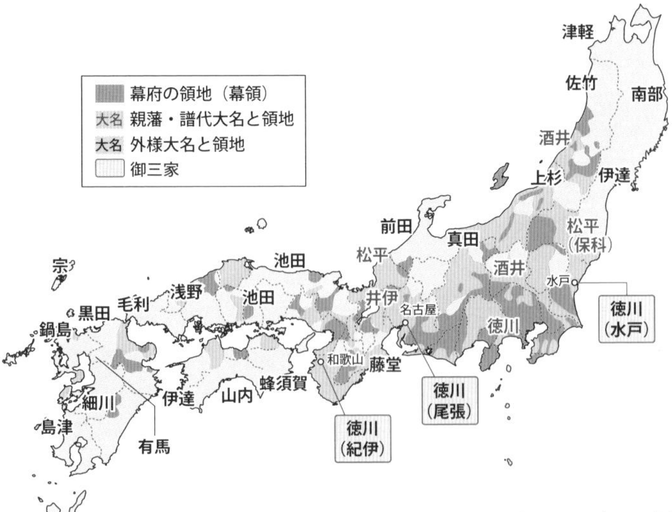

幕府の領地（幕領）
大名　親藩・譜代大名と領地
大名　外様大名と領地
御三家

津軽　佐竹　南部　酒井　上杉　伊達　前田　真田　松平（保科）　松平　池田　酒井　水戸　徳川（水戸）　宗　浅野　池田　井伊　名古屋　徳川　黒田　毛利　鍋島　和歌山　藤堂　徳川（尾張）　細川　伊達　山内　蜂須賀　島津　有馬　徳川（紀伊）

主な大名の配置（1664年）

用語

旗本・御家人
１万石未満で直接将軍に会うことができる（御目見（おめみえ））武士を**旗本**、直接会えない武士を**御家人**という。時期によって異なるが、旗本は約５千人、御家人は約１万７千人にのぼった。

プラスアルファ

禁中並公家諸法度
天皇や**公家**の行動を制限・統制する法令。武家諸法度と同じ1615年に制定されたが、幕末まで改訂されることはなかった。

プラスアルファ

春日局
家光の乳母お福は、家光を将軍にするため、家康に直訴。その後、大奥で絶大な力をもち、後水尾（ごみずのお）天皇から**春日局**の称号をたまわった。

プラスアルファ

大名の数
江戸時代初め、大名の数は**200人**足らずだった。その後、大名の分家や旗本の昇格などによって、中期以降は**260〜270人**に増えた。

（2）鎖国の成立

①貿易振興

江戸時代は鎖国のイメージが強いですが、当初、家康は海外との貿易を公認していました。大名や堺・長崎・京都の大商人に渡航許可証書の朱印状を発行し、収益の一部を幕府に納めさせたのです。これを**朱印船貿易**といいます。

家康は、ヨーロッパ商船との貿易にも積極的でした。ポルトガルとの貿易では、特定の商人に**糸割符仲間**（いとわっぷ）をつくらせ、生糸をまとめて購入させましたが、価格は幕府が統制しました。**東インド会社**で海外展開をはかるオランダやイギリスとも貿易をはじめ、その拠点として、両国が**平戸**（長崎県）に商館を設けることを認めました。

復元された平戸オランダ商館

②禁教と貿易統制

当初、家康は貿易による利益を優先し、ヨーロッパの宣教師の活動も黙認していました。しかし、スペインやポルトガルの侵略を危惧するようになり、1612年に**幕領**での布教を禁止し、翌13年には全国に拡大しました。この頃、国内のキリシタンは推定約30万人に達していました。

③島原・天草一揆

その後、1624年にはスペイン船の来航を禁止し、1635年には外国船の入港地を平戸・長崎に制限し、同時に日本人の帰国・海外渡航も禁止しました。

この２年後の1637年、島原・天草地方で、重い年貢の取り立てとキリシタン弾圧に苦しむ農民が、**天草四郎時貞**という少年を大将に大規模な一揆を起こしました。**島原・天草一揆**（島原の乱）です。幕府は12万人余りの大軍を送りましたが、一揆軍の抵抗は収まらず、オランダの援軍をう

プラスアルファ

日本町
東南アジアとの朱印船貿易によって、現地に移住する日本人が増えた。アユタヤ（タイ）、マニラ（フィリピン）、プノンペン（カンボジア）などに、**日本町**が形成された。シャム王国（タイ）のアユタヤの**山田長政**のように、高い官位を得た日本人もいた。

プラスアルファ

支倉常長（はせくらつねなが）
大名のなかにも貿易に目をつける者がいた。仙台藩の外様大名**伊達政宗**は1613年、家臣の**支倉常長**をスペインに派遣した。しかし、通商の目的をはたせず、帰国時には禁教令が出されていたため、不遇な晩年を過ごした。

天草四郎時貞
本名は**益田時貞**。島原・天草一揆の一揆軍約3万8千人の象徴。海上を歩いたなど、様々な奇跡が伝えられるが、文献史料が乏しく、素性をふくめて、定かにはなっていない。

けてようやく鎮圧しました。一揆軍が立てこもった**原城**の跡地は、この地域に残るキリシタン集落とともに「**長崎と天草地方の潜伏キリシタン関連遺産**」(▶P.96、P.195)として世界文化遺産に登録されています。

④鎖国の完成と4つの窓口

この後、1639年にポルトガル船の来航も禁止し、ヨーロッパの貿易相手国は**オランダ**だけに制限しました。1641年には、平戸のオランダ商館を長崎港につくった人工島の**出島**に移し、のちに「鎖国」とよばれる体制が完成したのです。一方、幕府はヨーロッパの情報を得るため、オランダ商館長(カピタン)に**オランダ風説書**(ふうせつがき)を定期的に提出させました。また長崎には、中国人居住地の**唐人屋敷**(とうじん)もつくっています。

復元された出島

さらに**絵踏**を徹底して、キリスト教徒を見つけ出すとともに、**寺請制度**(てらうけ)を設けて、領民を仏教寺院の宗門改帳(しゅうもんあらためちょう)に登録させました。これを**宗門改**といいます。

ただし、鎖国中も4つの窓口は開かれていました。オランダ・清との**長崎口**のほか、蝦夷地(えぞち)とは**松前口**(松前藩)で、**朝鮮通信使**とは**対馬口**(対馬藩)で、琉球王国とは**薩摩口**(薩摩藩)で、それぞれ交易を行っていたのです。

要点マスター 江戸幕府の成立

幕藩体制	幕府と大名(藩)が土地・人民を支配 幕府は武家諸法度で大名を統制
禁教と鎖国	キリシタンの増加➡禁教令 ➡島原・天草一揆➡絵踏、寺請制度 鎖国中の4つの窓口➡長崎口、松前口、対馬口、薩摩口

用語

長崎と天草地方の潜伏キリシタン関連遺産
2018年に登録された世界文化遺産。長崎県・熊本県の12の資産からなる。**原城跡**、**大浦天主堂**ほか、潜伏キリシタンの集落など。**潜伏キリシタン**とは、江戸時代に密かにキリスト教を信仰し続けた人々のこと。

プラスアルファ

唐人屋敷跡
館内町に唐人屋敷象徴門が建てられおり、**土神堂**(どじんどう)・**天后堂**(てんこうどう)・**観音堂**・**福建会館**の4堂が残されている。石垣や空堀などの遺構も多い。

用語

朝鮮通信使
徳川将軍の代替わりのときなどに、朝鮮から江戸に来た使節団。対馬藩の**雨森芳洲**(あめのもりほうしゅう)らが交渉にあたった。通信使の一行は、対馬から北九州、関門海峡を渡り、瀬戸内の各地に宿泊しながら江戸をめざした。広島県福山市の**鞆の浦**(とも)(▶P.78)には、当時の宿泊施設が残されている。また、岡山県牛窓町の**唐子踊**(からこおどり)、三重県鈴鹿市の**唐人踊り**など、朝鮮通信使が伝えた風習も今日まで残されている。

3 文治政治への転換

（1）文治政治

①慶安事件

武力を背景として統治する武断政治を進めた３代将軍徳川家光の治世下、幕府の支配体制は固まりました。しかし、家康をまつる**日光東照宮**（▶P.43）を建てるなど、家光の散財が激しかったため、幕府の財政は大きく傾きました。

1651年、家光が亡くなると、**慶安事件**（由井正雪の乱）が起こりました。儒学者・兵学者の**由井正雪**が、門弟の牢人（浪人）とともに幕府転覆をはかったのです。計画は未然に発覚しましたが、幕府は大きな衝撃を受けました。そして、大名のとりつぶしによる牢人の増加を防ぐため、**末期養子の禁**をゆるめました。

②徳川綱吉の文治政治

17世紀後半、５代将軍**徳川綱吉**は武断政治を改め、学問や礼節によって統治する**文治政治**を進めました。儒学を重視するとともに、側用人に**柳沢吉保**を登用して、政治の引き締めにかかったのです。綱吉の政治姿勢は、武家諸法度の第一条「文武弓馬の道、もっぱら相たしなむべき事」を「**文武忠孝をはげまし、礼儀を正すべき事**」に改めたことに象徴されています。応仁の乱によって途絶えていた**大嘗祭**を再興したのも、**湯島聖堂**を現在の地（東京都文京区）に移したのも綱吉です。

経済政策では、**荻原重秀**の意見を取り入れ、金銀貨幣の質を落としました。しかし、物価の高騰を招き、経済を混乱させる結果になってしまいました。**明暦の大火**で消失した江戸の町の復興費用もかさみ、幕府の財政も逼迫するようになりました。また、極端な動物愛護を強制する**生類憐みの令**を出したため、武士や民衆の反感も招きました。

プラスアルファ

慶安事件の背景
家光の武断政治によって、多くの大名が**改易**（とりつぶし）され、職を失った**牢人**があふれた。慶安事件の背景には、幕府に対するこうした牢人の不満があった。

用語

末期養子の禁
末期養子とは、大名が重病危篤の状態になったとき、後継ぎを得るためにとる**養子**のこと。当初、江戸幕府は末期養子を禁じていた。

用語

大嘗祭
天皇即位後、**最初に行われる**、天皇が神に新穀を供える儀式。

プラスアルファ

生命の大切さ
綱吉は**服忌令**を出して、死者が出たら、喪に服することを義務付けた。これは仏教の思想に基づくもので、民衆のあいだに死者をとむらう習慣が広がった。生類憐みの令も批判を浴びたが、これによって生命を尊ぶ精神が浸透し、殺生は忌み嫌われるようになった。こうした点から、歴史家のなかには綱吉を評価する声も少なくない。

③新井白石の正徳の治

6代将軍家宣、7代将軍家継の時代、幕政を動かしたのは、**新井白石**です。儒学者らしく、白石は家柄や身分秩序を重視しました。将軍家継と皇女との婚約をまとめて**閑院宮家**を創設し、朝廷との関係を深めることで将軍の権威回復に努めました。また、金銀の流出を防ぐため長崎貿易を制限し、朝鮮通信使への支出も減らしました。しかし、経済の混乱を収めることはできませんでした。この白石の政治を**正徳の治**といいます。

(2) 産業の成長と都市の発展

①農業の成長

17～18世紀、各地で**新田開発**が進められ、有明海（九州北西部）や児島湾（岡山県）では、大規模な**干拓**も行われました。18世紀初めには、耕地は16世紀初めの2倍近くまで増えました。農具の発明や改良も進み、**備中鍬**の使用が広まり、**千歯こき**、**唐箕**、千石通し、**踏車**なども普及しました。また、**油粕**や**干鰯**などの肥料も使われるようになり、農業の生産力は大きく向上しました。

農村では、米だけでなく、現金収入を得るため、綿花、藍、紅花、菜種、桑、こうぞ、茶、たばこなど、各地で風土に合った**商品作物**も栽培されるようになりました。木綿では、河内木綿（大阪府）、尾張木綿（愛知県）、久留米絣（福岡県）などが名産品になりました。

②漁業・鉱業の成長

製塩業では、入浜塩田が開発され、瀬戸内の**赤穂**（兵庫県）などが塩の一大産地になりました。漁業の発展もめざましく、**蝦夷地**ではニシンや昆布、**九十九里浜**（▶P.47）ではイワシ、土佐（高知県）ではカツオ漁やクジラ漁がさかんになりました。

プラスアルファ

儒学思想の広まり

諸藩でも、儒学を重んじて、藩政を行う大名が増えた。朱子学を信奉した会津藩の**保科正之**は、藩主を務めたあと、4代将軍家綱の政治も補佐した。水戸藩の藩主・**徳川光圀**は、神道に朱子学をとり入れ、**水戸学**の基礎を築いた。

用語

新井白石

儒学の師**木下順庵**の推挙により1704年に幕臣に登用。家宣を補佐し、幼少の家継の時代には側用人の**間部詮房**と共に幕政を担った。1716年の吉宗の将軍就任にともない引退。学識豊かで、著作（▶P.164）も多い。

用語

油粕と干鰯

油粕は菜種をしぼったあとのかす。**干鰯**は文字通り干した鰯。どちらも自給肥料でなく、商品として販売された肥料（**金肥**）だった。

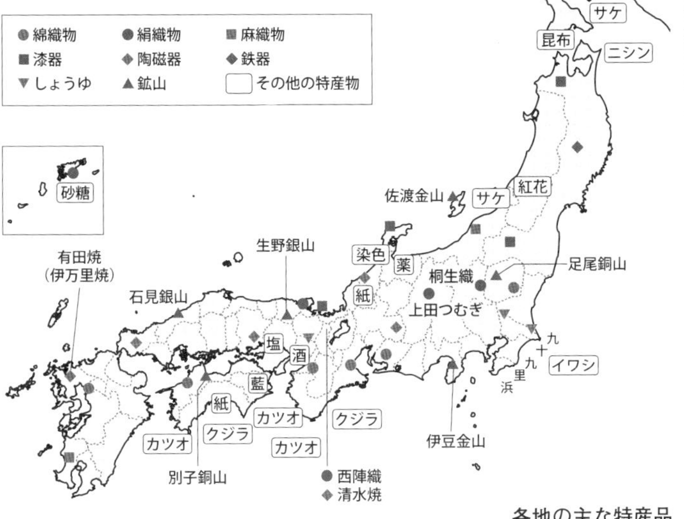

各地の主な特産品

鉱山の採掘・製錬技術も進歩し、**佐渡金山**（▶P.59）、**石見銀山**（▶P.82、P.195）、**生野銀山**（兵庫県）、**足尾銅山**（▶P.44）、**別子銅山**（▶P.88）などで開発が進められました。地理の章で紹介したように、鉱山跡地の多くは、史跡・博物館として保存され、観光名所になっています。

③特産品の生産

諸藩の殖産興業政策により、陶磁器や和紙、酒、しょうゆなどの特産品の製造もさかんになりました。**瀬戸**や**九谷**、**有田**の陶磁器、**会津**や**輪島**の漆器、**美濃**や**土佐**の和紙、**南部**の鉄器、**灘**・**伊丹**や**伏見**の酒、**銚子**・**野田**のしょうゆなどが代表です。これらの多くは、現在まで各地の名産品として受け継がれています。

④交通の整備

江戸の日本橋を起点に**五街道**が整備され、商人や参勤交代の大名が行き交いました。**東海道**の**箱根**（▶P.39）や新居、**中山道**の碓氷や木曽福島などの要所には**関所**が置かれ、街道沿いには大名が宿泊する**本陣**、庶民が宿泊する**旅籠屋**な

用語

生野銀山
兵庫県朝来市にあった銀山。江戸時代、**石見銀山**とならぶ産出量をほこった。1973年に閉山になったが、観光施設として整備され、2011年には**生野銀山文化ミュージアム**（**生野鉱物館**）が開館。「天空の城」**竹田城跡**（▶P. 67）まで約25km。

プラスアルファ

特産品の織物
絹では、西陣織・桐生織・伊勢崎絣・丹後縮緬。麻では、越後縮・近江麻・奈良晒・薩摩上布など。**木綿**は江戸時代になって、庶民の間にも普及した。久留米絣・三河木綿・河内木綿など。

用語

新居（新居関所）
湖西市（静岡県）に残る旧東海道の関所で、正式名を**今切関所**という。明治時代に関所廃止令が出された後も、面番所の建物が学校・役場として利用された。**全国で唯一現存する関所建物**として、歴史的価値が高い。

どが集まる**宿場町**が形成されました。

港湾や水運の開発も進められ、豪商の**角倉了以**(すみのくらりょうい)が富士川、天竜川などを開削しました。また、材木業で富を得た**河村瑞賢**(かわむらずいけん)が**西廻り航路**と東廻り航路を開き、起点となった**酒田**(さかた)（山形県）をはじめ、佐渡小木（新潟県）、能登福浦（石川県）、下関（山口県）など、多くの港町が栄えました。各地の特産品は**菱垣廻船**(ひがきかいせん)や**樽廻船**(たる)によって大阪から江戸へと送られました。

日和山公園の河村瑞賢の像

⑤都市の成長

江戸・京都・大阪の**三都**をはじめ、各地で都市も成長しました。「将軍のお膝元」の江戸は江戸城の周辺に**武家屋敷**が集まり、多くの武士が住んでいました。商人・職人も増え、最大の消費都市になりました。

京都は朝廷がある古都で、多くの寺社が集まっていましたが、**西陣織**や**清水焼**（京焼）などの工芸品も生み出しました。大阪は「**天下の台所**」といわれ、全国の物資が集まる商業の中心地として栄えました。諸藩は中心部の堂島川沿いに年貢米や特産物を保管する**蔵屋敷**を建てました。幕府は京都に**京都所司代**、大阪に**大坂城代**という役所をおき、遠い西日本の大名の動きを厳しく監視しました。

要点マスター　文治政治と産業の発展

武断から文治へ	家光の武断政治➡慶安事件 ➡綱吉の文治政治➡正徳の治（新井白石）
産業の発展	新田開発、特産品の生産、入浜塩田 鉱山開発、五街道の整備、西廻り航路

ココに注目！

古い町並みが残る主な宿場町

・**大内宿**…会津西（下野）街道（▶P.32）。
・**妻籠宿**(つまご)…中山道（▶P.56）。
・**馬籠宿**(まごめ)…中山道（▶P.56）。
・**奈良井宿**…中山道（▶P.56）。
・**海野宿**…北国街道の宿場町。長野県東御市本海野。柳並木が美しい。
・**関宿**…東海道の宿場町（▶P.69）。
・**熊川宿**…若狭街道（鯖街道）の宿場町。福井県三方上中郡若狭町。
・**智頭宿**(ちづ)…因幡街道。鳥取藩が参勤交代のときに宿泊（▶P.81）。

プラスアルファ

急増する人口

17世紀から18世紀にかけて人口も急増。18世紀初頭の人口は、推定**約3千万人**。江戸幕府が開かれた17世紀初頭の人口の約2.5倍となった。

4 幕府政治の行き詰まり

（1）繰り返される改革

①享保の改革

1716年、御三家の一つ紀伊藩の財政を立て直した手腕を買われ、**徳川吉宗**が第８代将軍に就任しました。吉宗は武士に質素・倹約を命じ、政治の引き締めをはかりました。年貢米による収入を増やすため、**新田開発**を進め、大名からも参勤交代の負担を軽減する代わりに１万石につき100石を幕府に納めさせました。これを**上米の制**（あげまい）といいます。さらに、さつまいも（甘藷）や朝鮮人参の栽培も進めました。

また、裁判の基準となる**公事方御定書**（くじかたおさだめがき）もつくっています。庶民の意見を取り入れるため、**目安箱**を設置し、その投書をもとに、貧しい病人のための施設として**小石川養生所**（こいしかわようじょうしょ）もつくりました。町奉行に**大岡忠相**（おおおかただすけ）を登用し、火事対策のための**町火消**（まちびけし）を創設させました。こうした吉宗の一連の改革を、**享保の改革**（きょうほう）といいます。

②田沼意次の政治

吉宗の改革によって幕府の財政は好転しましたが、米価は安定せず、1732年に**享保の飢饉**（ききん）が起こったこともあり、各地で**土一揆**や**打ちこわし**が頻発するようになりました。

1772年に老中になった**田沼意次**（おきつぐ）は、紀州藩の時代から吉宗に仕え、その後幕臣となった父を持ち、幕府の政治を主導しました。これまでの年貢米だのみの政策を改め、商工業の活性化をはかりました。**株仲間**の結成を奨励して、銅や**俵物**（たわらもの）の輸出による**長崎貿易**にも力を入れたのです。また、大商人の力を借りて、印旛沼（いんば）・手賀沼（てが）の干拓なども進めました。しかし、縁故中心の人事や賄賂が横行したことで批判が高まり、さらに子の意知（おきとも）が刺殺されたことで力を失い、1786年に老中を追われました。

江戸時代の中後期、18世紀以降は**政治改革が繰り返されました。**産業は成長したものの、年貢米の価格が相対的に下がったため、幕府も諸藩も、深刻な財政難に陥ったのです。

プラスアルファ

米将軍
８代将軍の吉宗は米の増産に力を入れたことから、「**米将軍**」のあだ名がつけられた。ちなみに、初代家康は「大御所」「古だぬき」、３代家光は「生まれながらの将軍」、５代綱吉は「**犬公方**（くぼう）」などとよばれている。

プラスアルファ

田沼時代の評価
賄賂を横行させたことで、田沼の政治は批判されるが、経済を活性化させたという点で評価されている。また、風紀も厳しく統制しなかったため、**学問や芸術の発展**もうながした。

用語

株仲間
幕府や藩から認められた**商工業者の同業組織**。

③寛政の改革

田沼のあとに老中となった**松平定信**は、吉宗の政治を理想とし、質素・倹約をかかげ、出版物を厳しく統制しました。朱子学以外の講義を禁じる**寛政異学の禁**を出し、**昌平坂学問所**で武士に林家の**朱子学**（▶P.163）を学ばせました。また、吉宗と同じく米の増産にも力を入れ、商品作物の栽培を制限し、非常用の米をたくわえさせました。これを**囲い米**といいます。さらに**旧里帰農令**を出し、江戸に移り住んでいた農民に資金をあたえ、故郷の農村に帰らせました。しかし、厳しい風俗の統制は民衆の不満を高めました。こうした定信の一連の改革を、**寛政の改革**といいます。

④外国船の出没

この頃から、日本近海に外国船が出没するようになりました。1792年には、ロシアの使節**ラクスマン**が漂流民の大黒屋光太夫を伴って根室に来航し、幕府に通商を求めてきました。さらに1804年には、ロシアの使節**レザノフ**が長崎に来航し、改めて幕府に通商を求めましたが、幕府はこれを退け、1825年に**異国船打払令**を出しました。

プラスアルファ

なせば成る

18世紀後半、諸藩でも財政再建が課題になっていた。**米沢藩**では、藩主の**上杉治憲**（**鷹山**）が先頭に立って倹約を進め、大規模な開墾を行うとともに**米沢織**などの特産品も開発し、財政を立て直した。治憲は「なせば成る、なさねば成らぬ何事も、成らぬは人のなさぬなりけり」という名言を残している。

用語

大黒屋光太夫

伊勢の漁師。江戸に向かう途中で遭難し、アムチトカ島に漂着。そのままロシアに滞留し、女帝**エカテリーナ2世**にも謁見した。

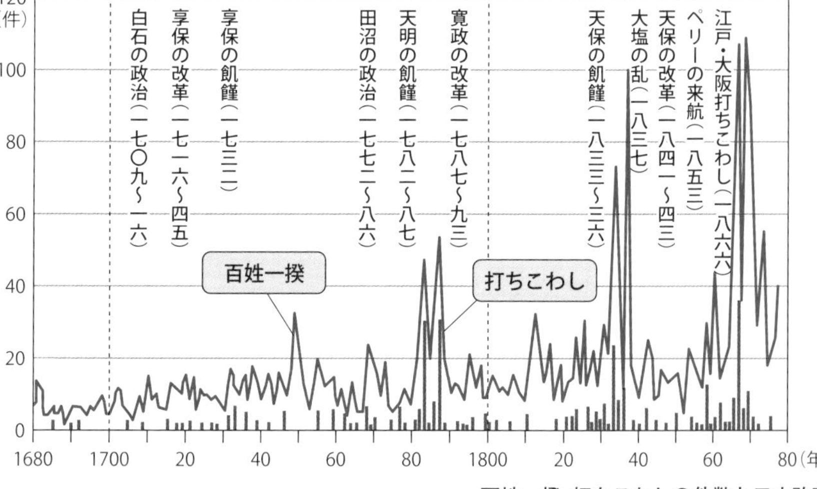

百姓一揆・打ちこわしの件数と三大改革

⑤天保の改革

1830年代、**天保の大飢饉**が起こると、無策な幕府に怒った元与力・陽明学者の**大塩平八郎**が、1837年に大阪で反乱を起こしました。この**大塩の乱**は1日で鎮圧されたものの、元役人が大阪の中心地で乱を起こしたことに、幕府は大きな衝撃を受けました。

こうしたなか老中になった**水野忠邦**は、幕府の権威回復と財政再建に乗り出しました。手本にしたのは、やはり吉宗の政治でした。忠邦は商業を独占する**株仲間の解散**を命じ、諸藩の専売制も禁止しました。**人返しの法**を出して、江戸の出かせぎ農民を帰村させました。また、**倹約令**を出すとともに、風紀を糺すため、幕府への批判や出版を厳しく統制しました。財政再建のためには、外国船対策を名目に、江戸・大阪周辺を幕領に組み入れる**上知令**を出しています。これらの一連の改革を、**天保の改革**といいます。しかし、性急すぎたため、大名・民衆の反発を買い、天保の改革の実施から2年余りで水野は老中を退きました。

⑥雄藩の成長

19世紀になると、諸藩でも藩政改革が進みました。下級武士でも能力のある者を積極的に登用し、財政の立て直しと軍事力の強化を進めたのです。

薩摩藩は、島津氏の家老の**調所広郷**が中心になり、奄美群島の**黒砂糖**の販売を専売制にし、また琉球を通した清との密貿易などで利益をあげました。**長州藩**は、藩校の**明倫館**で学んだ**村田清風**が中心になり、廻船の荷物を管理する**越荷方**（金融・倉庫業）を設置し、その利益で、藩の負債を返済しました。また、いちやはく**反射炉**（萩反射炉）を建て、大砲など近代的な兵器の製造にも乗り出しました。**肥前藩**は、有田焼などの陶磁器を専売制にし、利益を得ました。

こうして財力・軍事力を蓄えた藩は、**雄藩**として強い影響力をもち、幕末の政局を左右するようになりました。

プラスアルファ

異国船打払令と天保の薪水給与令
根室に来航したラクスマンに対し、**松平定信**は、長崎への入港は許可したものの、通商は断った。しかし、その後も外国船の来港は止まることなく、幕府は1825年、諸藩に**異国船打払令（無二念打払令）**を出し、外国船を撃退するよう命じた。その後、1840年に**アヘン戦争**が起こり、清がやぶれたことを耳にした**水野忠邦**は、イギリスの攻撃をおそれ、1842年に**薪水給与令**を出した。漂着した外国船に水や食料を提供するよう諸藩に命じたのである。

用語

反射炉
金属を溶かすための炉。石炭や石油を燃焼させ、天井の反射熱を利用して、金属を溶解する。左記の**萩反射炉**と伊豆（静岡県）の**韮山反射炉**は、世界文化遺産「明治日本の産業革命遺産　製鉄・製鋼、造船、石炭産業」（▶P.195）の構成資産である。

（2）開国から倒幕へ

①ペリーの来航

水野忠邦が老中を退いてから10年後の1853年、アメリカの東インド艦隊司令長官**ペリー**が黒船４隻を率いて浦賀沖に来港し、日本に開国を迫ってきました。捕鯨船の燃料・食料を補給するための寄港地を確保するのが目的でした。

幕府は、老中の**阿部正弘**が朝廷や諸大名の意見を聞いたうえ、翌年に**日米和親条約**（神奈川条約）を結びました。これにより、下田（▶P.52）と箱館の２港を開港し、アメリカに対して最恵国待遇を認めました。

古い町並みが残る下田

②開国と不平等条約

さらに下田のアメリカ総領事**ハリス**が、幕府に通商条約を結ぶことを強く求めてきました。1858年、大老の**井伊直弼**（なおすけ）はこれに応じ、**日米修好通商条約**を結びました。こうして、神奈川（横浜）・長崎・新潟・兵庫（神戸）が追加で開かれました。しかし、井伊が天皇の勅許を得ないまま条約を結んだため、これを批判する尊王論と攘夷論が結びつき、**尊王攘夷運動**（そんのうじょうい）がさかんになっていきました。

しかも日米修好通商条約は、日本に**関税自主権**がなく、アメリカの**領事裁判権（治外法権）**を認めるという、**不平等条約**でした。幕府は続いて、イギリス・フランス・オランダ・ロシアとも、ほぼ同じ内容の不平等条約を結びました。これを**安政五カ国条約**といいます。

日本にとって最大の貿易相手国は**イギリス**でした。日本は、イギリスから毛織物や綿織物、兵器を輸入し、イギリスへは生糸や茶を輸出しました。最も貿易額が大きかったのは、神奈川（横浜）港でした。

プラスアルファ

下田と「唐人お吉」

伊豆半島（静岡県）南東部の都市。江戸時代から**下田**は「出船入船3000隻」といわれるほど、風待ちの港として知られた。**日米和親条約**で開国されたとき、ペリーも訪れており、平滑川（ひらなめがわ）沿いは、「**ペリーロード**」として整備されている。ハリスは下田の玉泉寺にアメリカ領事館をおき、芸妓の「**唐人お吉**」こと斎藤きちの世話を受けた。

プラスアルファ

井伊の赤備え

開国和親を唱えた井伊直弼は、**彦根藩**（滋賀県）の藩主から幕府の大老となった。戦国時代から井伊氏は、甲冑などの武器をすべて朱色にし、「**井伊の赤備え**」として恐れられていた。家康の精鋭部隊として活躍したこともあり、井伊氏は譜代大名のなかでも、とくに重んじられた。

③尊王攘夷運動の高まり

孝明天皇の勅許を得ないまま条約を結んだことに、尊王攘夷派が憤慨しましたが、井伊は1858年から翌年にかけて、幕府の対外政策を批判した大名・公家や**松下村塾**の**吉田松陰**らを処刑しました。この事件を**安政の大獄**といいます。これに反発した水戸藩の元藩士らは、1860年、江戸城外で井伊を暗殺しました。これを**桜田門外の変**といいます。

井伊のあとを継いだ老中の安藤信正は、尊王攘夷派の過激な動きを抑えようと、**公武合体策**を進めました。14代将軍徳川家茂（いえもち）と孝明天皇の妹・和宮を結婚させ、幕府と天皇家の融和をはかったのです。しかし、この政略結婚は尊王攘夷派のさらに強い怒りを買い、安藤は江戸城の坂下門外でおそわれ、老中の座を退きました。

④倒幕の動き

1864年、尊王攘夷派の長州藩が欧米４カ国の艦隊から攻撃され、大きな損害を受けました。これを**四国連合艦隊下関砲撃事件**といいます。同じ頃、薩摩藩も**生麦事件**（なまむぎ）の報復として、イギリス艦隊から砲撃を受けました。これを**薩英戦争**といいます。生麦事件とは1862年、生麦村（神奈川県横浜市）で、イギリス人４人が、薩摩藩の島津久光の大名行列に遭遇したとき、馬から下りなかったため、無礼だとして１人が殺された事件です。事件が起こった生麦駅近くには、記念碑が建てられています。

欧米列強の力の強さを思い知らされた薩長両藩は、攘夷の困難さを知り、倒幕へと転じました。幕府はこれに対し、２度にわたり**長州征伐**を行いましたが、西洋式の兵器をもつ長州藩に撃退されました。

これで倒幕の動きが加速しました。1866年、土佐藩の**坂本龍馬**（りょうま）と**中岡慎太郎**の仲立ちで、薩摩藩の西郷隆盛と長州藩の木戸孝允（たかよし）が密談し、**薩長同盟**を結んだのです。

用語

松下村塾
幕末、長州藩の萩（山口県）で吉田松陰の叔父が開いた私塾。藩校の明倫館と違い、身分を問わず、町人や農民でも入塾できた。松陰が指導していた期間はわずか2年ほどだったが、**高杉晋作**（しんさく）、**久坂玄瑞**（くさかげんずい）、**前原一誠**（まえばらいっせい）、**山県有朋**（やまがたありとも）、**伊藤博文**（いとうひろぶみ）ら、幕末から維新期に活躍する多くの逸材を輩出した。木造瓦葺き平屋の小さな建物は修復され、**世界文化遺産**に登録されている（▶P.83）。

ココに注目！

幕末の歴史の舞台
①**寺田屋**…薩摩藩の定宿。1862年4月に島津久光が尊王攘夷派を襲撃・弾圧した**寺田屋事件**で有名。また、薩長同盟の会談後に坂本龍馬が襲撃された宿としても知られる。
②**池田屋**…1864年6月、新撰組が長州藩を中心とする尊王攘夷派約20名を暗殺した**池田屋事件**で知られる。
③**近江屋**…醤油商の家宅。1867年12月、**坂本龍馬と中岡慎太郎が暗殺された場所**として知られる。

⑤江戸幕府の滅亡

こうした情勢下、15代将軍**徳川慶喜**(よしのぶ)はいったん政権を朝廷に返し、新政権のなかで実権をもち続けようと画策しました。1867年、公武合体派の前土佐藩主・山内豊信(とよしげ)（山内容堂）の進言を受け、慶喜は京都の二条城（▶P.70）で**大政奉還**を申し出たのです。

これに対し、薩摩藩の西郷隆盛や大久保利通、公家の岩倉具視(ともみ)らは、徳川家を排除するため、この年の12月、天皇に新政府の樹立を宣言させました。これを**王政復古の大号令**といいます。徳川家の力は残っていたものの、これによって260年以上にわたる江戸幕府は事実上ほろびました。

⑥戊辰戦争

しかし、旧幕府勢は収まりませんでした。翌1868年1月、京都で挙兵し、新政府軍と衝突しました。この**鳥羽・伏見の戦い**をきっかけに、**戊辰戦争**(ぼしん)という内戦に発展していったのです。戦いは近代兵器を擁する新政府に有利に進みました。新政府代表の西郷隆盛は旧幕府代表の**勝海舟**と会談し、無血で江戸城を開城させました。

その後も、旧幕府側の東北・信越の諸藩は新政府軍に対抗しましたが、**会津戦争**(あいづ)で敗れ、最後は函館の**五稜郭**(ごりょうかく)（▶P.18）にたてこもった榎本武揚(えのもとたけあき)が降伏しました。こうして、1年半近くにおよんだ戊辰戦争が終結しました。

要点マスター 江戸時代後期の政治

三大改革	享保の改革（徳川吉宗）➡田沼意次 ➡寛政の改革（松平定信） ➡天保の改革（水野忠邦）
開国から倒幕	ペリーの来航・開国➡攘夷論の高まり ➡薩長同盟➡大政奉還➡王政復古の大号令

用語

徳川慶喜

一橋家を相続し、**将軍継嗣問題**(けいし)では井伊直弼と対立し、敗れた。しかし、井伊と家茂が亡くなると、1866年に将軍となる。大政奉還の後は、駿府（静岡県）で過ごした。その屋敷跡は料亭「浮月楼」として残る。墓は**上野寛永寺**に近い谷中霊園（東京都）。

用語

会津戦争

新政府軍と旧幕府を支持する東北・北越諸藩との戦い。1868年、仙台藩や米沢藩ほか東北・北越諸藩は、新政府軍から会津藩を攻撃するよう求められたが、これを拒否。**奥羽越列藩同盟**(おううえつれっぱん)を結んだ。しかし、新政府軍の攻撃を受け、同盟は瓦解。敗れた会津藩では、**白虎隊**の悲劇（▶P.32）が起こった。

プラスアルファ

勝と榎本のその後

旧幕府側の**勝海舟**も**榎本武揚**も戊辰戦争後、政府に迎えられた。勝は海軍卿や枢密顧問官などを務め、榎本は北海道の**開拓使**を務めた後、ロシア駐在公使として**樺太千島交換条約**を締結。さらに逓信相・文相・農商務相・外相など要職を歴任した。

5 安土桃山時代～江戸時代の文化

（1）安土桃山時代の文化

①南蛮文化

16世紀半ば以降、日本にやってきたポルトガル人やスペイン人ら**南蛮人**は、鉄砲のほかにも、眼鏡、時計などの珍しい品々や医学・天文学・航海術などをもたらしました。金属製の活字による**活字印刷術**も、イエズス会のイタリア人宣教師**ヴァリニャーノ**によってもたらされました。

また、**南蛮貿易**によって伝えられた、パン、カステラ、てんぷら、カルタ、メリヤスなどは、現在のわたしたちの生活にも定着しています。南蛮人が伝えたこうした文化を**南蛮文化**といいます。

用語

南蛮人
ポルトガル人とスペイン人のこと。南洋を経由して渡来したことによる。オランダ人は、**紅毛人**とよばれた。

②桃山文化

安土桃山時代には、戦国大名や豪商の気風を反映し、力強い豪華な文化が栄えました。その代表は、織田信長が琵琶湖畔に築いた**安土城**、池田輝政が大工事を施した**姫路城**（▶P.67）、豊臣秀吉が築いた**伏見城**（桃山城）、小笠原氏が拡張した**松本城**（▶P.55）など、巨大な**天守閣**をもつ城です。

城内の書院造の室内には壮麗な彫刻が施され、襖や壁には、**濃絵**とよばれる華やかな**障屏画**（障壁画・屏風絵）が描かれました。代表は、**狩野永徳**の「洛中洛外図屏風」「唐獅子図屏風」、永徳の弟子の**狩野山楽**の「牡丹図」など。水墨画では、**長谷川等伯**が「松林図屏風」を描いています。

唐獅子図屏風

大名のあいだでは茶会が流行し、茶人の**千利休**が質素・閑寂を重んじる**侘び茶**を大成させました。京都府大山崎町

用語

千利休
1522～1591年。堺（大阪府）の商家に生まれ、**武野紹鷗**らに茶の湯を学んだ。その後、信長・秀吉に仕え、侘び茶を大成。1587年には、京都の北野天満宮で**北野大茶湯**をつかさどった。しかし、最後は秀吉の逆鱗に触れ、自害に追いこまれた。

の**妙喜庵**には、利休がつくった茶室の**待庵**（▶P.72）が残されています。**古田織部**や**小堀遠州**など、大名のなかからも、優れた茶人が出ました。

庶民の娯楽では、**出雲の阿国**が京都で歌舞伎のはじまりといわれる念仏踊りを舞いました。阿国は出雲大社（島根県）の巫女と自称していました。

（2）寛永文化

①建築・絵画

寛永時代（1624～44年）の年号から、江戸初期の文化を**寛永文化**といいます。建築では、書院造に対して、簡素でより自由な**数寄屋造**の様式が広がりました。代表は京都の**桂離宮**（▶P.72）と**修学院離宮**です。また、日光東照宮（▶P.43～44）に代表される霊廟建築では、本殿と拝殿のあいだを石の間で結ぶ**権現造**が取り入れられました。

絵画では、狩野派の**狩野探幽**が幕府の御用絵師となり、「大徳寺方丈襖絵」などを描きました。大和絵（▶P.120）の系統の土佐派から出た**土佐光起**は、朝廷にかかえられました。

装飾画では、京都の町衆から出た**俵屋宗達**が「**風神雷神図屏風**」（建仁寺）を描きました。同じく京都の町衆出身の**本阿弥光悦**は、蒔絵・書蹟・陶芸・茶道など、多方面で活躍しました。

風神雷神図屏風

②宗教・学問

宗教では、明から禅宗の**黄檗宗**が伝わり、明の建築様式の**崇福寺**（長崎市）、**萬福寺（万福寺）**（京都府宇治市）が建てられました。萬福寺の大雄宝殿は黄檗建築の代表で、湾曲した大屋根が特徴です。

小堀遠州
古田織部に茶の湯を学び、新たに茶道「遠州流」を開いた。**造園家**としても名高く、南禅寺や大徳寺、二条城の二の丸庭園などを造った。備中松山城主や近江国の小室藩の藩主を務めたあと、江戸時代に遠江守（静岡県）に就いたことから、「遠州」と名乗った。

寛永文化は、安土桃山時代の文化の延長上にありますが、**朱子学**が浸透したことが特徴です。

プラスアルファ

隠元
隠元隆琦禅師。明末期の僧で、**黄檗宗**を開いた。1654年に来日し、萬福寺を建てている。**いんげん豆**は、隠元が日本にもたらしたという説に由来。隠元は、すいか、蓮根、たけのこ（孟宗竹）なども伝えたといわれる。

学問では、朱子学が浸透していきました。京都五山（▶P.140）の一つ相国寺の禅僧だった**藤原惺窩**が朱子学を学び、その啓蒙に努めました。惺窩は「近世儒学の祖」といわれます。その門人の**林羅山**は、徳川家康に登用されました。以来、羅山の子孫の**林家**が幕府に仕えることになります。

（3）元禄文化

①上方の町人による文化

17世紀末から18世紀にかけて、産業・商業の発達を背景に、京都と大阪を中心とする**上方**で**町人を担い手**とする文化が栄えました。現実主義、実証主義的な傾向が強く、自然科学も発展しました。徳川綱吉の治世と重なる元禄時代（1688～1704年）の年号から、**元禄文化**といいます。

②浮世草子と人形浄瑠璃

大阪の商家に生まれた**井原西鶴**が、『**好色一代男**』をはじめ、**浮世草子**とよばれる小説で、商魂たくましい、享楽を求める町人の生活を描きました。代表作には、町人物の『**日本永代蔵**』『**世間胸算用**』、好色物の『**好色五人女**』、武家物の『武道伝来記』などがあります。

元禄文化のもう一人の代表は、**近松門左衛門**です。近松は、**竹本義太夫**の語りで人気となった**人形浄瑠璃**の脚本家で、『**曾根崎心中**』『**冥途の飛脚**』などの世話物をはじめ、義理と人情の板ばさみに揺れる男女の悲劇を描きました。また、明の鄭成功を主人公にした『**国性爺合戦**』など、歴史のできごとを題材にした時代物も書いています。義太夫の語りは、**義太夫節**という音曲へと独立していきました。

③俳諧と演劇

俳諧では、**伊賀**（三重県）出身の**松尾芭蕉**が、奇抜な趣向を凝らした談林俳諧を排し、幽玄・閑寂を重んじる**蕉風**という新しい作風を生み出しました。「俳聖」こと芭蕉が『奥

プラスアルファ

赤絵の技法
陶芸では、**酒井田柿右衛門**が1640年頃、**赤絵**の技法を創始し、**有田焼**（▶P.95）の評価を高めた。柿右衛門の名は代々襲名され、現在（2022年時点）の第15代まで続いている。

元禄文化も次の化政文化も、**町人**が担い手になったことでは共通しています。ただし、元禄文化は**上方**が中心、化政文化は**江戸**が中心です。

用語

伊賀
山をはさんだ**甲賀**（滋賀県）と並ぶ、「**忍者のふるさと**」として知られる（▶P.69）。徳川家康に仕えた**服部半蔵（正成）**は「伊賀同心」を率いて、多くの勲功を上げた。江戸時代初期には、**藤堂高虎**が藩主を務めている。

＋αプラスアルファ

芭蕉の句碑の場所

・平泉（岩手県）の毛越寺と高館
「夏草や兵どもが夢の跡」
・山形県の立石寺
「閑さや岩にしみ入る蟬の声」
・山形県の西光寺
「五月雨を集めて早し最上川」
・新潟県の宝光院（彌彦神社に隣接）
「荒海や佐渡に横たふ天の川」

＋αプラスアルファ

東京国立博物館

上野公園内にある日本最初の博物館。1872（明治5）年、湯島聖堂で博覧会が開催されたときに開設された。約12万の文化財を所蔵。近世の国宝では、**長谷川等伯『松林図』**、**池大雅『楼閣山水図』**、**渡辺崋山「鷹見泉石像」**、**本阿弥光悦「舟橋蒔絵硯箱」**などを所蔵している。

用語

宮崎友禅

扇絵師として名をはせ、新しい染色技術による**友禅染**を創始したと伝えられる。ただし、どれほど開発に貢献したのかは不明。

の細道』の紀行で立ち寄り、名句を詠んだ各地には、**立石寺**（▶P.29）をはじめ、句碑が建てられています。

演劇では、出雲の阿国（▶P.162）を祖とする**歌舞伎**が発達し、上方で和事（恋愛劇）の**坂田藤十郎**、江戸で荒事（超人劇）の**市川団十郎**などの名役者が現れました。

④美術・工芸の発達

美術では、京都の**尾形光琳**が優美な屏風絵や蒔絵を描きました。屏風絵の代表作は「**燕子花図屏風**」「紅白梅図屏風」、蒔絵の代表作は、**東京国立博物館**に所蔵されている「**八橋蒔絵螺鈿硯箱**」などです。

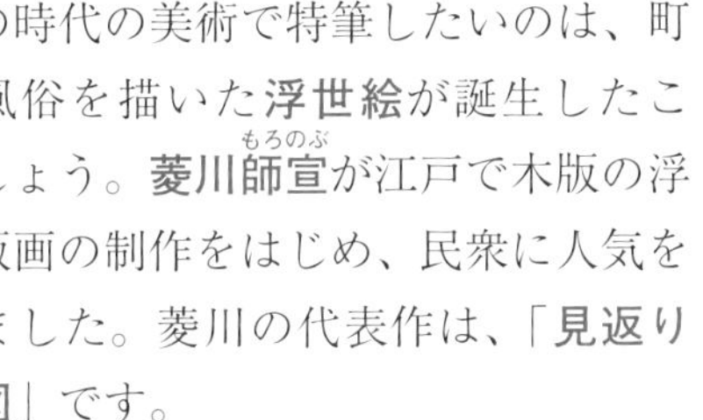

この時代の美術で特筆したいのは、町人の風俗を描いた**浮世絵**が誕生したことでしょう。**菱川師宣**が江戸で木版の浮世絵版画の制作をはじめ、民衆に人気を博しました。菱川の代表作は、「**見返り美人図**」です。

陶器では、**野々村仁清**が色絵を完成させ、**清水焼**に代表される京焼に取り入れられました。染め物では、**宮崎友禅**が友禅染をはじめ、京友禅や加賀友禅などが生まれました。

「見返り美人図」

東京国立博物館
Image: TMN Image Archives

⑤学問の広がり

幕府公認となった**朱子学**では、藤原惺窩の流れをくむ**木下順庵**が現れ、徳川綱吉の侍講を務めました。木下は、正徳の治を行った**新井白石**や徳川吉宗に仕えた**室鳩巣**、対馬藩で朝鮮通信使の交渉にあたった**雨森芳洲**らを育てています。新井白石は『**読史余論**』のほか、『西洋紀聞』『折たく柴の記』など優れた著作を残しています。この頃、御三家の**水戸藩**では、**徳川光圀**が歴史書『**大日本史**』の編纂をはじめています。

一方、朱子学を批判する動きも起こりました。「近江聖人」と称された**中江藤樹**と、岡山藩主池田光政に仕えた**熊沢蕃山**は、儒学の一派で**知行合一**を説く**陽明学**を重んじました。このほか、**宮崎安貞**が『農業全書』を著し、**渋川春海**（安井算哲）が独自の暦（貞享暦）を作成しています。

（4）学問の発展

①国学と尊王論

18世紀、朱子学が主流となる一方、儒学では**荻生徂徠**の古文辞学派も強い影響力をもつようになりました。さらに、仏教・儒教が流入する前の日本人の精神を追究しようとする**国学**が起こり、荷田春満や賀茂真淵を受け継いだ**本居宣長**が『**古事記伝**』を著して大成させました。

②蘭学（洋学）の広がり

徳川吉宗が西洋の書物の輸入禁止を緩和したことから、オランダ語で西洋の学問・思想を学ぶ**蘭学**がさかんになりました。**杉田玄白**と**前野良沢**が1774年に翻訳を完成させたドイツの医学書『**解体新書**』に代表されます。杉田玄白は晩年、翻訳の苦労を『**蘭学事始**』に著しています。

また、エレキテル（摩擦発電機）や寒暖計を発明した本草学の**平賀源内**、佐原（▶P.46）出身で、全国を測量して正確な日本地図「大日本沿海輿地全図」を完成させた**伊能忠敬**らも、この時代から化政期にかけて活躍しました。

（5）化政文化

①江戸の町人による文化

19世紀になると、文化の中心は上方から江戸に移り、**江戸**の庶民が担い手の文化が栄えました。11代将軍徳川家斉の治世と重なる文化・文政時代（1804〜30年）の年号から、**化政文化**といいます。

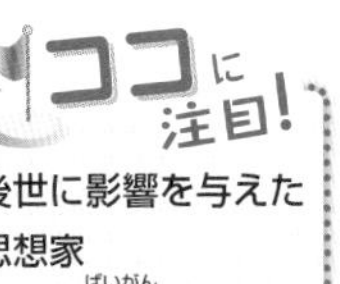

後世に影響を与えた思想家

・**石田梅岩**…1685〜1744年。京都で**心学（石門心学）**を開き、商人に道徳を説いた。武士に劣らぬ商人の存在を強調し、町人の精神的自立をうながした。

・**本居宣長**…1730〜1801年。儒教精神（からごころ）を排し、古代日本の精神（**古道**）に帰るべきと説いた。また、『源氏物語』の核心を「**もののあはれ**」と読み解いた。宣長を受け継いだ**平田篤胤**は復古思想を強調し、幕末の尊王攘夷運動に大きな影響を与えた。

プラスアルファ

宝暦事件と明和事件

宝暦事件は1758年、尊王論者の**竹内式部**が幕府に処罰された事件。神道家・国学者の竹内式部は朱子学の大義名分論から発した尊王論を説き、朝廷の復権を唱えた。**明和事件**は1767年、甲斐（山梨県）出身の兵学者**山県大弐**が幕府に処刑された事件。山県大弐も幕府を批判し、江戸城の攻略法まで示した。

②小説・俳諧

小説では、洒落本、滑稽本、人情本、読本などの新しいジャンルが生まれ、**貸本屋**が各地にできたこともあり、多くの庶民に読まれました。

俳諧では、風景を写実的に詠んだ**与謝蕪村**、素朴な農民の人情を詠んだ**小林一茶**が活躍しました。一茶の代表作は『**おらが春**』です。柄井川柳が前句付（雑体の俳諧）を集めた『誹風柳多留』を出し、おかしみを旨とする**川柳**が流行しました。短歌の一種では、幕政や世相を風刺した**狂歌**も人気になりました。

③絵　画

与謝蕪村は、**池大雅**とともに、明・清の南画の影響を受けた**文人画**でも才能を発揮しました。文人画の代表『十便十宜図』は、蕪村と大雅の共作です。独特の画風で近年人気が高まっている**伊藤若冲**、写生的な画風の**円山応挙**、西洋画の**司馬江漢**らも現れています。

浮世絵は、**鈴木春信**がはじめた多色刷りの**錦絵**がさかんになりました。美人画の**喜多川歌麿**、役者絵・相撲絵の**東洲斎写楽**が人気になりました。錦絵の風景画では、「富嶽三十六景」の**葛飾北斎**、「東海道五十三次」の**歌川（安藤）広重**らが活躍し、ゴッホやモネらヨーロッパの印象派の画家にも影響をあたえました。

葛飾北斎「富嶽三十六景 神奈川沖浪裏（部分）」

④教育機関

諸藩は家臣・子弟の教育機関として**藩校**（藩学）を建てました。民間でも、国学者や蘭学者らによって**私塾**が開か

プラスアルファ

代表的な作品

- **滑稽本**…十返舎一九『東海道中膝栗毛』、式亭三馬『浮世風呂』
- **人情本**…為永春水『春色梅児誉美』
- **読本**…上田秋成『雨月物語』、滝沢（曲亭）馬琴『南総里見八犬伝』
- **俳諧**…与謝蕪村『蕪村七部集』

用語

文人画

専門の画家ではない文人（知識人や文学者）が描いた絵のこと。

プラスアルファ

おもな藩校

秋田の明徳館、庄内の致道館（▶P.28）、会津の日新館、水戸の**弘道館**（▶P.45）、萩の**明倫館**（▶P.83）、福岡の修猷館、熊本の**時習館**、鹿児島の造士館などが知られる。また、城下町から離れた地には、藩校に類する**郷学**が建てられた。岡山の**閑谷学校**（▶P.79）がその代表。

れました。18世紀初め、大阪では町人の出資で懐徳堂（かいとく）が設立されています。庶民の初等教育機関として開かれた寺子屋は、幕末には全国で約１万５千校に達したとみられます。

要点マスター 安土桃山時代～江戸時代の文化

桃山文化	雄壮・豪華（天守閣、障屏画、侘び茶）
寛永文化	公家・武家（数寄屋造、権現造、朱子学）
元禄文化	上方の町人（井原西鶴、近松門左衛門、歌舞伎）
化政文化	江戸の民衆（滑稽本、錦絵、藩校）

プラスアルファ

おもな私塾
広瀬淡窓（たんそう）の咸宜園（かんぎえん）（大分県）、大塩平八郎の洗心洞（大阪府）、**シーボルト**の**鳴滝塾**（なるたき）（長崎県）、**吉田松陰**の**松下村塾**（山口県）、**緒方洪庵**（おがたこうあん）の**適塾**（てき）（大阪府、▶P.64）など。

Let's Try 確認テスト

正解したらチェックマーク☑を入れましょう

□ ① 延暦寺の門前町で琵琶湖岸の重要な港町でもあり、1997年に「重要伝統的建造物群保存地区」に指定された都市を次から一つ選びなさい。 2022
ア 坂本　イ 信楽　ウ 長浜　エ 彦根

□ ② 「小江戸」の川越は、徳川綱吉の側用人として著名な［　］など、江戸幕府の重臣や親藩が藩主を務めた川越藩の城下町、商業の町として栄えた。［　］にあてはまる語句を次から一つ選びなさい。 2018
ア 新井白石　イ 田沼意次　ウ 林羅山　エ 柳沢吉保

□ ③ 江戸時代、関所で「入鉄砲に出女」を厳しく取り締まった。「出女」とは、主にどの階層に属する女性だったか。次から一つ選びなさい。 2022
ア 寺社　イ 公家　ウ 旗本・御家人　エ 大名

□ ④ 江戸幕府は、徳川家康による開府以来、徳川家［ a ］代の治世により、約［ b ］年間続いた。a・bに入る数字の組み合わせで正しいものを、次から一つ選びなさい。 2020
ア a 12 b 140　イ a 13 b 180
ウ a 14 b 220　エ a 15 b 260

□ ⑤ 長崎オランダ商館のドイツ人医師シーボルトは、長崎郊外に［　］を開き、オランダ語、自然科学を教え、高野長英など多くの幕末の蘭学者を育てた。［　］にあてはまる語句を次から一つ選びなさい。 2019
ア 洗心洞　イ 松下村塾　ウ 適々斎塾（適塾）　エ 鳴滝塾

解答 ①ア／②エ／③エ／④エ／⑤エ

LESSON 4

近現代 明治時代〜平成時代

学習のPOINT

頻出度：★★★

明治維新から大正時代にかけては、政治・文化ともよく出題される。維新ゆかりの地や産業遺産などは「地理」分野でもねらわれるので、要注意。現代史は、「一般常識」分野での出題も多い。

Check! ／ ／ ／

近現代のできごとを年表でチェック！

	時代	年代	主なできごと
1	明治時代	1868	• 五箇条の御誓文が示される
		1871	• 廃藩置県が行われる
			• 岩倉使節団が派遣される
		1872	• 学制が発布される
		1873	• 徴兵令、地租改正令が出される
		1877	• 西南戦争が起こる
		1885	• 内閣制度が創設される
		1889	• 大日本帝国憲法が発布される
		1894	• 日清戦争が起こる（〜95）
		1901	• 八幡製鉄所が操業を開始する
		1904	• 日露戦争が起こる（〜05）
		1910	• 韓国を併合する
2	大正時代	1914	• 第一次世界大戦に参戦する
		1915	• 中国に二十一箇条の要求を出す
		1918	• 米騒動が起こる
		1923	• 関東大震災が起こる
		1925	• 男子普通選挙が実現する
	昭和時代	1931	• 満州事変（柳条湖（りゅうじょうこ）事件）が起こる
		1932	• 五・一五事件が起こる
		1936	• 二・二六事件が起こる
		1937	• 日中戦争が勃発する（盧溝橋（ろこうきょう）事件）
		1938	• 国家総動員法が制定される
		1941	• 太平洋戦争がはじまる（〜45）
		1945	• 広島・長崎に原爆が投下される
			• ポツダム宣言を受諾する
		1946	• 日本国憲法が公布される（施行は翌47）
		1951	• サンフランシスコ平和条約が結ばれる
		1964	• 東京オリンピックが開催される
		1972	• 沖縄が日本に返還される
	平成時代	1995	• 阪神・淡路大震災が起こる
		2011	• 東日本大震災が起こる

〈イントロダクション―近現代のざっくりとした流れ〉

鎌倉幕府の成立以来、700年近く続いてきた武士の時代が終わり、日本は世界に眼を向けはじめました。黒船という外圧に押されてのことでしたが、近代国家の建設へと舵を切ったのです。そして**戊辰戦争**のさなか、新政府は1868年に新しい政治の方針を示し、学制・兵制・税制の三つを中心とした改革を進めました。

1889年にはアジアで初めての憲法を制定し、立憲制国家となりました。さらに清、ロシアとの戦争にも勝ち、幕末に結んだ**不平等条約の改正**も果たしました。念願の欧米列強への仲間入りを実現させたのです。しかし、この頃から雲行きが怪しくなりました。軍部の暴走に歯止めがかからず、**日中戦争**から**太平洋戦争**という長い戦争の時代に突入していったのです。

長い武士の時代が終わり、近代の幕開けです。明治の新政府は「**富国強兵**」をスローガンに、近代国家の建設に向かっていきます。

1 明治時代

（1）明治維新

①新政府の成立

1868年３月、天皇が神に誓うという形で、**五箇条の御誓文**を示しました。一方、国民に向けては、旧来の幕府の政策を引き継ぐ**五榜の掲示**を示しました。７月には江戸を**東京**と改名し、９月には元号を明治と改めるとともに、**一世一元の制**を定めました。これから続く一連の改革を**明治維新**といい、民衆は「御一新」として期待しました。ただし、政府の要職の太政官は、**薩長土肥**の４藩の出身者によって占められました。

明治政府は権力を自分たちに集中させるため、大名が藩を支配するしくみを改めようとしました。1869年に版籍奉還を大名に求め、さらに1871年には**廃藩置県**を断行したのです。これによって、同年末までに全国の行政機関は３府

用語

五箇条の御誓文
会議を開き、公論でものごとを決めることや、旧弊を打破して世界から学ぶといったことが宣言された。場所は、**京都御所**（▶P.70）の紫宸殿。天皇の代理として、**三条実美**が公家・大名を前に読み上げた。

プラスアルファ

藩閥政治
薩摩・長州・土佐・肥前の4藩による政治は、のちに**藩閥政治**として批判された。明治政府の成立時の**太政官**のうち、太政大臣と右大臣は公家出身、左大臣は欠員だった。
・太政大臣…**三条実美**
・右大臣…**岩倉具視**
・参議…**西郷隆盛**（薩摩）、**木戸孝允**（長州）、**板垣退助**（土佐）、**大隈重信**（肥前）

（東京・大阪・京都）72県と北海道の**開拓使**（▶P.15）に整理されました。

②富国強兵と文明開化

富国強兵をスローガンとする政府が力を注いだのは、教育・軍兵・税制の改革です。1872年に**学制**を公布し、初等教育を義務化しました。長野県松本市に残る**旧開智学校**（▶P.55）は、当時の小学校舎跡です。その後、**福沢諭吉**の**慶應義塾**、**新島襄**の**同志社**、**津田梅子**の**女子英学塾**（津田塾大学）など、私立の学校も創設されました。

旧開智学校

1873年には**徴兵令**を発布し、士族・平民の区別なく、20歳以上の男子に兵役の義務を負わせました。

こうした改革を進めるためには、安定した財源が必要です。1873年に**地租改正令**を出し、土地所有者に収穫高ではなく、地価の３％を現金で納めさせることにしました。

③お雇い外国人よる殖産興業

政府は産業の育成にも力を入れ、**佐渡金山**（▶P.59）、**高島炭坑**（▶P.96）、**三池炭鉱**（▶P.97）や**長崎製鉄所**（長崎造船所）など、旧藩が所有していた鉱山・工場などを接収し、国の管理下に置きました。

殖産興業で大きな役割を果たしたのは、欧米諸国から招いた**お雇い外国人**です。最盛期には500人を超えました。主なお雇い外国人には、**札幌農学校**（▶P.15）で教鞭をとった**クラーク博士**、世界文化遺産の**富岡製糸場**（▶P.42）で技術指導を行った**ブリューナ**、法制度の確立に貢献した**ボアソナード**、**鹿鳴館**を設計した**コンドル**、**大森貝塚**（▶P.108）を発見した**モース**らがいます。

プラスアルファ

四民平等
新政府は封建的な身分制度の撤廃にも取り組んだ。**四民平等**をかかげ、武士を士族、商人や農民を平民と改めた。1871年には**解放令**を出して、被差別者の権利も認めた。

用語

津田梅子
留学生として、わずか7歳で**岩倉使節団**とともに渡米。日米を往復しながら、生物学・教育学を修めた。2024年度に発行される新5千円札の肖像になることが決まっている（▶P.174）。

プラスアルファ

地租改正反対一揆
地租改正が行われても、農民の負担はあまり変わらなかったため、各地で**地租改正反対一揆**が起こった。これに押され、1877年に政府は税率を**2.5%**に引き下げた。

プラスアルファ

コンドル設計の建物
鹿鳴館のほか、旧東京帝室博物館（のちに移築され銀河館）、**ニコライ堂**（▶P.180）、三菱一号館、湯島岩崎邸、三井倶楽部などを設計した。

④その他の政策

1871年には**前島密**(まえじまひそか)の立案によって、飛脚に代わる**郵便制度**がはじまり、1872年には新橋・横浜間で鉄道が開通しました。明治政府は海運にも力を入れ、**大阪商船**（三井）や土佐藩出身の**岩崎弥太郎**(やたろう)が経営する**郵便汽船**（三菱）を支援しました。政府の支援を受けたことから、**三井や三菱**は**政商**とよばれます。

金融では、1871年に**新貨条例**を出して、円・銭・厘を単位とする貨幣制度を整え、翌1872年には**国立銀行条例**を出して、全国に多くの国立銀行を設立しました。

⑤岩倉使節団

新政府は幕末に結んだ**不平等条約**（▶P.158）の改正交渉を行うため、1871年に使節団を欧米に派遣しました。全権大使の**岩倉具視**の名から**岩倉使節団**とよばれます。改正は実現できませんでしたが、使節の**大久保利通**(としみち)、伊藤博文らは、西洋の進んだ制度・文化を学んで帰国しました。

鎖国中の朝鮮に対しては、西郷隆盛や板垣退助らが**征韓論**を唱えましたが、大久保らに反対されました。この征韓論争に敗れた西郷と板垣は政府から退きました。こののち、大久保利通は**内務省**を設け、みずからは内務卿に就任して、事実上、政府を主導していきます。

⑥琉球と朝鮮

薩摩藩の支配下にあった**琉球**に対しては、1872年に国王だった尚泰(しょうたい)を藩王に改称させました。さらに1879年には首里城を占領し、沖縄県として日本に編入しました。これを**琉球処分**といいます。

鎖国を続けていた**朝鮮**に対しては、1875年、軍艦を派遣して挑発する**江華島事件**(こうかとう)を起こしたあと、翌1876年に**日朝修好条規**(カンフワド)（江華条約）を結ばせ、開国させました。この条約は、朝鮮にとって不平等な内容でした。

用語

岩崎弥太郎
明治時代を代表する実業家。**三菱財閥**の創始者。廃藩置県に際し、土佐藩の事業を受け継ぎ、三菱商会を設立した。やがて海運を中心に、軍事・鉱山・造船・金融など多方面に進出した。

プラスアルファ

渋沢栄一
岩崎弥太郎と並ぶ明治時代の実業家。武蔵野国（埼玉県）出身。**第一国立銀行**の頭取を務めたあと、大阪紡績や王子製紙をはじめ、500以上の企業を設立・指導した。「**日本資本主義の父**」といわれる。晩年は、**社会公共事業家**としても活躍した。2024年度に発行される新1万円札の肖像になることが決まっている(▶P.174)。

用語

内務省
商工業・農業から警察、地方行政まで、広範な権限をもった。1925年に**治安維持法**が制定されると、**特別高等警察**（**特高**）も管轄することになる。なお、明治初期の鉱山・鉄道は**工部省**が管轄した。

（2）立憲国家への道

①自由民権運動

征韓論争に敗れた**板垣退助**は、1874年に**民撰議院設立の建白書**を提出し、政府に議会の開設を求めました。一方、**西郷隆盛**は新政府に不平をもつ鹿児島の士族にかつがれ、1877年に**西南戦争**を起こしました。しかし反乱軍は、徴兵制で組織された近代的な政府軍に鎮圧されました。

これ以後、国内の反政府活動は、武力でなく言論による**自由民権運動**へと移っていきました。1880年、全国組織の**国会期成同盟**が結成され、翌年、政府も９年後の国会開設を国民に約束しました。この頃、**植木枝盛**による「東洋大日本国国憲按」をはじめ、多くの**私擬憲法**が作成されています。

②大日本帝国憲法の発布

この頃、政府のリーダー格になっていた**伊藤博文**は、1882年にヨーロッパを視察し、ドイツやオーストリアなどで憲法を学びました。帰国後の1885年に**内閣制度**を創設し、みずから初代の**内閣総理大臣**に就任しました。憲法作成にも着手し、皇帝の権力が強いプロイセン（ドイツ）の憲法を参考に、1889年に**大日本帝国憲法**を発布しました。

大日本帝国憲法では、法律の範囲で、国民（臣民）にも信教・言論・出版・集会などの自由が認められましたが、主権は天皇にあり、国民の人権の保障は限定的でした。翌1890年には、「忠君愛国」を国民に強いる**教育勅語**が発布されています。

（3）日清・日露戦争

①日清戦争

不平等条約の改正を一部果たした1894年、朝鮮では東学という宗教を信仰する農民が、政府の不正や外国勢力の排除を求めて反乱を起こしました。この**甲午農民戦争**（東学

α プラスアルファ

西南戦争の戦跡

西南戦争の戦跡は、熊本・鹿児島の各地に残っている。**熊本城**（▶P.97）は籠城戦で、建造物の大部分を焼失した。最大の激戦地となった**田原坂**（熊本市）には、資料館・慰霊塔が建っている。また、西郷隆盛が最期を遂げた**城山**（鹿児島市、▶P.100）には、西郷隆盛終焉の地碑がある。

α プラスアルファ

不平等条約の改正

憲法を制定したことで、日本は欧米諸国から近代国家の一員と認められた。これにより、1894年、念願だった不平等条約の一部を改正できた。**陸奥宗光**がイギリスと日英通商航海条約を結び、**治外法権**が撤廃されたのである。1911年には、**小村寿太郎**が**関税自主権**も回復し、不平等条約の全面改正が実現した。

党の乱）を鎮圧するため、朝鮮政府は清に派兵を要請し、清が応じると、日本もただちに出兵。日清の両軍が衝突して、朝鮮の支配権をめぐる**日清戦争**に発展しました。

日清戦争の主な戦場

日本が戦いを優勢に進め、開戦から１年も経たないうちに勝利して、1895年に下関（▶P.83）で講和条約の**下関条約**が結ばれました。日本は清から巨額の賠償金のほか、遼東半島（リャオトン）、台湾、澎湖諸島（ポンフー）をゆずり受けました。

しかし、日本を警戒するロシアがドイツ、フランスとともに、**遼東半島**を返還するように求めてきました。軍事力に劣る日本は、この**三国干渉**をやむなく受け入れました。これによって、国民のあいだで反露感情が高まったのです。

②日露戦争

1899年、清で**義和団（ぎわだん）事件**が起こると、列強がこぞって清に進出しました。事件の収束後も、ロシアが満州に大軍を残したため、危機感を強めた日本は1902年に**日英同盟**を結んで、ロシアとの戦争に備えました。

そして1904年２月、遼東半島の旅順にあるロシア基地を攻撃し、**日露戦争**へと拡大していったのです。戦線は一進一退でしたが、**東郷平八郎（とうごうへいはちろう）**が日本海海戦でロシアのバルチック艦隊をやぶったことを機に優勢となり、アメリカの仲介で**ポーツマス条約**が結ばれました。

この条約によって、日本は韓国の外交権を握り、清の旅順、大連の租借権や長春以南の鉄道の権益、サハリン（樺太）の南半分の領土などを得ました。しかし、賠償金を得られなかったため、国民の不満が爆発し、**日比谷焼き打ち事件**という暴動事件が起こりました。

プラスアルファ

日清講和記念館

下関条約の交渉は、下関市の**春帆楼（しゅんぱんろう）**という旅館で行われた。これに隣接して、日清講和記念館が建てられている。

プラスアルファ

司馬遼太郎（しばりょうたろう）の代表作

維新期から日露戦争の勝利までを描いた小説に、**司馬遼太郎**の『**坂の上の雲**』がある。司馬は、幕末から明治期を舞台にした小説を多く書いている。以下は、代表的な作品と描かれた人物。

- 『峠』河井継之助（長岡藩の藩士）
- 『竜馬がゆく』坂本龍馬
- 『最後の将軍』徳川慶喜
- 『花神』大村益次郎
- 『燃えよ剣』土方歳三（ひじかたとしぞう）（新撰組副長）
- 『翔ぶが如く』西郷隆盛、大久保利通
- 『世に棲（す）む日日』吉田松陰、高杉晋作
- 『殉死』乃木希典（のぎまれすけ）、児玉源太郎

なお、キリスト教徒の**内村鑑三**や社会主義者の**幸徳秋水**は非戦論を唱え、日露戦争の開戦に強く反対していました。歌人の**与謝野晶子**は、戦争に出兵した弟の身を案じ、「君死にたまふことなかれ」という反戦詩を書いています。

③韓国の植民地支配

日露戦争の後、日本は韓国を保護国とし、**伊藤博文**が初代の韓国統監に就任しました。伊藤博文は1909年、ハルビン駅（清）で、韓国の民族主義者・安重根に暗殺されましたが、日本は翌1910年に**韓国併合**を行い、漢城（ソウル）に**朝鮮総督府**を設け、植民地支配を進めました。

また、ポーツマス条約で権益を得た中国東北部の満州南部に**南満州鉄道株式会社**（満鉄）を設立し、清の植民地支配の足がかりにしました。

④日本の産業革命

1880年代以降、日本では紡績・製糸を中心に近代工業が発展し、本格的な**産業革命**がはじまりました。1882年、**大阪紡績会社**が設立され、綿糸の生産量が急増し、やがて輸入量を上回るようになったのです。

日清戦争後には、清から得た賠償金をもとに官営の**八幡製鉄所**を建てました（1901年操業）。こうした施設のいくつかは、「**富岡製糸場と絹産業遺産群**」（2014年登録）、「**明治日本の産業革命遺産　製鉄・製鋼、造船、石炭産業**」（2015年登録）として世界遺産に登録されています。一方、近代産業の発展は**足尾鉱毒事件**（▶P.44）など、社会に様々な歪みをもたらしました。

要点マスター　明治時代の政治・社会

政　治	五箇条の御誓文➡廃藩置県、富国強兵（学制、徴兵制、地租改正）➡自由民権運動➡大日本帝国憲法➡日清・日露戦争➡韓国併合
経　済	殖産興業（お雇い外国人）➡産業革命

プラスアルファ

新札のデザイン

1963年に発行された千円札には、伊藤博文の肖像がデザインされていた。その後、1984年に夏目漱石へと変わり、2004年からは野口英世の肖像となっている。2024年には、新たな紙幣が発行される。そのデザインは、以下の通り。

・千円札…**北里柴三郎**と「**神奈川沖浪裏**」（葛飾北斎「富嶽三十六景」より）
・５千円札…**津田梅子**とフジ（藤）
・１万円札…**渋沢栄一**と**東京駅（丸の内駅舎）**

新札は、肖像画が立体的に見えるホログラムを紙幣としては世界で初めて導入する。

プラスアルファ

政商から財閥へ

政府は富岡製糸場をはじめ、管理下に入れていた鉱山や造船所などをつぎつぎと民間に売却した。これによって、**三井**、**三菱**、**古河**などの政商はさまざまな分野で経済活動を行うようになり、**財閥**へと成長していった。

2 2度の世界大戦と現代社会

（1）第一次世界大戦

①第一次世界大戦と日本

1914年、**サラエボ事件**をきっかけに、ヨーロッパで**第一次世界大戦**がはじまると、日本は日英同盟を理由に連合国側として参戦しました。そして、中国の山東半島や南洋諸島などのドイツ領を占領しました。大戦中の1915年、日本は中華民国の袁世凱（えんせいがい／ユワンシーカイ）政権に**二十一箇条の要求**を突きつけ、朝鮮でも強圧的な植民地支配を続けました。

なお、大戦中の1918年、**スペイン風邪**という感染力の強いインフルエンザが、世界的流行（パンデミック）となり、全世界で推計約2,500万人が亡くなりました。日本でも、推計約38万人が亡くなっています。

②ロシア革命と米騒動

大戦中の1917年２月には、ロシアでロマノフ政権を倒す２月革命が起こり、さらに10月にはレーニンとボリシェビキによる10月革命（社会主義革命）が起こりました。これをあわせて**ロシア革命**といいます。その後、1922年には、世界で初めての社会主義国家である**ソビエト連邦**が誕生しました。日本では、1918年に政府がシベリア出兵を宣言したことをきっかけに、**米騒動**が起こりました。

③国際連盟と民族自決

1919年１〜６月、パリで第一次世界大戦の講和会議（パリ会議）が開かれ、連合国と敗戦国ドイツとの間で**ヴェルサイユ条約**が結ばれました。この会議では、**民族自決**を掲げる米ウィルソン大統領が、**国際連盟**の結成を提案しました。ジュネーブ（スイス）に本部をおいた国際連盟の事務局次長には、クラーク博士の教え子で、著書『武士道』で知られる**新渡戸稲造**（にとべいなぞう）が就きました。

日露戦争に勝利し、日本は天狗になったのかもしれません。軍部が発言力を増し、**戦争の時代に突入**していきます。

用語

二十一箇条の要求
西欧の影響力が低下した隙をねらって要求。内容は⑴山東省のドイツ権益を日本に譲る、⑵旅順・大連の租借期限を延長する、⑶日中共同で製鉄事業を行う、など。中国は第一次世界大戦後、講和会議（パリ会議）に取り消しを提訴したが、退けられた。中国の民衆の反日感情が高まり、**五・四運動**（▶P.176）のきっかけとなった。

用語

米騒動
第一次世界大戦中、**ロシア革命**が起こると、日本の大商人は**シベリア出兵**を見こんで、米を買い占めた。これによって米の価格が急騰。1918年夏、怒った富山県の漁村の女性たちが抗議行動を起こすと、騒動は全国に広がり、政府は軍隊を出して鎮圧した。

（2）民族自決と大正デモクラシー

①民族自決の影響と抗日運動

民族自決の影響を受け、東ヨーロッパの多くの国が独立し、インドでは、**ガンディー**が**非暴力・不服従**を唱えながら、イギリスからの独立運動を指導しました。

東アジアでは、1919年に朝鮮の京城（ソウル）で、日本からの「独立万歳」を願い叫ぶ**三・一独立運動**が起こり、中国でも北京の学生を中心とした**五・四運動**という日本への抗議行動が起こりました。

②大正デモクラシー

第一次世界大戦は日本に好景気をもたらし、財閥を成長させました。また、藩閥政治を排して政党政治を求める**第一次護憲運動**や労働運動、**平塚らいてう**（雷鳥）や**市川房枝**らによる女性解放運動なども活発になりました。この時代の風潮を**大正デモクラシー**といいます。

こうした動きを受け、1918年の米騒動のあと、**原敬**（はらたかし）が初めて本格的な政党内閣をつくりました。さらに政党を中心とする**第二次護憲運動**がさかんになり、その結果、1924年に憲政会の**加藤高明**（たかあき）が首相になりました。翌1925年、加藤内閣は**男子普通選挙**を実現させましたが、同時に**治安維持法**も制定され、特別高等警察（特高）による共産主義者への取り締まりが強化されました。

1929年には、協調外交をかかげる**浜口雄幸**（おさち）が首相になり、**ロンドン海軍軍備制限条約**を結ぶとともに、緊縮財政政策を進めました。

プラスアルファ

皇民化政策

植民地の朝鮮では、**皇民化政策**の下、創氏改名、日本語の使用、神社への参拝などが強制された。

プラスアルファ

東京駅の襲撃現場

「平民宰相」として人気だった**原敬**は1921年に東京駅で、大塚駅員に刺殺された。また、その風貌から「ライオン宰相」といわれた**浜口雄幸**も、1930年に東京駅で右翼に襲われ、そのときの負傷が原因で亡くなった。二つの襲撃場所にはプレートが設置されている。なお、犬養毅が暗殺されたのは、首相官邸の一室。

（3）世界恐慌と日中戦争

①世界恐慌と満州事変

1929年、ニューヨークで株価が大暴落し、世界中に深刻な不況をもたらしました。この**世界恐慌**の苦境を脱するため、日本の軍部は**満州**に活路を見出そうとしました。満州に駐留していた日本軍（関東軍）は、1931年の**柳条湖事件**をきっかけに満州全土を占領しました。翌1932年には清の最後の皇帝・溥儀をむかえて「**満州国**」の建国を宣言したのです。この一連のできごとを**満州事変**といいます。

しかし、**犬養毅**首相は満州国の建国を認めなかったため、1932年５月15日、海軍の青年将校らに暗殺されました。この**五・一五事件**によって、1924年から続いていた「**憲政の常道**」という政党政治の時代は終わりを告げました。

②日中戦争

この後、日本は国際連盟を脱退し、国際社会からの孤立を深めます。1936年２月26日、軍事クーデターを画策した青年将校らが大臣を殺害し、東京の中心部を占拠しました。この**二・二六事件**はまもなく鎮圧されましたが、青年将校を批判する国民の声は小さく、軍部の発言力はさらに高まりました。

日中戦争の主な戦場

翌1937年、北京郊外の盧溝橋で日中両軍が衝突しました。この**盧溝橋事件**によって宣戦布告のないまま、**日中戦争**へと拡大しました。中国では、**孫文**が1911年に起こした**辛亥革命**により**中華民国**が誕生していましたが、政情は安定していませんでした。1928年に**蔣介石**の率いる中国国民党（国民政府）が政権を握りましたが、**毛沢東**の率いる中国共産党と対立していたのです。しかし、日中戦争の勃発により、両党は**抗日民族統一戦線**を結成しました。

日本は戦線を拡大するとともに、「**挙国一致**」をスローガンに国民生活を厳しく統制していきました。満州事変から太平洋戦争の終結までを、**15年戦争**とよぶこともあります。

プラスアルファ

国際連盟からの脱退

「満州国」の建国を認めない中国は、国際連盟に訴えた。国際連盟は**リットン調査団**を現地に派遣し、その調査結果を受け、1933年の総会で日本に軍の撤退を勧告。しかし、日本の全権大使・**松岡洋右**はこれを不服として、退席。その後、日本は国際連盟を脱退した。

用語

挙国一致

五・一五事件で政党内閣が崩壊したあと、**斎藤実**内閣がみずから「挙国一致内閣」と称したのが最初。日中戦争が長期化の様相を示すなか、**近衛文麿**内閣も「挙国一致」をかかげた。1938年に**国家総動員法**を制定し、1940年には多くの政党を解散させ、**大政翼賛会**に結集させた。国民生活の統制も進み、生活物資の大半が配給制・切符制になった。

（4）太平洋戦争

①太平洋戦争のはじまり

長引く戦争で物資不足が深刻化するなか、日本は援蔣ルートを断ち、東南アジアに南進しました。これに連合国側が反発しました。アメリカが中心となり、イギリス、中国、オランダを含めた「**ABCD包囲陣**」によって、日本を経済的に孤立させようとしたのです。

窮地に追いこまれた日本は、アメリカと交渉しましたが、最後通牒の「**ハル・ノート**」を受け入れられず、開戦の準備に入りました。1941年12月８日、**東条英機**内閣は**ハワイ真珠湾**の米軍基地を奇襲攻撃し、同時にイギリス領のマレー半島に兵を上陸させました。こうして**太平洋戦争**がはじまったのです。

②第二次世界大戦

ヨーロッパでは、1939年９月のドイツの**ポーランド侵攻**を機に第二次世界大戦がはじまっており、日本も**枢軸国**の一員として、**連合国**と戦うことになりました。

当初、日本はアメリカとの戦いで有利に立っていましたが、1942年６月の**ミッドウェー海戦**の敗北で形勢逆転。1945年に入ると本土空襲を受け、米軍の上陸によって**沖縄戦**もはじまりました。沖縄戦では、軍人だけでなく、多くの県民が亡くなりました。

摩文仁の丘

1945年８月６日には**広島**に、９日には**長崎**に**原子爆弾**が投下されました。その間の８日には、ソ連が**日ソ中立条約**を破棄して、日本に宣戦を布告しました。ここに至って、日本は14日に**ポツダム宣言**を受諾し、翌15日に昭和天皇がラジオ放送（玉音放送）で国民に敗戦を知らせました。

用語

ABCD包囲陣
日本政府が宣伝・強調した語。「**日本は４つの国に包囲されている**」として、国民の危機感を高めようとした。「ABCD包囲網」ともいう。

プラスアルファ

沖縄戦の跡地
1945年4月、米軍が沖縄本島に上陸。日本軍は島南部の摩文仁に追いつめられた。沖縄戦による沖縄県民の犠牲者は約15万人。この大半が南部戦線での戦いによるもの。最後の激戦地となった**摩文仁の丘**（▶P.102）は、平和祈念公園として整備されている。

プラスアルファ

日本の領土
ポツダム宣言を受諾したことで、日本の主権がおよぶ領土もせばめられた。日清戦争で獲得した台湾と澎湖諸島は中国に返還され、沖縄、**奄美群島**（▶P.100）、**小笠原諸島**（▶P.37）は、米軍の軍政下に置かれた。奄美群島は1953年、小笠原諸島は1968年に返還された。

（5）現代社会（戦後〜平成時代）

①GHQの占領政策

敗戦後、日本は米軍を主力とする**GHQ（連合国軍総司令部）**の統治下に置かれました。GHQはポツダム宣言に基づき、間接統治という形で日本政府に**五大改革指令**を出しました。1946年11月３日には、**日本国憲法**が公布され、翌1947年５月３日から施行されました。

②国際社会への復帰

1951年、日本は連合国48か国と**サンフランシスコ平和条約**を結び、これによって独立を回復しました。しかし、同時にアメリカと**日米安全保障条約**を結び、国内に米軍基地が残されることになりました。特に沖縄県は、1972年の日本返還後も米軍施設が置かれ、基地返還・移設は、現在も大きな課題になっています。

③「持続可能な社会」をめざして

1950年代半ばから、日本は**高度経済成長**を遂げ、アメリカに次ぐ経済大国になりました。1970年代の２度の**石油危機（オイルショック）**も乗りこえ、1980年代後半は、巨額の貿易黒字を背景に、未曽有（みぞう）の好景気にわきました。しかし、1990年代初頭に地価・株価が急落。**バブル経済**とよばれる好況は終わり、低成長時代に入りました。

現在、**「持続可能な社会」**に向けて、少子高齢化の急激な進行、インフラ施設の老朽化、資源・エネルギー問題、震災・疫病対策など、様々な課題が山積しています。

要点マスター　２度の大戦と戦後復興

２度の大戦	第一次世界大戦➡世界恐慌➡満州事変➡日中戦争➡太平洋戦争（第二次世界大戦）
戦後復興	ポツダム宣言受諾➡GHQの間接統治➡サンフランシスコ平和条約➡高度経済成長

用語

五大改革指令
GHQは、①**婦人参政権の付与**、②**労働組合の合法化**、③**教育の民主化**、④**民主的な統治機能の確立**（治安維持法の廃止）、⑤**経済の民主化**（財閥解体、農地改革）を指令した。

プラスアルファ

戦争で景気回復
1950〜53年の**朝鮮戦争**の際、日本は米軍に大量の軍需物資を供給した。この**特需景気**によって、日本の経済復興が早まった。

プラスアルファ

国内のサミット開催地
第１回の**サミット（主要国首脳会議）**は、1975年にランブイエ（フランス）で開催された。日本での開催地・年度は以下。
・**東京**…1979年、86年、93年
・**名護市**（**九州・沖縄サミット**）…2000年
・**洞爺湖町**（とうやこ）（**北海道・洞爺湖サミット**）…2008年
・**志摩市**（**伊勢志摩サミット**）…2016年
・**広島市**…2023年

3 明治時代〜平成時代の文化

（1）明治時代の文化

①文明開化

明治時代、新政府は欧米の習慣・風俗を率先して取り入れました。1871年、**散髪脱刀令**（さんぱつだっとうれい）を出し、旧武士に髷（まげ）を落とし、刀を持たないことを認めました。東京の銀座には、レンガ造りの洋館が建てられ、道路にはガス灯がともされました。こうした新しい風潮を**文明開化**といいます。

②神道と廃仏毀釈

一方、新政府は1868年に**神仏分離令**を出し、神社に仏教色を排除するよう命じました。奈良時代から続いていた**神仏習合**（▶P.120）を否定するもので、国家神道を含む、幕末に広がった国学や復古思想の高まりが背景にあります。これによって**廃仏毀釈**（はいぶつきしゃく）が起こり、奈良の**興福寺**をはじめ、多くの寺院、仏像、仏具が撤去・破壊されました。

③キリスト教の容認

キリスト教に対して、当初は禁教政策を継続していました。しかし欧米諸国から批判を浴び、1873年以後は黙認するようになりました。長崎や天草地方には、江戸時代から密かに信仰を守り続けていた**潜伏キリシタン**がいたのです。潜伏キリシタンの伝統を示す文化遺産として2018年には**「長崎と天草地方の潜伏キリシタン関連遺産」**（▶P.195）が世界文化遺産に登録されています。

政府の黙認によって長崎では、幕末に建てられた**大浦天主堂**（▶P.95）の改築が進み、新たに浦上天主堂も建てられました。東京でも、**コンドル**の設計により、ロシア正教会の**ニコライ堂**（東京復活

ニコライ堂

プラスアルファ

鉄道の開通

1872年、イギリスの技術協力により、**新橋・横浜間**に初めて鉄道が開通した。1889年には、新橋と神戸を結ぶ**東海道本線**も開通した。

用語

廃仏毀釈

仏教の僧侶・寺院を排斥する運動のことをいう。日本では、1868年の**神仏分離令**がきっかけで起こった。政権と深く結びついていた仏教を政治から切り離そうというのが、新政府のねらいだったが、民衆による破壊行動として全国に拡大した。

用語

ニコライ堂

ロシア正教（日本ハリストス正教会）の教会堂。1891年に完成したが、1923年の**関東大震災**で焼失。その後、日本人建築士の設計により再建された。

大聖堂）が建てられました。

④啓蒙思想と近代文学の成立

明治時代初期、**福沢諭吉**や西周、**森有礼**、中村正直らによって、人間の理性や自由・平等を重んじる西欧の**啓蒙思想**が日本に紹介されました。彼らは1873（明治6）年に明六社という啓蒙思想団体を結成し、機関誌『**明六雑誌**』を発行しました。なかでも、人間の平等や自主独立を説いた福沢諭吉の『**学問のすゝめ**』は大ベストセラーになり、『西洋事情』『文明論之概略』も社会に大きな影響をあたえました。中村正直は、**J.S. ミル**の『自由之理』や**サミュエル・スマイルズ**の『西国立志編』を訳しています。

⑤近代文学の成立

文学では、**言文一致運動**が起こり、**二葉亭四迷**や尾崎紅葉、山田美妙らが口語体による小説を書きました。また、夭逝した女性作家の**樋口一葉**、ロマン主義の**北村透谷**や情熱の歌人の**与謝野晶子**らも活躍しました。

自然主義も新たな潮流となり、**島崎藤村**や**田山花袋**、徳田秋声、正宗白鳥らが現れ、のちの私小説の誕生に影響をあたえました。ヨーロッパへの留学経験がある**夏目漱石**と**森鷗外**は、知識人の苦悩や文明批評を含む理知的な小説を数多く発表しています。

⑥近代美術の誕生

急激な西洋化の荒波に、廃仏毀釈の嵐も吹き荒れるなか、**岡倉天心**と**フェノロサ**は、日本の仏教美術や伝統芸術の保護につとめました。また、日本画家の狩野芳崖や橋本雅邦と一緒に**東京美術学校**（現在の東京芸術大学）を設立し、人材育成にも尽力しました。

西洋画では、「湖畔」「舞妓」「読書」を描いた外光派の**黒田清輝**や「収穫」を描いた**浅井忠**、「海の幸」を描いたロマン主義の**青木繁**らが活躍しました。

プラスアルファ

福沢諭吉ゆかりの地
福沢が生まれた大分県中津市には、**福澤諭吉旧居**があり、隣接して福澤記念館が建てられている。大阪市中央区には、福沢が蘭学を学んだ**緒方洪庵**の**適塾**（適々斎塾）が残されている。また、福沢が開いた**慶應義塾大学**のキャンパス内には福澤諭吉記念慶應義塾史展示館がある。

プラスアルファ

代表的な作品
・**二葉亭四迷**…『浮雲』
・**樋口一葉**…『たけくらべ』『にごりえ』
・**与謝野晶子**…『みだれ髪』（歌集）
・**島崎藤村**…『夜明け前』『家』『破戒』
・**夏目漱石**…『吾輩は猫である』『草枕』『三四郎』『こころ』『明暗』
・**森鷗外**…『舞姫』『雁』『高瀬舟』『阿部一族』『ヰタ・セクスアリス』

用語

フェノロサ
1853〜1908年。米国の哲学者、東洋美術研究家。1878年に来日し、法隆寺夢殿にあった**救世観音像**（▶P.117）を**開扉**した。

彫刻では、ロダンの影響を受け、「坑夫」「女」などを発表した**荻原守衛**（おぎわらもりえ）と、木彫「老猿」や上野恩賜公園の「西郷隆盛像」などを発表した**高村光雲**（こううん）の二人が、日本の近代彫刻を牽引しました。

高村光雲「老猿」
東京国立博物館
Image: TMN Image Archives

⑦その他の文化

音楽では、1887年に**東京音楽学校**（現在の東京芸術大学音楽学部）が設立され、卒業生の**滝廉太郎**（れんたろう）が「荒城の月」「花」などを作曲しました。

演劇では、川上音二郎による通俗的な**新派劇**が人気になりました。坪内逍遙（しょうよう）の文藝協会や小山内薫の自由劇場も近代劇を上演し、新派劇に対し、**新劇**とよばれました。

⑧自然科学の発達

明治から大正時代にかけて、医学・細菌学を中心に自然科学も発展しました。**北里柴三郎**が破傷風の血清療法やペスト菌を発見しました。また、**志賀潔**（きよし）は赤痢菌を発見しました。**野口英世**（ひでよ）もガラガラヘビの抗毒血清を発見し、梅毒スピロヘータの純粋培養を成功させました。また、物理学では**長岡半太郎**、地震学では**大森房吉**、天文学では**木村栄**（ひさし）らが活躍しました。

（2）大正時代の文化

①文化の大衆化

第一次世界大戦の特需で景気がよくなると、サラリーマン、公務員、タイピスト、バスガールなどの都市中間層による大衆文化が栄えました。大学の増加で**知識階級**（インテリゲンチア）も形成されたことで、**マスメディア**も発達しました。新聞、総合雑誌、書籍（円本や文庫本）の発刊が相次ぎ、1925年には**ラジオ放送**もはじまりました。

+α プラスアルファ

民俗学の誕生
明治～大正期には、民俗学も生まれた。**柳田国男**が遠野（▶P.30）をはじめ各地の民間伝承を記録。1910年に**『遠野物語』**を出版した。民間伝承では、**知里幸恵**（ちりゆきえ）もアイヌの口承文学ユーカラを歌謡集としてまとめた。また、粘菌学者でもある**南方熊楠**（みなかたくまぐす）は大英博物館に勤めたあと、和歌山県の田辺市（▶P.74）で自然保護運動をはじめた。

+α プラスアルファ

バスガールの誕生
日本最大の温泉地として知られる**別府**（▶P.93）は、明治後期～大正時代、本格的に開発された。1928年には、地獄めぐりの観光バスで、日本初の**バスガール**が採用された。その後、女性のガイドは全国に広がった。

②民本主義と国家主義

大正デモクラシー（▶P.176）の思想的支柱になったのが、クリスチャンの**吉野作造**です。吉野作造は、民主主義を**民本主義**と訳して紹介するとともに、普通選挙の実施や貴族院の縮小などを訴えました。また憲法学者の**美濃部達吉**は、統治権は国家にあり天皇は国家の一機関に過ぎないという**天皇機関説**を唱えました。

一方、国家主義者の**北一輝**は、過激な国家改造論を展開しました。北の思想は陸軍の皇道派に影響をあたえ、**二・二六事件**（▶P.177）へとつながっていきました。

③近代文学の発展

小説では、**白樺派**の**志賀直哉**、武者小路実篤、有島武郎らが人道・理想主義に基づく作品を発表しました。**耽美派**の永井荷風や**谷崎潤一郎**は、反自然主義の立場から、享楽的な美意識に基づく作品を発表しました。夏目漱石に絶賛された**芥川龍之介**と「文壇の大御所」とよばれた**菊池寛**は、ともに雑誌『新思潮』で活躍しました。

また、**小林多喜二**や徳永直らに代表される**プロレタリア文学**も生まれました。**平塚らいてう**（雷鳥）が文芸誌『青鞜』を刊行したのもこの頃で、創刊号の「元始、女性は実に太陽であった」という宣言文はよく知られます。

詩・短歌では、**石川啄木**が生活歌人として高く評価されました。啄木は日本による韓国併合も厳しく批判しています。詩では、彫刻家・高村光雲の長男の**高村光太郎**や**室生犀星**が現れました。短歌では雑誌『アララギ』の**斎藤茂吉**、俳句では**正岡子規**が発刊した俳句雑誌『ホトトギス』を引き継いだ**高浜虚子**らが活躍しました。

④近代芸術の成長

日本画では、岡倉天心に学び、「生々流転」を描いた**横山大観**が活躍しました。洋画では、愛娘を描いた「麗子像

プラスアルファ

マスメディアの発達
大正時代にはマスメディアが発達し、新聞・雑誌の創刊が相次いだ。また、1925（大正14）年には**ラジオ放送**も始まった。

プラスアルファ

代表的な作品
- **志賀直哉**…『暗夜行路』『城の崎にて』『和解』『小僧の神様』
- **武者小路実篤**…『友情』『真理先生』
- **永井荷風**…『あめりか物語』『すみだ川』『つゆのあとさき』
- **谷崎潤一郎**…『刺青』『春琴抄』『痴人の愛』『細雪』
- **芥川龍之介**…『鼻』『羅生門』『地獄変』『河童』『蜘蛛の糸』
- **菊池寛**…『忠直卿行状記』『父帰る』『恩讐の彼方に』
- **小林多喜二**…『蟹工船』『党生活者』

（麗子微笑）」で知られる**岸田劉生**、「金蓉」を描いた**安井曽太郎**らが活躍しました。

建築では、コンドルに学んだ**辰野金吾**（▶P.35）が、明治～大正時代にかけて、**日本銀行本店**や**両国国技館**、**東京駅**（東京中央停車場）、**武雄温泉の楼門**（佐賀県）などを設計しました。

武雄温泉の楼門

音楽や歌劇も人気になり、童謡「赤とんぼ」で有名な**山田耕筰**が、日本人として初めて**交響曲**を作曲しました。交響曲の代表は「かちどきと平和」です。

⑤東京の近代化

明治時代の後半、東京では1903年に日本初の西洋式公園の**日比谷公園**が開園しました。鉄道網も拡大され、電車通勤も少しずつ日常の風景になっていきました。都内では、路面電車も増えました。

また、国から土地の払い下げを受けた財閥の**三菱**が、ロンドンのようなオフィス街をめざし、**丸の内**の開発を進めました。**コンドル**の設計による**三菱一号館**をはじめ、つぎつぎと赤レンガの近代的なビルを建てたのです。

（3）昭和～現代の文化

①戦後復興期の文化

1949年、**湯川秀樹**が日本人として初めてノーベル賞（物理学賞）を受賞し、復興期の日本に勇気を与えました。同年、**日本学術会議**も設立されました。翌1950年には、**文化財保護法**が制定されました。思想では、政治学者の**丸山真男**が戦中のファシズム体制を「無責任の体系」と分析し、思想界に大きな影響を与えました。

用語

丸の内
ロンドンのオフィス街をまねたことから、当時、丸の内は「**一丁ロンドン**」とよばれた。1911年には、日本初の本格的な西洋式劇場である**帝国劇場**が建てられた。江戸城（皇居）の東側にあたり、江戸時代には大名屋敷が集まっていた。

プラスアルファ

丸ビルと関東大震災
1923年、東京に丸の内ビルヂング（丸ビル）が建てられたが、同年に起こった**関東大震災**によって被災した。現在の丸ビルは、2002年に再建されたもの。関東大震災は、広い範囲に甚大な被害を出したが、その後、東京には鉄筋コンクリートの建物が増えることになった。

プラスアルファ

文化財保護法
1949年に**法隆寺金堂壁画**が焼失したことをきっかけに、翌50年に**文化財保護法**が制定された。

文学では、**太宰治**や**坂口安吾**が戦後の虚無的・退廃的な世相を、**大岡昇平**や**野間宏**らが自身の過酷な戦争体験を小説に著しました。こうした戦後派のあとに現れたのが、日常のできごとや葛藤を描いた**安岡章太郎**、**吉行淳之介**、**遠藤周作**らです。「第三の新人」とよばれて、注目を浴びました。社会派推理小説では**松本清張**、歴史小説では吉川英治や**司馬遼太郎**（▶P.173）らが人気になりました。

②映画人気とテレビ放送

映画が庶民の人気になったのも、この時代です。『羅生門』の**黒澤明**、『西鶴一代女』の**溝口健二**は、国際的に高い評価を受けました。1953年には、**テレビ放送**もはじまっています。1964年には、**オリンピック東京大会**が開かれ、合わせて**東海道新幹線**が開通しました。

③世界に広がる日本の文化

一億総中流時代に突入した1968年には**川端康成**が、バブル崩壊後の1994年には**大江健三郎**が、それぞれノーベル文学賞を受賞しました。また、**安部公房**、**三島由紀夫**、**村上春樹**、**多和田葉子**らの小説も、世界各国で翻訳され、高い人気を誇っています。

芸術では、**岡本太郎**が絵画・彫刻・設計と幅広い分野で活躍しました。代表作には、1970年の**日本万国博覧会**（大阪万博）の象徴となった「**太陽の塔**」（▶P.66）があります。建築では、広島平和記念公園や東京都庁舎（新旧とも）、国立代々木競技場などを設計した**丹下健三**をはじめ、磯崎新、黒川紀章、安藤忠雄らが現れました。

サブカルチャーであるマンガも、**手塚治虫**や藤子不二雄、**水木しげる**（▶P.81）らの活躍によって、市民権を得ました。映画では、宮崎駿のアニメ映画『もののけ姫』『千と千尋の神隠し』のほか、北野武、是枝裕和らの監督作品が世界で高く評価されています。

プラスアルファ

代表的な作品

- **安岡章太郎**…『悪い仲間』『海辺の光景』
- **吉行淳之介**…『驟雨』『砂の上の植物群』『夕暮まで』
- **遠藤周作**…『白い人』『沈黙』『海と毒薬』
- **川端康成**…『伊豆の踊子』『雪国』『山の音』
- **大江健三郎**…『死者の奢り』『個人的な体験』『万延元年のフットボール』
- **安部公房**…『壁』『砂の女』『他人の顔』
- **三島由紀夫**…『仮面の告白』『金閣寺』『鹿鳴館』『豊饒の海』

プラスアルファ

おしん

山形県の貧しい山村を舞台に始まったNHKの連続ドラマ（朝ドラ）。国内では、1983～84年に放映され、歴代テレビドラマの視聴率最高記録（平均視聴率52.6%）を保持している。アジアを中心に、世界約70の国・地域でも放映され、「**オシンドローム**」（おしん現象）とよばれるほど大人気となった。

要点マスター 近現代の文化

明治時代	廃仏毀釈➡保護（岡倉天心・フェノロサ） 啓蒙思想（福沢諭吉）➡夏目漱石・森鷗外
大正時代	大衆文化、民本主義、プロレタリア文学
昭和時代	第三の新人、サブカルチャー（マンガ）

Let's Try 確認テスト

正解したらチェックマーク☑を入れましょう

□ ① 明治初期にはじまった屯田兵制度の目的を次から一つ選びなさい。2018
ア 札幌の道路整備　イ 先住民族との間の紛争処理
ウ 辺境警備と開拓　エ 北海道庁警備

□ ② 第一国立銀行の初代頭取を務め、金融、保険、交通、通信、商工業など幅広い分野の企業創設、育成に携わった、現在の埼玉県出身の実業家はだれか、次から一つ選びなさい。2019
ア 岩崎弥太郎　イ 大隈重信　ウ 渋沢栄一　エ 松方正義

□ ③ 明治新政府は［ a ］を新設して、鉱山・製鉄・造船などの近代化、鉄道・電信などの導入を推進した。一方1873（明治6）年に新設された［ b ］は、製糸・紡績などの軽工業部門や農業・牧畜の指導、近代化を進めた。a・bに入る語句の正しい組み合わせを次から一つ選びなさい。2022
ア a鉄道省、b農商務省　イ a内務省、b農商務省
ウ a工部省、b農商務省　エ a工部省、b内務省

□ ④ 愛娘をモデルに「麗子微笑」を描いた画家を次から一つ選びなさい。2022
ア 黒田清輝　イ 藤島武二　ウ 安井曽太郎　エ 岸田劉生

□ ⑤ 内閣総理大臣とその在任中のできごとの正しい組み合わせを次から一つ選びなさい。2021
ア 伊藤博文・下関条約調印　イ 西園寺公望・日英同盟協約調印
ウ 桂太郎・シ（ジ）ーメンス事件　エ 高橋是清・シベリア出兵の開始

□ ⑥ 1971（昭和46）年に日本とアメリカとの間で沖縄返還協定が調印された。このときの首相を次から一つ選びなさい。2022
ア 佐藤栄作　イ 田中角栄　ウ 三木武夫　エ 福田赳夫

解答 ①ウ／②ウ／③エ／④エ／⑤ア／⑥ア

第3章 一般常識

日本の観光の動向

学習のPOINT　頻出度：

観光庁が発表している「観光白書」などから、外国人旅行者統計が毎年のように出題されている。数字や新しい法律をおさえておく必要がある。

1 訪日旅行者の状況

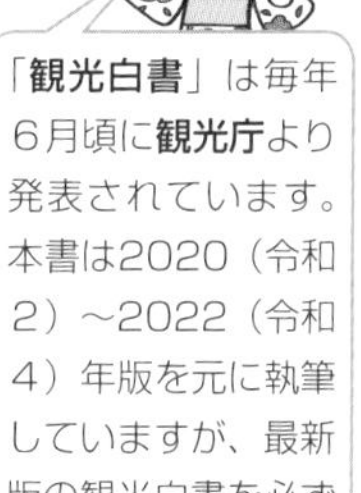

「**観光白書**」は毎年6月頃に**観光庁**より発表されています。本書は2020（令和2）～2022（令和4）年版を元に執筆していますが、最新版の観光白書を必ずチェックしましょう！

①観光の統計

2021（令和３）年の訪日外国人旅行者数は25万人で、2019年比99.2％減です。2020（令和２）年１月下旬以降、**新型コロナウイルス感染症の影響**で観光目的の入国が認められていませんでしたが、2022（令和４）年10月から外国人旅行客の受入れが本格的に再開されました。

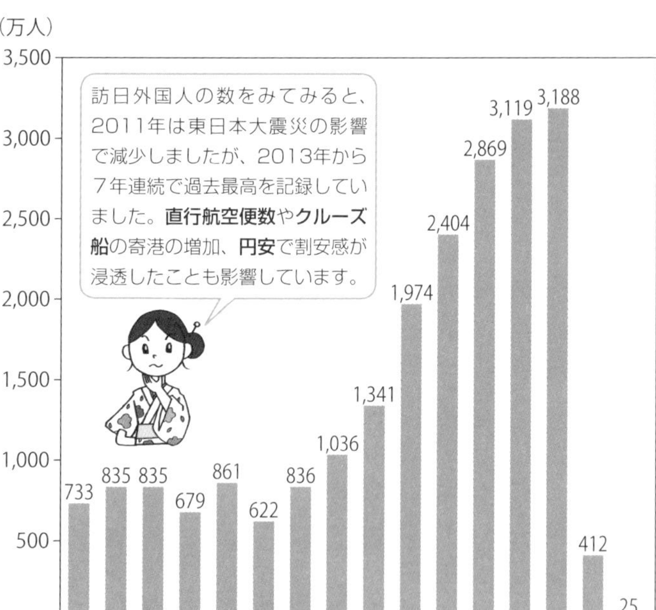

訪日外国人旅行者数の推移

本格的な訪日インバウンド政策としては、2003年の「ビジット・ジャパン・キャンペーン」がそのはじまりといえます。**観光ビザ発給要件**の緩和、海外の広報活動、**消費税免税制度**の拡充、国内インフラの整備などを実施して、外国からの観光客をよびこむもので、2020年までに**4,000万人**の達成をめざしていました。次の目標は、ポストコロナを見据え、2025年までに訪日外国人旅行者数を約3,000万人（2019年の水準に戻す）、2030年に訪日外国人旅行者数6,000万人、訪日外国人旅行消費額15兆円の達成をめざしています。

過去最多の訪日外国人旅行者数だった2019年の訪日外国人旅行者数の国別内訳をみると、1位は**中国**959万人（30.1%）、2位は**韓国**558万人（17.5%）、3位は**台湾**489万人（15.3%）、4位は**香港**229万人（7.2%）、5位は**アメリカ**172万人（5.4%）、6位は**タイ**132万人（4.1%）となっています。アジアからの訪日外国人は2,637万人で、**8割以上**を占めています。

■訪日外国人旅行消費額の構成比

順位	費目	構成比
1位	買物代	34.7%
2位	宿泊費	29.4%
3位	飲食費	21.6%
4位	交通費	10.4%
5位	娯楽サービス費	4.0%

では、訪日外国人は何にどれくらいお金を使っているのでしょうか。2019年の訪日外国人旅行消費額は、前年比6.5%増の**4兆8,135億円**でした。国別の消費額は**中国**が1兆7,704億円で全体の**4割**近くを占め、**台湾**、**韓国**、香港、アメリカと続きます。

一人当たりの旅行支出をみると、全体で**15万8,531円**（前年比3.6%増）でした。費目別にみると、高い順に買い物代が5万3,331円、宿泊費が4万7,336円、飲食費が3万4,740円となっています。買物代では中国が10万8,788円で最も高い金額でした。国別では**オーストラリア**が最も高く24万7,868円、続いて**イギリス**24万1,264円、**フランス**23万7,420

ビジット・ジャパン・キャンペーン
国土交通省を中心として官民が協力しながら**観光立国**をめざすもので、当時は「2010年までに年間1,000万人」が目標であった。

プラスアルファ
消費税免税制度の拡充
2016年5月以降、免税の対象となる最低購入金額の引き下げ、簡便な海外直送手続の創設、免税手続カウンター制度の利便性向上などを実施。一般物品、消耗品などの購入金額が「**5千円以上**」に引き下げられ、単価の低い民芸品なども購入しやすくなった。

プラスアルファ
娯楽サービス費の拡大
訪日外国人旅行消費額全体に占める娯楽サービス費の割合は増加傾向で、「モノ消費」だけでなく、「美術館・博物館・動物園・水族館」、「ゴルフ場・テーマパーク」などの体験に価値を見出す「**コト消費**」が拡大してきている。

プラスアルファ
消費の傾向
中国は**買物代**、欧米豪諸国は**宿泊費**の支出が高いという傾向がみられる。

円の順となっています。

外国人延べ宿泊者数を都道府県別にみると、1位**東京都**、2位**大阪府**、3位**京都府**で、大都市圏や主要観光地に集中しがちですが、「伸び率」では、地方の活躍がみえます。5年前と比較し、香川県の5.4倍をはじめ、全国的に2～4倍に宿泊者数が増えています。航空便の就航や増便、戦略的な広報活動が功を奏したといえます。

また、インバウンドの効果は旅行消費にとどまらず様々な波及効果を生みます。訪日観光がきっかけとなり帰国後も越境電子商取引（**越境EC**）を通じて日本製品を購買する動きが拡大するなど「輸出」の増加にも寄与しており、3兆3,600億円程度にのぼると試算されています。

②インバウンド政策の近年の動き

訪日外国人旅行者数が増大し、政府は受け入れ環境の整備として近年様々な観光関連施策を打ち出しています。

2018年1月に改正通訳案内士法が施行され、業務独占資格から**名称独占資格**へと見直されたことで、幅広い主体による通訳ガイドが可能となりました。

観光基盤財源を確保するために、2019年1月7日から**国際観光旅客税**が創設されました。原則として、航空会社のチケット代金に上乗せする形で、日本を出国する旅客から1回につき **1,000 円**徴収するものです。

観光庁はMICE（マイス）の誘致にも積極的です。2019年の世界全体における国際会議開催件数は1万3,254件で、うち日本では527件、世界8位となっています。

要点マスター　訪日外国人の統計

旅行者数	3,188万人（2019年）で過去最多を記録 中国、韓国、台湾、香港の順に多い
旅行消費額	4兆8,135億円（2019年） 中国、台湾、韓国、香港の順に多い

プラスアルファ

日本政府観光局（JNTO）
国土交通省・観光庁所管の独立行政法人である日本政府観光局（JNTO）がインバウンド事業を推進している。

MICE（マイス）
企業等の会議（Meeting）、**企業等の行う報奨・研修旅行**（**インセンティブ旅行**）（Incentive Travel）、**国際機関・団体、学会等が行う国際会議**（Convention）、**展示会・見本市、イベント**（Exhibition/Event）の頭文字のことであり、多くの集客交流が見込まれるビジネスイベントなどの総称。

Let's Try 確認テスト

正解したらチェックマーク☑を入れましょう

□ ① 2019年の訪日外国人旅行者数は約何万人か、次から一つ選びなさい。予想

ア 1,188万人　イ 2,188万人

ウ 3,188万人　エ 4,188万人

□ ② 2019年の訪日外国人が多い国・地域を順に並べた組み合わせを次から一つ選びなさい。予想

ア 中国、韓国、台湾　イ 韓国、中国、香港

ウ 中国、台湾、香港　エ 韓国、台湾、中国

□ ③ 観光庁の調査では、2019年の訪日外国人旅行消費額のうち、一番大きい費目は[a]であった。また一人当たり旅行支出が最も高かった国は[b]であった。予想

[a]に当てはまる適切な語句を次から一つ選びなさい。

ア 買物代　イ 宿泊費　ウ 交通費　エ 飲食費

[b]に当てはまる適切な国名を次から一つ選びなさい。

ア 米国　イ 中国　ウ 韓国　エ オーストラリア

□ ④ 近年、観光分野をめぐる動きとして、ユニークベニューの利活用に注目が集まっている。海外ではすでにMICE誘致をはじめ観光戦略の観点から多くの取組み事例があるものの、日本ではこの数年でようやくその取組みが始まったばかりである。下線部に関する説明として正しいものを次から一つ選びなさい。2022

ア 複合的な機能を有するサステナブルな交流施設のことで、デジタル化の進んだ会議・展覧会場の新たな建設が期待される。

イ 独自の趣向を凝らした建築家の設計によるスタジアムのことで、持続可能なイベントの円滑な遂行がねらいとされている。

ウ 歴史的建造物や公的空間などで会議やイベント等を行うことで、特別感や地域特性を演出できることが期待されている。

エ 物語とテーマ化を軸とするミュージアムのことで、テーマパーク化する博物館として集客力と収益性に期待が集まっている。

解答 ①ウ／②ア／③aア　bエ／④ウ

LESSON 2

国立公園、世界遺産など

学習のPOINT

頻出度：★★☆

国立公園や世界遺産などは、世界に日本が誇るスポットとして、観光地としても押さえておきたいポイントだ。それぞれの見どころをチェックしておこう。

Check! ／ ／ ／

1 日本の国立公園

日本の代表的な風光明媚な自然で世界にも誇れる傑出した風景が指定の要件になっている。環境大臣が指定し、国によって直接管理されている公園。人々が自然に親しめるように、利用施設が整えられている。また区域内では自然環境の保護のため、開発行為などは制限をされている。

①北海道地方の国立公園

■阿寒摩周国立公園［北海道／1934年指定］
マリモの生息地である阿寒湖、**日本最大のカルデラ湖**である屈斜路湖、世界有数の**透明度**を誇る摩周湖がある。▶P.22

■大雪山国立公園［北海道／1934年指定］
北海道の最高峰**旭岳**を中心とした大雪火山群とその一帯が指定されており、柱状節理の**層雲峡**や天人峡、永久凍土がある。▶P.21

■支笏洞爺国立公園［北海道／1949年指定］
優美な姿で蝦夷富士とよばれる**羊蹄山**がある。洞爺湖有珠山ジオパークは日本初の「世界ジオパーク」に認定。▶P.16～P.17

■知床国立公園［北海道／1964年指定］
世界自然遺産に登録されている。**知床岬**、**羅臼岳**があり、絶滅危惧種のオジロワシが知床半島の海岸部で見られる。▶P.22

■利尻礼文サロベツ国立公園
［北海道／1974年指定］
利尻富士とよばれる**利尻山**や夏の美しい高山植物が咲き乱れる礼文島がある。▶P.20

■釧路湿原国立公園［北海道／1987年指定］
釧路湿原は日本最大の湿原。国の特別天然記念物**タンチョウ**やシマフクロウ等が見られる。▶P.21

②東北地方の国立公園

■十和田八幡平国立公園
［青森・岩手・秋田／1936年指定］
十和田湖エリアには**奥入瀬渓流**や八甲田山、**酸ケ湯温泉**があり、八幡平付近には樹氷や**乳頭温泉郷**がある。▶P.25、P.26、P.29

■磐梯朝日国立公園
［山形・福島・新潟／1950年指定］
古代より信仰の場の**出羽三山**（羽黒山、月山、湯殿山）、湖面が美しい**猪苗代湖**、磐梯山の噴火でできた**檜原湖**がある。▶P.28、P.32

■三陸復興国立公園
［青森・岩手・宮城／1955年指定］
震災により被災した地域の復興に貢献するため創設。北部は波の海食崖、南部は入り組んだ**リアス海岸**が特徴。▶P.30

③関東地方の国立公園

■日光国立公園［福島・栃木・群馬／1934年指定］
那須火山帯の山岳地で、**男体山**の噴火によりできた**中禅寺湖**や**華厳の滝**等、自然景観と歴史的建築物の一体美が見所。▶P.44

■富士箱根伊豆国立公園
［東京・神奈川・山梨・静岡／1936年指定］
富士五湖をはじめ温泉で有名な箱根や伊豆半島、起伏に富んだ海岸線、火山島からなる。富士山が随所で眺望できる。▶P.54

■**秩父多摩甲斐国立公園**
［埼玉・東京・山梨・長野／1950年指定］
標高2,000m級の山岳地帯だが、**火山が一つもない**点が珍しい。河川の浸食によりできた深い渓谷の景観に特徴がある。▶P.37

■**南アルプス国立公園**
［山梨・長野・静岡／1964年指定］
標高3,000m級の山々が並び現在も隆起している山岳地帯。カール（圏谷）や特別天然記念物の**ライチョウ**が見られる。▶P.54

■**小笠原国立公園**［東京／1972年指定］
亜熱帯の島々からなり、大陸とつながったことがない「**海洋島**」であり、独特の動植物と多様な海洋景観が見所。▶P.37

■**尾瀬国立公園**
［福島・栃木・群馬・新潟／2007年指定］
山岳地帯と本州で最も大きい湿原**尾瀬ヶ原**がある。湿原では多様な植物が育ち「植物の宝庫」とよばれている。▶P.42

④中部地方の国立公園

■**中部山岳国立公園**
［新潟・富山・長野・岐阜／1934年指定］
北アルプス一帯を占める山岳公園。白馬岳、**立山**、**乗鞍岳**などの山並みと渓谷美が楽しめる。**ライチョウ**が有名。▶P.57、P.60

■**伊勢志摩国立公園**［三重／1946年指定］
志摩半島はリアス海岸で岬や入江が多い。伊勢神宮があり、**賢島**では2016年にサミットが開催された。▶P.69（本書では近畿地方の区分）

■**上信越高原国立公園**
［群馬・新潟・長野／1949年指定］
火山や山岳、高原からなり、四万温泉などがある有数の温泉地帯である。**地獄谷野猿公苑**（じごくだにやえんこうえん）（ニホンザル）も見所。▶P.54

■**白山国立公園**
［富山・石川・福井・岐阜／1962年指定］
山岳公園で、特に**白山**は古代より信仰の山で日本三名山の一つである。多種多様な高山植物が生育し夏の花畑も見所。▶P.61

■**妙高戸隠連山国立公園**
［新潟・長野／2015年指定］
活火山の**妙高山**とその温泉郷、**小谷温泉**、古代より信仰対象の**戸隠神社**、雪や紅葉の時期が美しい鏡池などがある。▶P.54、P.59

⑤近畿地方の国立公園

■**吉野熊野国立公園**
［三重・奈良・和歌山／1936年指定］
険しい山岳地域、力強い川、複雑な海岸地形からなる。桜の名所吉野山、瀞峡（どろきょう）、**那智の滝**、**熊野古道**、潮岬等がある。▶P.70、P.73、P.74

■**山陰海岸国立公園**
［京都・兵庫・鳥取／1963年指定］
海岸部のリアス海岸の公園。沿岸部に日本最大の**鳥取砂丘**もあり、**玄武洞**をはじめ様々な岩石からなる地形が特色。▶P.67、P.80

⑥中国・四国地方の国立公園

■**大山隠岐国立公園**
［鳥取・島根・岡山／1936年指定］
隠岐島地域では、ユニークな海岸景観の**浄土ヶ浦**や摩天崖、島根半島地域で**加賀潜戸**や**日御碕**（ひのみさき）がある。出雲大社も見所。▶P.82

■**足摺宇和海国立公園**
［愛媛・高知／1972年指定］
発達した海岸、断崖絶壁と変化に富むリアス海岸の入江が特徴。海中は亜熱帯性生物の宝庫で、**サンゴ類**が見所。▶P.88

⑦九州地方の国立公園

■**雲仙天草国立公園**
［長崎・熊本・鹿児島／1934年指定］
温泉が豊かな**雲仙岳**の火山風景と、天草の多島が海にきらめく景観が特徴。妙見浦や化石が発掘される**御所浦島**（ごしょうら）がある。▶P.96

■**霧島錦江湾国立公園**
［宮崎・鹿児島／1934年指定］
北部は火口湖、温泉、高原、南部は桜島周辺が見所。高千穂峰、**仙巌園**（せんがんえん）、知林ヶ島、**開聞岳**、佐多岬がある。▶P.99、P.100

■阿蘇くじゅう国立公園［熊本・大分／1934年］
南部には**阿蘇山**と**くじゅう連山**等の火山群と高原があり、北部では**鶴見岳**と**由布岳**から雄大な景観が臨める。▶P.93、P.97

■西海国立公園［長崎／1955年指定］
400余りの島々からなる海の景観が特徴。**平戸**では阿値賀島の海食崖、**九十九島**では樹枝状溺れ谷地形が見所。▶P.96

■西表石垣国立公園［沖縄／1972年指定］
亜熱帯の豊かな自然景観で、広大なマングローブ湿地の**名蔵アンパル**、北半球最大の青サンゴの群落白保がある。▶P.103

■屋久島国立公園［鹿児島／2012年指定］
屋久島スギ等の天然林が広がる**屋久島**と火山活動が続く**口永良部島**からなる。▶P.100

■慶良間諸島国立公園［沖縄／2014年指定］
数多くの島と岩礁からなる島しょ群。大半が海域に指定されている。透明度の高い海、**海食崖**、サンゴ礁等が特徴。▶P.102

■やんばる国立公園［沖縄／2016年指定］
沖縄島**北部**の公園でヤンバルクイナなど希少種が生息。石灰岩層が隆起してできた**カルスト地形**で**大石林山**が有名。▶P.102

■奄美群島国立公園［鹿児島／2017年指定］
各島に亜熱帯照葉樹林、干潟、リアス海岸、サンゴ礁等多様な自然環境がある。**昇竜洞**、フーチャ等も見所である。▶P.100

⑧共同管理されている国立公園

■瀬戸内海国立公園
［大阪・兵庫・和歌山・岡山・広島・山口・徳島・香川・愛媛・福岡・大分／1934年指定］
瀬戸内海の島々と陸の展望地が公園区域。内海の美しい**多島海景観**が見られ、１府10県にまたがる国内で最も広い国立公園。

2 日本の世界遺産

有形の不動産でユネスコ（国連教育科学文化機関）が、人類にとって極めて高い普遍的価値をもつと認めたものである。自然遺産には自然美、地質、生態系、絶滅が危惧されている動植物の生息地などがある。文化遺産は記念物、建造物、文化的な景観など、人類の英知が誇示されている歴史遺産である。

①世界自然遺産

■屋久島［鹿児島／1993年登録］
樹齢7,000年以上の**縄文杉**をはじめ、巨大な**ヤクスギ天然林**の景観が美しい。▶P.100

■白神山地［青森・秋田／1993年登録］
東アジア最大の原生的な**ブナ林**。▶P.26

■知床［北海道／2005年登録］
オホーツク海の海氷の影響を受け、海と陸で豊かな生態系が育まれている。▶P.22

■小笠原諸島［東京／2011年登録］
30ほどの島からなり、陸地と一度もつながったことがないため固有種の割合が高く「**東洋のガラパゴス**」ともよばれる。▶P.37

■奄美大島、徳之島、沖縄島北部及び西表島
［沖縄・鹿児島／2021年登録］
独特な進化を遂げた多くの**固有種**や**絶滅危惧種**を含む多様な生物が生息している。▶P.100、P.102

②世界文化遺産

■法隆寺地域の仏教建造物［奈良／1993年登録］
７世紀ごろに建設された**世界最古級の木造建築**が数多く残る。▶P.73、P.116

■姫路城［兵庫／1993年登録］
大名**池田輝政**が17世紀初頭に改修し現在のような姿の城郭を築いた。白色の土壁が美しく、「**白鷺城**」ともいわれる。▶P.67、P.161

■古都京都の文化財［京都・滋賀／1994年登録］
794年に**平安京**が置かれてから1868年まで日本の都であり続けた京都。京都市、宇治市、大津市には**仁和寺**、**龍安寺**、**二条城**、**平等院**、**延暦寺**など歴史的建造物が点在する。▶P.68、P.70、P.72、P.114

■白川郷・五箇山の合掌造り集落
［岐阜・富山／1995年登録］
急勾配の**茅葺き屋根**をもつ大型の木造民家群が独特の集落景観を生み出している。屋根裏

部屋では**養蚕**が行われた。▶P.57

■原爆ドーム［広島／1996年登録］
もとは**広島県産業奨励館**。1945年８月６日に落とされた原爆の爆心地から近く、奇跡的に倒壊を免れた。▶P.77

■厳島神社［広島／1996年登録］
日本三景の一つ。**平清盛**が現在のような社殿を造営し、平安時代の**寝殿造**の様式を今に残している。▶P.77、P.135

■古都奈良の文化財［奈良／1998年登録］
710年に遷都された**平城京**の繁栄を色濃く残す東大寺、興福寺、春日大社境内など八つの資産で構成される。**唐招提寺**は**鑑真**が開いた寺。▶P.73、P.118、P.119

■日光の社寺［栃木／1999年登録］
徳川家康の霊廟である**東照宮**は1617年に創建された。**二荒山神社**（ふたらさんじんじゃ）は山岳信仰の中心となってきた神社で、**輪王寺**は徳川家光の霊廟。▶P.43、P.44、P.151

■琉球王国のグスク及び関連遺産群
［沖縄／2000年登録］
15世紀前半の琉球王国は東南アジア諸港との交易で栄えた。琉球文化独特の**城（グスク）**などが数多く残っている。▶P.103

■紀伊山地の霊場と参詣道
［奈良・和歌山・三重／2004年登録］
真言密教をはじめとする山岳修行の場。霊場「**吉野・大峯**」「**熊野三山**」「**高野山**」が代表。▶P.74、P.120

■石見（いわみ）銀山遺跡とその文化的景観
［島根／2007年登録］
16～20世紀に採掘、精錬で栄えた**銀鉱山**と鉱山町など。▶P.82、P.133

■平泉－仏国土（浄土）を表す建築・庭園及び考古学的遺跡群－［岩手／2011年登録］
平泉は11～12世紀に**仏教**に基づく理想世界の実現をめざして造営された政治・行政上の拠点。**中尊寺**、**毛越寺**（もうつうじ）など。▶P.30、P.124、P.134

■富士山－信仰の対象と芸術の源泉
［山梨・静岡／2013年登録］
標高3,776mの**円錐成層火山**。修験の場や信仰の対象となってきた経緯から、文化的景観としての意義がある。▶P.51、P.53

■富岡製糸場と絹産業遺産群
［群馬／2014年登録］
富岡製糸場は、明治政府が**フランス**の最先端技術を導入して建設した**官営模範工場**。生糸の大量生産に貢献し近代化遺産として評価されている。▶P.42、P.174

■明治日本の産業革命遺産　製鉄・製鋼、造船、石炭産業［福岡・佐賀・長崎・熊本・鹿児島・山口・岩手・静岡／2015年登録］
萩反射炉、大板山たたら製鉄遺跡、旧グラバー住宅、旧集成館など。▶P.83、P.96、P.157

■ル・コルビュジエの建築作品－近代建築への顕著な貢献－［東京／2016年登録］
７か国17資産で構成され、**国立西洋美術館**が登録対象に。▶P.36

■「神宿る島」宗像・沖ノ島と関連遺産群
［福岡／2017年登録］
４～９世紀の**航海安全に関わる古代祭祀**遺跡がほぼ手つかずのまま残されている。▶P.92

■長崎と天草地方の潜伏キリシタン関連遺産
［長崎・熊本／2018年登録］
禁教下に信仰を密かに継続した**潜伏キリシタン**の伝統が評価される。**江上天主堂**がある奈留島の江上集落、長崎市の**大浦天主堂**、島原・天草一揆の**原城跡**など。▶P.95、P.96、P.150

■百舌鳥（もず）・古市古墳群－古代日本の墳墓群－
［大阪／2019年登録］
４世紀後半から５世紀後半、古墳時代の最盛期に築造された日本古代王の墓群。**前方後円墳**、帆立貝形墳、円墳、方墳の４つの特徴がある墳墓形式をもつ。▶P.66、P.109

■北海道・北東北の縄文遺跡群
［北海道・青森・岩手・秋田／2021年登録］
採集・漁労・狩猟を基盤としながら**定住**生活をしていた、農耕開始以前の人々のくらしや精神文化を伝える遺跡。青森市の**三内丸山遺跡**、鹿角市の**大湯環状列石**など。▶P.25、P.108

３ 文化観光推進法に基づき認定した拠点計画及び地域計画

文化庁が認定する、文化観光拠点施設を中核とした拠点計画及び地域計画。文化の振興を担う文化施設が、地域の観光関係事業者等と連携することにより、観光の振興と地域の活性化につなげ、その経済効果が文化の振興に再投資されることを目的としてとしている。

■横手市増田まんが美術館［秋田県横手市／2020年］

マンガ原画の収蔵に特化した美術館。『釣りキチ三平』で知られる横手市出身の漫画家、**矢口高雄**から寄贈された原画をはじめ、日本やアジア各国の漫画家の原画約40万点以上を収蔵する。

■群馬県立歴史博物館［群馬県高崎市／2020年］

2020年９月に国宝指定された、**群馬県綿貫観音山古墳**出土品の**埴輪**や副葬品などを常設展示する。群馬県には2,000あまりの古墳が現存し、埴輪の質・量ともに日本一と言われている。古墳時代の榛名山の２度の噴火で埋没した遺跡なども整備されている。

■WHAT［東京都品川区／2020年］

天王洲アイルにある、**寺田倉庫**が作家やコレクターから預かるアート作品を公開するミュージアム。倉庫を開放してアートを覗き見する、がコンセプト。倉庫・ギャラリー・ワークショップを行うラボなどに国内外からアート関係者や愛好家が集まる。

■山梨県立美術館、平山郁夫シルクロード美術館、中村キース・ヘリング美術館、清春芸術村［山梨県／2020年］

ミレーの作品数が世界でも有数の山梨県立美術館と、八ヶ岳南麓を中心とした峡北エリアにある日米の芸術家の２つの美術館と芸術村。芸術村には梅原龍三郎などの作品を展示する**安藤忠雄**や**谷口吉生**設計の美術館などがある。

■徳川美術館［名古屋市／2020年］

尾張徳川家の歴代当主の遺愛品や将軍家からの下賜品などを収蔵。現存する最古の物語絵巻の「源氏物語絵巻」、三代将軍徳川家光の長女千代姫が尾張徳川家二代光友に嫁いだ際の婚礼調度で計70点の「**初音の調度**」を含め、国宝は９件、重要文化財は59件ある。

■福井県立一乗谷朝倉氏遺跡博物館、特別史跡一乗谷朝倉氏遺跡［福井市／2020年］

2022年10月に開館した博物館を遺跡のゲート施設として、**一乗谷朝倉氏遺跡**から出土した火縄銃の部品や製作中の弾丸、茶道具、調理用品などの日常道具などを展示する。戦国期の生活の様子を、出土品を使用する場面を収めた映像などで解説する。▶P.62

■奈良国立博物館、奈良県立美術館、奈良県立民俗博物館、奈良県立橿原考古学研究所附属博物館、奈良県立万葉文化館、なら歴史芸術文化村［奈良県／2020年］

仏教美術、絵画、工芸品、民俗資料、出土品などを所蔵する拠点施設として、奈良の多数の文化資源を点ではなく面で結び発信する。

■堺市博物館、さかい利晶の杜、堺伝統産業会館［大阪府堺市／2020年］

百舌鳥古墳群のあるエリアに立地する堺市博物館は、古墳の出土品を多く所蔵。環濠都市堺の面影を残すエリアにあるさかい利晶の杜は、**千利休**と**与謝野晶子**を通して堺を紹介。同エリアの堺伝統産業会館は、刃物、手織緞通、線香などの堺の伝統産業を解説する。

■大原美術館［岡山県倉敷市／2020年］

倉敷の実業家**大原孫三郎**が昭和初期に設立した日本で最初の西洋美術中心の私立美術館。エル・グレコ、ゴーギャンをはじめ、近代から現代の西洋の美術と同時代の日本の美術、民芸運動にかかわった作家たちの作品などを多く所蔵し、教育普及活動なども行う。▶P.79

■阿蘇火山博物館［熊本県阿蘇市／2020年］

阿蘇山上・草千里に位置する。**阿蘇**をはじめとする日本や世界の火山の資料、阿蘇の草原や動物に関する資料、阿蘇の山岳信仰などの文化を紹介する。中岳火口に設置されたカメラは、リアルタイムの火口の状況を映像だけでなく、音でも聞くことができる。▶P.97

■十和田市現代美術館

［青森県十和田市／2020年］
十和田市の中心、官庁街通りにある美術館。官庁街全体を美術館に見立て、広場、商店街や駐車場にもアートが点在する。現代美術館、アート作品、アートプログラムの３つを柱に展開する「Arts Towada」は、まちづくりのためのプロジェクトで、現代美術館が推進する。

■本間美術館［山形県酒田市／2020年］
江戸時代の豪商本間家が所蔵した古美術品などを展示する。敷地内には国指定名勝の池泉回遊式庭園「**鶴舞園**」、京風木造建築の別荘「**清遠閣**」がある。庄内藩主酒井氏が領内巡視を行う際の休憩所としてつくられ、1925年には東宮（昭和天皇）が宿泊し、酒田の迎賓館としても使用された。▶P.24

■福島県立博物館［福島県会津若松市／2020年］
若松城跡に隣接する福島県の歴史と文化を紹介する総合博物館。旧石器時代の道具、古墳から出土した**土師器**など、原始時代から近・現代までの社会や生活の変化を紹介する。県内で出土した化石や、副葬品などもある。

■角川武蔵野ミュージアム
［埼玉県所沢市／2020年］
図書館、美術館、博物館のある複合施設。設計は隈研吾。４階には、高さ８mの本棚に囲まれた空間の**本棚劇場**、編集者で館長の松岡正剛監修の図書空間**エディットタウン**、**荒俣ワンダー秘宝館**がある。また、マンガ、アニメ、ライトノベルも多く収蔵している。

■横浜美術館［横浜市／2020年］
19世紀後半から現代にかけての美術作品を約13,000点収蔵。日本の古美術の価値の再認識を促した横浜出身の**岡倉天心**や、三溪園を造営した原三溪に庇護された**横山大観**らの作品を継続して収集する。また、横浜は日本の写真発祥の地の一つとされるため写真・映像作品の収集にも力を入れ、4,000点を超える。

■十日町市博物館、越後妻有交流館キナーレ、まつだい雪国農耕文化村センター、越後松之山「森の学校」キョロロ、清津峡渓谷歩道トンネル［新潟県十日町市／2020年］
市全体を「**大地の芸術祭　越後妻有アートトリエンナーレ**」の約200点の現代アートと雪国文化を融合させた「スノーカントリーミュージアム」と位置づけ、魅力増進に取り組む。

■和倉温泉お祭り会館［石川県七尾市／2020年］
七尾市の**４大祭**の、日本一大きな曳山「でか山」が曳き回される「青柏祭（せいはくさい）の曳山行事」、高さ12〜13m重さ約２tの奉燈を担ぐ「石崎奉燈祭」、高さ約30m重さ約10tの大松明の「能登島向田の火祭り」、19集落から神輿が繰り出す「お熊甲祭」。祭の再現展示と体験シミュレーション装置で能登の祭りの魅力を伝える。

■MMoP｜御代田写真美術館
［長野県御代田町／2020年］
2022年に**アマナ**が開館したアート写真の美術館。2018年から御代田町と共同開催の「浅間国際フォトフェスティバル」は、屋外にも作品が展示されるユニークなもの。今後は、屋内の整備もすすめ、VR・ARなど最新技術を用いた展示も行う予定。

■MOA美術館［静岡県熱海市／2020年］
国宝の尾形光琳「**紅白梅図屏風**」、野々村仁清「**色絵藤花文茶壷**」をはじめ、日本美術を中心に所蔵する。館内には豊臣秀吉の黄金の茶室（復元）のほか、能楽堂があり、定期的に演能会が開かれる。人間国宝の作品販売なども行われ、日本文化の継承と発展に努める。

■琵琶湖疏水記念館［京都市／2020年］
琵琶湖から京都に水を引く**琵琶湖疏水**の竣工100年を記念して1989年に開館された。古文書や古写真、図面、ジオラマなどが展示される。周辺には関連施設の発電所、浄水場、南禅寺水路閣などが現存し、フィールドミュージアム化が進められている。

■飛鳥宮跡、飛鳥京跡苑池、飛鳥水落遺跡、酒船石遺跡、石舞台古墳、牽牛子塚古墳、中尾山古墳、キトラ古墳、高松塚古墳
［奈良県明日香村／2020年］
遺跡が多数点在する**明日香村**全体を博物館としてとらえ、その全体像を把握するゲートウェイ施設の整備をすすめる。▶P.73

■徳島県立博物館、徳島県立阿波十郎兵衛屋

敷、阿波おどり会館、藍住町歴史館藍の館、徳島県立大鳴門橋架橋記念館（渦の道）
［徳島県／2020年］
阿波藍、阿波おどり、阿波人形浄瑠璃を、**吉野川・三大あわ文化**と位置づけ、関係博物館等から磨き上げた魅力を発信する。

■日和佐うみがめ博物館カレッタ
［徳島県美波町／2020年］
ウミガメ専門の博物館。国の天然記念物に指定される、ウミガメの産卵地である**大浜海岸**の前にある。1950年から本格的なウミガメの保護に取り組んだ歴史があり、1985年に博物館がオープン。72歳（2022年）の世界最高齢のアカウミガメ「**浜太郎**」が健在。

■北九州市立自然史・歴史博物館、北九州市科学館［福岡県北九州市／2020年］
北九州市立自然史・歴史博物館は、「**いのちのたび**」をコンセプトにした博物館で生命の進化と人の歴史を展示解説する。2022年にリニューアルオープンした北九州市科学館は、体験・体感しながら楽しく科学を学べる施設。

■軍艦島デジタルミュージアム
［長崎市／2020年］
世界文化遺産に登録された、端島炭鉱のあった**軍艦島**を最先端デジタル技術のVRやプロジェクションマッピングなどでわかりやすく展示するミュージアム。住んでいた人のインタビュー映像などもある。▶P.96

■小樽芸術村［北海道小樽市／2021年］
小樽芸術村は、**似鳥**(にとり)**美術館**、**ステンドグラス美術館**、旧三井銀行小樽支店の３施設で構成。３施設は展示施設であり、歴史的建造物でもある。似鳥美術館は、江戸から近代の日本画、近代日本の洋画、浮世絵を所蔵。ステンドグラス美術館には、19世紀後半から20世紀初めに英国で制作された作品がある。

■横浜開港資料館［横浜市／2021年］
横浜港開港100年を記念して1981年に開館した施設。旧館は旧横浜英国総領事館。横浜開港に関わる歴史資料が中心だが、瓦版・浮世絵・古写真などの画像資料なども収蔵する。「ペリー横浜上陸図」に描かれる「**玉楠**(たまくす)」の木は、慶応の大火と関東大震災の被害をくぐり抜けて健在、市登録史跡名勝天然記念物に指定されている。

■石川県立美術館、石川県立歴史博物館、金沢21世紀美術館、金沢能楽美術館、国立工芸館［金沢市／2021年］
兼六園を中心とした半径１kmに文化施設と歴史的建造物が集まる「**兼六園周辺文化の森**」として、工芸・美術・建築を中心に鑑賞・体験できる観光地域の創造を目指す。▶P.61

■長野県立美術館［長野市／2021年］
長野県信濃美術館が開館50年あまりで全面改築され、新たな名称とともにランドスケープミュージアムとして2021年４月に開館。東山魁夷(かいい)から寄贈された日本画のある**東山魁夷館**があり、県出身や県と関係の深い芸術家の近代美術を多く収蔵する。

■彦根城、彦根城博物館
［滋賀県彦根市／2021年］
彦根城は、**国宝の天守**、二重の堀、御殿・庭園・藩校などの建物や遺構が保存される。御殿の復元を兼ねて建てられたのが彦根城博物館で、井伊家の古文書や美術工芸品、彦根藩に関する資料などが収蔵される。▶P.68

■長浜城歴史博物館、長浜市曳山博物館、長浜鉄道スクエア［滋賀県長浜市／2021年］
長浜城歴史博物館は長浜城を築いた**豊臣秀吉**とその城下町を、長浜市曳山博物館は秀吉の時代から始まった曳山まつりを、長浜鉄道スクエア（旧長浜駅舎）は現存する日本最古の駅舎で鉄道史を、それぞれ紹介する。

■大阪中之島美術館［大阪市／2021年］
堂島川と土佐堀川に囲まれた中之島エリアに2022年開館した美術館。19世紀後半以降の近現代美術作品、大阪出身の**佐伯祐三**の作品、地元大阪の芸術活動で生まれた作品を所蔵。周辺には国立国際美術館などの文教施設、大阪府立国際会議場などの集客施設が集まる。

■姫路市立美術館［兵庫県姫路市／2021年］
1905年に陸軍の**倉庫**として建てられ、戦後は**姫路市役所**に転用され、さらに内部がリニューアルされて1983年に姫路市立美術館として開館した。近現代美術を収集展示する。国宝・世界遺産の姫路城の特別史跡地内にあり、屋外彫刻のある庭園がある。▶P.67

■城崎国際アートセンター［兵庫県豊岡市／2021年］

舞台芸術のための宿泊可能な滞在型の創作施設。**演劇**や**ダンス**などのアーティストが城崎のまちで創作活動に集中する。試演会やワークショップなどの交流プログラムを通して地域の人々が芸術活動に触れる環境をつくることも使命にしている。

■総本山金剛峯寺［和歌山県高野町／2021年］

高野山は紀伊半島の中央部にある標高約900m、東西約4km、南北約2kmの盆地状の地域。総本山金剛峯寺は一山境内地と称され、高野山全体が寺とされる。**根本大塔**などのある壇上伽藍を含む西方エリアと空海が今も祈りを続けるといわれる御廟のある奥之院エリアがある。▶P.74

■水木しげる記念館［鳥取県境港市／2021年］

JR境港駅から商店街を結ぶ**水木しげるロード**には、水木しげるの描いた妖怪のブロンズ像などが177体ある。そのロード沿いにある記念館。マンガの原画や戦争体験を描いたスケッチ、同氏が世界各地を旅して集めた妖怪のコレクションなどが展示される。▶P.81

■備前おさふね刀剣の里（備前長船刀剣博物館）［岡山県瀬戸内市／2021年］

備前おさふね刀剣の里には鍛冶場や工房があり、作刀の様子を見学できる。敷地内の備前長船刀剣博物館は刀剣専門の博物館で、上杉謙信・景勝の愛刀で国宝の「**太刀無銘一文字**（山鳥毛）」をはじめ335口の刀剣類を所蔵する。▶P.79

■海の道むなかた館、福津市複合文化センター歴史資料館、宗像大社神宝館［福岡県宗像市・福津市／2021年］

世界遺産「**神宿る島**」宗像・沖ノ島と関連遺産群を展示解説する3施設。出土品のレプリカや祭祀の解説、模型やジオラマなどの展示や、歴史文書、美術工芸品を収蔵する。▶P.92

■長崎歴史文化博物館、大浦天主堂キリシタン博物館、平戸市生月町博物館島の館、五島観光歴史資料館、有馬キリシタン遺産記念館、長崎県美術館［長崎県／2021年］

世界遺産「**長崎と天草地方の潜伏キリシタン関連遺産**」の成立当時の背景や価値を理解するための施設で、歴史や文化を解説する。

■大分県立美術館［大分市／2021年］

2015年に開館し、大分県とつながりのある「**豊後南画**」「日本画」「**竹工芸**」をコレクションの核としている。近年は、県内で野外芸術祭などのアートイベントが開催され、アーティストなどが滞在し制作活動を行う。美術館はその中枢となっている。

■滋賀県立美術館［大津市／2021年］

滋賀県出身の日本画家の**小倉遊亀**、染織家の志村ふくみをはじめ郷土ゆかりの美術、戦後アメリカ・日本の現代美術、独創的な方法で創られた絵画や造形で、生のままの芸術を意味する**アール・ブリュット作品**を多く収蔵し、滋賀がもつ多様な魅力を発信する。

■栃木県立博物館［宇都宮市／2022年］

県域唯一の総合博物館で、人文系・自然系あわせて75万点を超える収蔵品がある。博物館は**日光国立公園**や世界遺産「**日光の社寺**」などの日光に関する展示、収蔵資料、専門家を擁する唯一の施設でもある。寺社が所有する絵画や彫刻などの複製品も展示される。

■大本山永平寺［福井県永平寺町／2022年］

道元によって開かれた曹洞宗の大本山で、禅の道場。道元による坐禅の作法などが書かれた、国宝「**普勧坐禅儀**」がある。坐禅体験や写経、早朝の法要（朝課）に参加する観光客にわかりやすい法話を行うなど、禅文化の理解を深めるプログラムを実施する。▶P.63

■大阪市立美術館［大阪市／2022年］

戦前の関西財界人から寄贈された作品など8,500件を超える収蔵品をもつ。2022年秋から約2年半かけて大規模改修し、休館中はメタバース化した**バーチャル大阪市立美術館**を開館予定。改修後は、収蔵品をテーマにした動画を館内やウェブサイト上に展開するなど、気軽に美術を楽しめる美術館を目指す。

4 無形文化遺産

世界遺産は有形の不動産であるが、無形文化遺産は無形物が対象である。ユネスコ（国連教育科学文化機関）によって認定される無形文化遺産には、その国の歴史や文化と密な関係をもち発展してきた伝統的な芸能や、踊り、祭り、工芸技術、食文化などがある。

■能楽［2008年登録］
14世紀頃に大成した、**謡**と**囃子**を伴奏に舞踊的な所作でストーリーが展開する歌舞劇。

■人形浄瑠璃文楽［2008年登録］
18世紀に大成した、**三味線**音楽の**義太夫節**に合わせて人形操作を行う音楽劇。**大阪**の町人文化の中で育まれた。1体の人形を3人で遣う。

■歌舞伎［2008年登録］
1603年に京都で、**阿国**が中心になって演じた芸能が始まりとされる。女性の役は**女方**といわれる男性が演じ、伝統的な演技やせりふなどの表現手法を用いる。

■雅楽［2009年登録］
日本古来の「神楽」「東遊」などと、中国大陸や朝鮮半島から伝えられた音楽や舞が日本独自に変化していったもの。**平安時代**には整えられ、**催馬楽**のような歌謡も加わった。

■小千谷縮・越後上布［新潟／2009年登録］
新潟県の**魚沼**地方、特に**塩沢・小千谷**地区では、上質の麻織物が産出され、幕府の上納品になるほどであった。雪深い自然を生かした技術が評価されている。▶P.58

■奥能登のあえのこと［石川／2009年登録］
稲の生育と豊作を約束してくれる**田の神**をまつる儀礼。収穫後の12月と耕作前の2月に行われる。田の神が家に実在するかのようにふるまい、収穫を感謝する。

■早池峰神楽［岩手／2009年登録］
花巻市大迫町にある地区に伝承される神楽で、もともとは山伏が演じていた。現在では**早池峰神社**の8月1日の祭礼などに演じられており、室町時代以前の能の特徴がみられる。▶P.30

■秋保の田植踊［宮城／2009年登録］
宮城県仙台市太白区秋保町の地区に伝わる、年の初めに稲の豊作を祝うことでその年の豊作を願う芸能。きらびやかな衣装と花笠を着た**早乙女**らが田植えを摸した踊りなど様々な舞踊を行う。

■大日堂舞楽［秋田／2009年登録］
秋田県鹿角市**八幡平**にある**大日堂**で正月2日に演じられる芸能。718年ごろに大日堂が再建された際、都から下向した楽人の式礼における舞楽が起源とされている。

■題目立［奈良／2009年登録］
奈良県東北部の上深川の**八柱神社**の秋祭において、数え17歳の青年たちを中心に演じられる語り物芸。

■アイヌ古式舞踊［北海道／2009年登録］
北海道に居住している**アイヌ**の人々によって伝承されている歌と踊り。

■組踊［沖縄／2010年登録］
せりふと沖縄の伝統的な音楽と舞踊で展開される歌舞劇。**琉球王国**の役人が18世紀はじめごろに、歌舞伎や京劇の要素を取り入れて完成させた。**国立劇場おきなわ**などで定期公演が行われている。

■結城紬［茨城・栃木／2010年登録］
常陸紬などともいわれ、古くより現在の茨城県結城市、栃木県小山市を中心に製織。▶P.45

■壬生の花田植［広島／2011年登録］
毎年6月、儀礼の場となる田んぼで、苗取り、田植えなどを行って豊作を祈願する。飾り牛や艶やかな服を着て**菅笠**をかぶった早乙女らなどがみられる。

■佐陀神能［島根／2011年登録］
八束郡鹿島町の**佐太神社**において9月の御座替祭に演じられる。神能は天正以前、同社の社家が能楽に範をとって舞わせたものといわれ、猿楽能の影響をみることができる。

■那智の田楽［和歌山／2012年登録］
東牟婁郡那智勝浦町にある**熊野那智大社**の祭で行われるもので、祭は扇祭（扇会式）あるいは火祭などともよばれる。京都の**田楽法師**が伝えたとされている。▶P.74

■和食；日本人の伝統的な食文化 ［2013年登録］

「自然を尊ぶ」という日本人の気質に基づいた豊かな食文化が評価される。和食の特徴として、多様で新鮮な食材とその持ち味の尊重、健康的な食生活を支える栄養バランス、**自然**の美しさや季節の移ろいの表現、**正月**などの年中行事との密接な関わり、の四つが挙げられる。

■和紙：日本の手漉和紙技術 ［島根・岐阜・埼玉／2014年登録］

島根県の石見地方に伝承される**石州半紙**、岐阜県美濃市蕨生地区の**本美濃紙**、埼玉県比企郡小川町と秩父郡東秩父村の**細川紙**の三つで構成される。▶P.40

■山・鉾・屋台行事 ［2016年登録］

国指定重要無形民俗文化財に指定されている33件の山・鉾・屋台行事により構成される。八戸三社大祭の山車行事、角館祭りのやま行事、土崎神明社祭の曳山行事、花輪祭の屋台行事、新庄まつりの山車行事、**日立風流物**、烏山の山あげ行事、鹿沼今宮神社祭の屋台行事、秩父祭の屋台行事と神楽、川越氷川祭の山車行事、佐原の山車行事、高岡御車山祭の御車山行事、魚津のタテモン行事、城端神明宮祭の曳山行事、青柏祭の曳山行事、高山祭の屋台行事、古川祭の起し太鼓・屋台行事、大垣祭の軕行事、尾張津島天王祭の車楽舟行事、知立の山車文楽とからくり、犬山祭の車山行事、亀崎潮干祭の山車行事、須成祭の車楽船行事と神葭流し、鳥出神社の鯨船行事、上野天神祭のダンジリ行事、桑名石取祭の祭車行事、長浜曳山祭の曳山行事、**京都祇園祭の山鉾行事**、博多祇園山笠行事、戸畑祇園大山笠行事、唐津くんちの曳山行事、八代妙見祭の神幸行事、日田祇園の曳山行事。

■来訪神：仮面・仮装の神々 ［2018年登録］

男鹿のナマハゲ（秋田）、能登のアマメハギ（石川）、宮古島のパーントゥ（沖縄）、遊佐の小正月行事（山形）、米川の水かぶり（宮城）、見島のカセドリ（佐賀）、吉浜のスネカ（岩手）、薩摩硫黄島のメンドン、悪石島のボゼ、**甑島のトシドン**（鹿児島）の計10件。

■伝統建築工匠の技：木造建造物を受け継ぐための伝統技術 ［2020年登録］

建築遺産とともに古代から伝統を受け継ぎながら発展してきた伝統建築技術。建造物修理、建造物木工、檜皮葺・杮葺、**茅葺**、檜皮採取、屋根板製作、**茅採取**、建造物装飾、建造物彩色、建造物漆塗、屋根瓦葺（本瓦葺）、左官（日本壁）、建具製作、畳製作、装潢修理技術、日本産漆生産・精製、縁付金箔製造の17件。

■風流踊 ［2022年登録］

盆踊りや小歌踊りなど、各地の歴史や風土に応じて伝承される民俗芸能。永井の大念仏剣舞、鬼剣舞、西馬音内の盆踊、毛馬内の盆踊、小河内の鹿島踊、新島の大踊、下平井の鳳凰の舞、**チャッキラコ**、山北のお峰入り、綾子舞、大の阪、無生野の大念仏、跡部の踊り念仏、新野の盆踊、和合の念仏踊、**郡上踊**、寒水の掛踊、徳山の盆踊、有東木の盆踊、綾渡の夜念仏と盆踊、勝手神社の神事踊、近江湖南のサンヤレ踊り、近江のケンケト祭り長刀振り、京都の六斎念仏、やすらい花、久多の花笠踊、阿万の風流大踊小踊、十津川の大踊、**津和野弥栄神社の鷺舞**、白石踊、大宮踊、西祖谷の神代踊、綾子踊、滝宮の念仏踊、感応楽、平戸のジャンガラ、大村の沖田踊・黒丸踊、対馬の盆踊、野原八幡宮風流、吉弘楽、五ヶ瀬の荒踊の41件。

要点マスター 定義など

国立公園	世界に誇れる日本の美しい自然。国によって管理されている。
世界遺産	人類にとって価値が高いとユネスコで認定された遺産で、自然遺産（地質や生態系）と文化遺産（記念物、建造物）がある。
文化観光推進法認定計画	文化庁が認定する、文化観光拠点施設を中核とした拠点計画及び地域計画。
無形文化遺産	ユネスコに認定される無形物で、伝統芸能や祭り、工芸技術などがある。

Let's Try 確認テスト

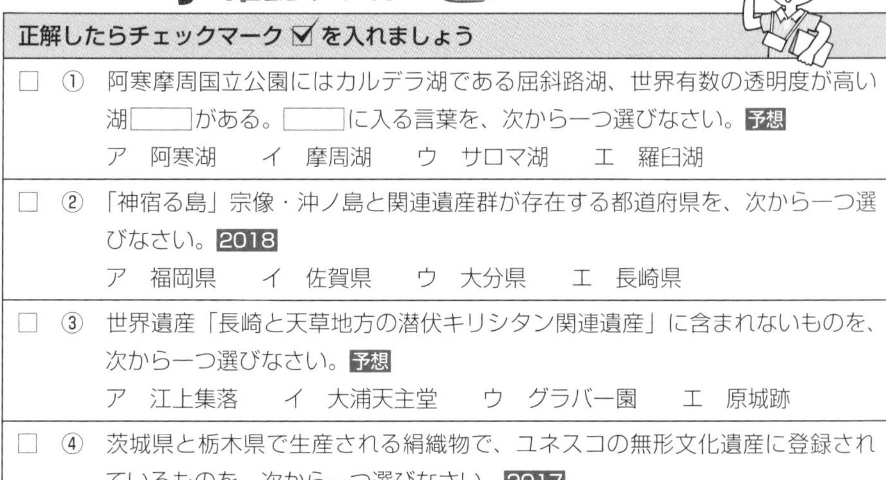

正解したらチェックマーク☑を入れましょう

□ ① 阿寒摩周国立公園にはカルデラ湖である屈斜路湖、世界有数の透明度が高い湖＿＿＿がある。＿＿＿に入る言葉を、次から一つ選びなさい。予想

ア　阿寒湖　　イ　摩周湖　　ウ　サロマ湖　　エ　羅臼湖

□ ② 「神宿る島」宗像・沖ノ島と関連遺産群が存在する都道府県を、次から一つ選びなさい。2018

ア　福岡県　　イ　佐賀県　　ウ　大分県　　エ　長崎県

□ ③ 世界遺産「長崎と天草地方の潜伏キリシタン関連遺産」に含まれないものを、次から一つ選びなさい。予想

ア　江上集落　　イ　大浦天主堂　　ウ　グラバー園　　エ　原城跡

□ ④ 茨城県と栃木県で生産される絹織物で、ユネスコの無形文化遺産に登録されているものを、次から一つ選びなさい。2017

ア　小千谷縮　　イ　結城紬　　ウ　西陣織　　エ　芭蕉布

解答　①イ／②ア／③ウ／④イ

第4章 通訳案内の実務

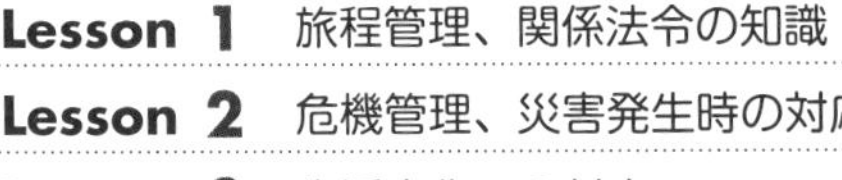

【参考文献】「観光庁研修テキスト 第１版」
(https://www.mlit.go.jp/kankocho/shisaku/kokusai/content/001344989.pdf)

旅程管理、関係法令の知識

頻出度：★★☆

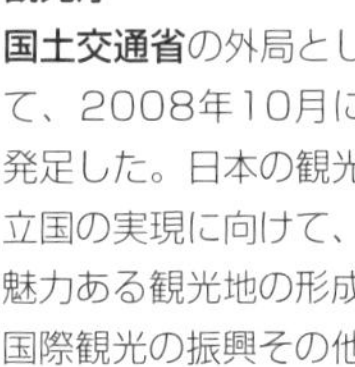

2018年の通訳案内士法改正により、全国通訳案内士と地域通訳案内士が生まれ、試験科目に通訳案内の実務が加わった。旅程管理業務も重要な業務の一つである。

1 通訳案内士制度と関係法令

（1）通訳案内士制度について

通訳案内士は国家資格の一つで、訪日外国人旅行者を観光地へ案内したり、旅行のサポートを行い報酬を得ることができます。**通訳案内士**になるためには、**観光庁**が実施する国家試験である「**全国通訳案内士試験**」に合格する必要があります。

①通訳案内士制度の改正

従来の通訳案内士制度は訪日外国人旅行者に満足度の高い旅行を提供する上で一定の役割を果たしてきましたが、さらに訪日外国人旅行者数の急激な増加や、通訳案内士の大都市部への偏在などの課題に対応するため、2018年１月から「通訳案内士法及び旅行業法の一部を改正する法律」が施行されることとなりました。

②全国通訳案内士と地域通訳案内士

改正後は、それまでの「通訳案内士」の名称は「**全国通訳案内士**」に変更され、同時に特定の地域で活動する通訳案内士は新たに「**地域通訳案内士**」として定められることになりました。また、改正法では、通訳案内士の資格を持たない者であっても、有償で通訳案内を行うことが可能になりました（**業務独占の廃止**）。一方、全国通訳案内士（地域通訳案内士）でない者は全国通訳案内士（地域通訳案内

用語

観光庁
国土交通省の外局として、2008年10月に発足した。日本の観光立国の実現に向けて、魅力ある観光地の形成、国際観光の振興その他の観光に関する事務を行うことを任務とする。

プラスアルファ

訪日外国人の増加
2010年には約861万人であったが、2019年には約**3,188万人**と急激に増加。

プラスアルファ

類似名称の禁止
「通訳ガイド」等の単純な名称、「日本ガイド」等の地域名＋ガイド、「政府ガイド」「○○県ガイド」等の公主体＋ガイド、「認定ガイド」など**公主体等から認定されたガイドと誤認される恐れのあるもの**、「スペシャルガイド」など**高品質で有資格者と同等と誤認される恐れのあるものの使用は禁止**される。

士）またはこれに類似する名称を用いてはならないとされ、**名称独占規制**は存続することとなりました。

③試験制度の見直し

従来の科目に加え「**通訳案内の実務**」が筆記試験の科目に加わりました。そのため、改正前の試験で通訳案内士に合格した者は、新たに試験科目となった「通訳案内の実務」につき研修の受講が義務付けられました。

④登録研修機関が行う通訳案内研修の受講義務

全国通訳案内士は観光庁研修のほか、**5年ごと**に登録研修機関が実施する**通訳案内研修**を受講することも義務付けられています。これに違反した場合、全国通訳案内士の登録の取り消しや、一定期間の名称使用禁止などの処分を受けることがあります。

（2）旅行業法

旅行業法は、全国通訳案内士の業務に密接に関係する重要な法律です。

①定義

「旅行業」とは、「報酬を得て一定の行為（旅行業務）を行う事業」を指します。

②旅行の種類

企画旅行と手配旅行に分けられます。**企画旅行**は旅行業者が旅行計画や代金などを設定し、いわゆる「パッケージツアー」となる**募集型企画旅行**と、修

■旅行業務の内容的区別

	旅程管理業務	旅行の計画性	旅行者の募集性
募集型企画旅行	○	○	○
受注型企画旅行	○	○	×
手配旅行	×	×	×

法改正の審議の中で、外国語や日本文化に関する知識だけではなく、**旅程管理**に関する基礎的な知識や、**外国人ごとの生活文化**への対応、**災害発生時等における適切な対応**などについても試験で問うべきである、とされました。

プラスアルファ

通訳案内士法の目的と業務

（通訳案内士法第一条～第二条 ※抜粋）

第一条　この法律は、全国通訳案内士及び地域通訳案内士の制度を定め、その業務に適正な実施を確保することにより、**外国人観光旅客に対する接遇の向上を図り、もつて国際観光の振興に寄与すること**を目的とする。

第二条　全国通訳案内士は、報酬を得て、通訳案内（**外国人に付き添い、外国語を用いて、旅行に関する案内をすること**をいう。）を行うことを業とする。

学旅行や社員旅行などの**受注型企画旅行**の２種類があります。一方、**手配旅行**は旅行者からの委託に基づき、運送・宿泊機関等の手配のみを引き受けます。

③登録制度と旅行業者の業務範囲

旅行業を営む者は、登録行政庁（観光庁長官又は都道府県知事）の**登録**が必要です。また、旅行業には**四つの種別**があり、それぞれ取り扱える業務の範囲が異なります。

■旅行業等の種別ごとの旅行業務取扱範囲

		業務範囲			
		企画旅行			手配旅行
		募集型		受注型	
		海外	国内		
旅行業	第１種	○	○	○	○
	第２種	×	○	○	○
	第３種	×	△	○	○
	地域限定	×	△	△	△
旅行業者代理業		所属旅行業者から委託された業務に限定される。			

（注）△は、旅行業務の取り扱い範囲が、当該事業者の自らの営業所のある市町村（特別区を含む。以下同じ。）、これに隣接する市町村及び観光庁長官の定める区域内に限定されることを表す。

登録を受けずに旅行業を営んだ者には、１年以下の懲役もしくは100万円以下の罰金又はその両方が科せられます。

④旅行サービス手配業

従来の旅行業法では旅行サービス手配業者は規制の対象外でしたが、2018年１月の旅行業法改正により、**都道府県知事の登録**が必要になりました。なお、旅行サービス手配業務とは、旅行業を営む者の**依頼を受けて**行う、①運送又

プラスアルファ

旅行業法の目的
（旅行業法第一条）
この法律は、旅行業等を営む者について**登録制度**を実施し、あわせて旅行業等を営む者の業務の適正な運営を確保するとともに、その組織する団体の適正な活動を促進することにより、**旅行業務に関する取引の公正の維持、旅行の安全の確保及び旅行者の利便の増進**を図ることを目的とする。

プラスアルファ

営業保証金と基準資産額
旅行業の登録にあたっては、**一定の財産**があることが条件。

	営業保証金	基準資産額
第１種旅行業	7,000万円	3,000万円
第２種旅行業	1,100万円	700万円
第３種旅行業	300万円	300万円
地域限定旅行業	15万円	100万円

プラスアルファ

旅行サービス手配業規制の背景
訪日旅行の一部で**キックバック**を前提とした土産物店への連れ回しや、下限割れ運賃での貸切バスの手配など、旅行の安全や取引の公正が脅かされる事案が発生した。

は宿泊の手配、②全国通訳案内士及び地域通訳案内士以外の有償によるガイドの手配、③免税店における物品販売の手配などの行為のことです。

⑤旅行業者等の書面交付義務

旅行業者等が旅行者に説明を行ったり、旅行者と契約の締結を行ったりする際、全国通訳案内士又は地域通訳案内士の同行の有無について、書面に記載し交付することが新たに義務付けられました。

⑥禁止行為（特に注意を要するもの）

ア．取引に関する重要事項について、故意に事実を告げず、又は不実のことを告げる行為。
イ．取引によって生じた債務の履行を不当に遅延する行為。
ウ．旅行者に対し、旅行地において施行されている法令に違反する行為を行うことをあっせんし、又はその行為を行うことに関し便宜を供与すること。
エ．旅行者に対し、旅行地において施行されている法令に違反するサービスの提供を受けることをあっせんし、又はその提供を受けることに関し便宜を提供すること。
オ．旅行者の保護に欠け、又は旅行業の信用を失墜させるものとして国土交通省令で定める行為。

（3）旅行業法に基づく旅程管理

①旅程管理業務とは

旅行業法では、旅行業者が企画旅行を実施する場合には、「国土交通省令で定める措置」を講じる必要があると定めており、そのための旅行業者の業務のことを**旅程管理業務**といいます。

プラスアルファ
サプライヤー
バスやホテルなど、旅行を構成する各種サービスの提供者のことを**サプライヤー**という。

禁止行為のウの例として、旅行地で禁止されている麻薬や盗品、ブランド品のコピー商品等の店舗に案内したり店舗の所在地を教えたりすること、エの例として、国内旅行において**白ナンバー**のバスを利用することなどが挙げられます。

②旅程管理主任者とは

旅程管理業務を遂行し、また旅行の安全確保義務の履行を行う者のうち、**主任**の者をいいます。旅行業者は、企画旅行の広告において、**旅程管理業務を行う者（添乗員）**の同行の有無を表示しなければなりません。そして、同行しない場合は、旅行地の旅行業者に委託したり、常時連絡可能な窓口を設けたりすることによって旅程管理業務を実施しなければなりません。

③旅程管理主任者資格の取得方法

旅程管理研修の課程を修了し、**一定の実務経験**を積んだ者に与えられます。なお、**国内旅程管理研修**の課程を修了した者は国内旅行に国内旅行管理主任者として添乗することができ、**総合旅程管理研修**の課程を修了した者は、国内旅行に加え、海外旅行にも総合旅程管理主任者として添乗することができます。

④旅程管理主任者の法定業務

旅程管理主任者には、旅程管理を行うため、国土交通省令で定められた次の**四つの法定業務**があります（旅行業法施行規則第三十二条各号）。

1. 旅行開始前に必要な予約等
2. 旅行サービス提供のための手続き等…列車に乗ったり、レストランで食事できるように予約の再確認を行ったり、ホテル・旅館のチェックインを行ったりすることです。
3. 旅行サービスの内容変更時の代替手配等
4. お客様がグループで行動する際の各種指示

プラスアルファ

国内旅程管理研修の内容

①**旅行業法令及び旅行約款**…3時間以上
②**旅程管理業務（国内旅行実務）**…13時間以上
③①及び②の修了テスト
④以上の研修を修了後、**研修を修了した日の前後1年以内に1回以上、又は研修を修了した日から3年以内に2回以上の実務経験**を積むこと

プラスアルファ

通訳案内士と旅程管理業務の兼務

企画旅行において、**旅程管理主任者の資格**をもつ通訳案内士が一人で旅程管理業務と観光ガイド業務を兼務すると、旅行業者にとってコスト減になるため、全国通訳案内士を募集する際、旅程管理主任者の資格を応募要件にする会社もある。そこで、全国通訳案内士にとって旅程管理主任者の資格を常に求められるわけではないが、就業機会を広げるために旅程管理主任者の資格をもつ全国通訳案内士も多い。

要点マスター 通訳案内士制度と関係法令

通訳案内士	全国通訳案内士と地域通訳案内士がある
通訳案内士試験科目	通訳案内の実務が新たに追加された
旅行の種類	企画旅行と手配旅行がある
旅程管理業務	旅行業者が企画旅行を実施する場合は旅程管理業務を行う必要がある

2 旅程管理の実務

（1）旅程管理の必要性

①二つの旅程管理について

　全国通訳案内士の業務における旅程管理には、「**狭義の旅程管理**」と「**広義の旅程管理**」があります。「狭義の旅程管理」とは、旅行業法や施行規則三十二条各号に定められた旅程管理主任者の行う旅程管理のことです。「広義の旅程管理」とは、通訳案内士法に定める「通訳案内」を行うにあたって、交通機関、宿泊施設等との調整や訪日外国人旅行者の来日中のサポート等、広い意味での旅程管理のことをいいます。

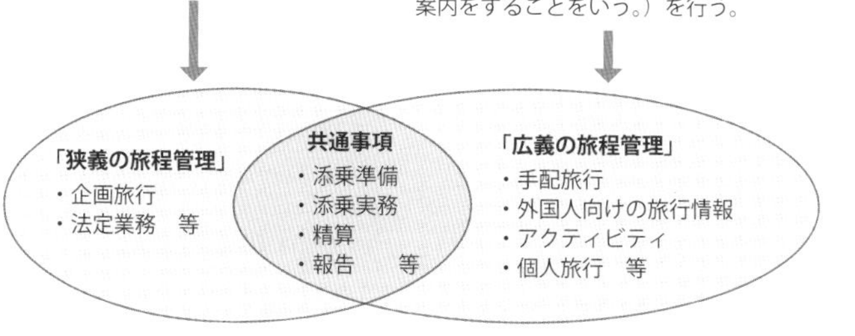

狭義の旅程管理と広義の旅程管理

用語

アクティビティ
宿泊や輸送サービスの手配を伴わず、「ウォーキングツアー」や「茶道・料理等の体験」などを行うこと。

②広義の旅程管理について

全国通訳案内士であれば、旅程管理主任者の資格を持たない者であっても、かつ企画旅行以外の場合であっても、訪日外国人旅行者に対し**一定の配慮**をすべきであり、対応が求められます。それが「**広義の旅程管理**」です。ここには、「**狭義の旅程管理**」が一部含まれており、かつ法定業務のみならず、**任意的なサービス的業務も含まれます**。全国通訳案内士には、日本の事情に暗い訪日外国人旅行者に対し、観光知識や日本文化をわかりやすく説明するだけでなく、旅行自体が快適・円滑に進み、良い思い出になるように様々なコミュニケーションを取る能力が求められています。その意味で全国通訳案内士は、「**民間外交官**」とも称されているのです。

③お客様の把握・理解

近年、日本にやってくる外国人は**国籍の多様化**にとどまらず、**ニーズも多様化**しています。例えば、業務の受注形態や依頼形態による違いがあります。商社やメーカーからの依頼、訪日外国人旅行者からの直接依頼など様々なケースがあり、旅行業者や旅行サービス手配業者を介さない場合は、通常旅行業者が担うべき業務や責任を全国通訳案内士個人が負うことも考えられます。また、日数や範囲についても、**スルーガイド**（ICT：Inclusive Conducted Tour＝長期のツアーガイド）、**スポット／半日／○日ガイド**（IIT：Inclusive Independent Tour＝観光地の見物にだけガイドがつき、それ以外は旅客が単独で旅行する）、などに分けられます。また、近年増加しているのが**SIT（Special Interest Tour）**や、**FIT（Foreign Independent Tour）**、**FAM（Familiarization Trip）**、**SIC（Seat-In-Coach＝乗り合いのバスツアー）**などです。これらの類型に応じた対応を心がけましょう。

アクティビティや個人客に対して「**狭義の旅程管理**」を求められることはありませんが、全国通訳案内士には「**広義の旅程管理**」業務が発生します。

プラスアルファ

ツアーに関する用語
TV（Technical Visit）は工場見学など、**先端技術等の視察旅行**のこと。現地企業や行政機関など訪問先との交渉力が必要。
Shore Excursionは**クルーズ船**の寄港地発着ツアーのこと。
Overland Tourは、クルーズ船の乗客が、一つの寄港地から別の寄港地まで船を離れて陸上を移動しながら旅行するツアー。

用語

SIT
特定の興味や目的に絞ったツアーのこと。特定のテーマに対するスキルや対応力が求められる。例えば、登山・釣り等の体験ツアー、スポーツ観戦ツアー、アニメなど特別な文化的関心や趣味に応える ツアー等がある。

（2）訪日外国人旅行者に対する特別な配慮

①日本の生活様式やルールの説明

初めてやってくる**訪日外国人旅行者**が日本の生活様式やルールを知らないのは当たり前です。一方で、受け入れる側の旅館、食堂などの施設も外国人に関する知識や語学力不足により、必要以上に**トラブル**を恐れ、「**外国人お断り**」のように受け入れそのものを拒否してしまう場合も少なくありません。そこで、**全国通訳案内士**が訪日外国人旅行者に対して、慣れない土地でも過ごしやすくなるように、また、日本の施設側に対しては上手く外国人を受け入れられるように、両者の間に立って**的確にアドバイス**してあげることは、非常に意義のあることです。

②集合時間／場所の周知

今日の日本の観光施設、駐車場、道路などの**外国語表記**はまだまだ充実しているとはいえないので、集合時間や集合場所を**わかりやすく伝える**ことはきわめて重要です。時刻ボードを使って視覚的に伝えたり、集合場所を説明する際に、周辺の目立つ施設も合わせて紹介するなどの工夫が必要です。

③食事の際の配慮

訪日外国人旅行者の多くは**和食**を楽しみにしていますが、旅行者のもつ和食のイメージと、実際の和食は必ずしも同じではありません。また、日本人が和食で当たり前と思っていることが**訪日外国人旅行者**を当惑させてしまうこともあります。レストランとも協力して、**訪日外国人旅行者**に楽しんでもらえるように配慮することが大切です。

④日本旅館での配慮

食事と並び、**日本旅館**に宿泊することは訪日外国人旅行者にとって**ハイライト**の一つです。日本人にとっては当た

用語

FIT
個人または家族による少人数の外国旅行のこと。欧米系にあっては、訪日旅行客の9割以上がこの形態である。

FAM
ファムトリップやモニターツアーと呼ばれるツアーのこと。地方自治体や観光協会などがインバウンドの誘致のために、旅行業者やインフルエンサーなどを招聘し、無料または格安で実施するツアー。

SIC
定期観光バスツアーのこと。宿泊を伴わない場合が多く、京都市内、東京都内、富士山・箱根などが代表的な目的地。

プラスアルファ

中食（なかしょく）とは
昼食のこと。「ちゅうしょく」と「ちょうしょく」は**聞き間違えやすい**ため、このようによぶことがある。

り前と思えることでも細かく説明してあげる必要があります（例えば、**浴衣**を着るタイミングと着方、**大浴場**の入り方など）。

⑤多様な質問に対する準備と心構え

ツアー中、**訪日外国人旅行者**にとって一番身近な日本人は**全国通訳案内士**です。どんな質問であれ、極力答えてあげようとする姿勢は、全国通訳案内士のイメージアップになるだけでなく、日本全体のイメージアップにもつながります。そこで、普段から歴史・地理はもちろん、流行や最新の話題まで**広く情報を集める姿勢**をもつことが大切です。また、お客様の視点を意識すること、**相手国**の文化を理解し相手に伝わるように説明することも大事になってきます。

（3）添乗の準備

添乗前には、**手配会社**から必要な書類等を受け取り、すべて揃っているか確認します。書類が不足していると思われる場合には**担当者に必ず確認**すること、また、**携行金**（ファンド）**とチケット類**については、必ず金額や内容、枚数をチェックすることが大切です。

（4）添乗

お客様のニーズに応えながら旅行が手配通りに進むように**旅程を管理**していくのが、**全国通訳案内士**の主たる役割の一つです。添乗にはいくつかのパターンがあります。

①貸切バスでの添乗

バスの配車、定員や設備（マイク等）を確認し、バスが動き出す前に必ずシートベルト着用のお願いをします。また、交通状況は常に確認するようにします。

和室は**床の間**や**掛け軸**、**生け花**などについて紹介する良い機会になります。

プラスアルファ

チケット類に関する用語

バウチャーとは、ホテル・レストラン・観光施設等のサービス内容の支払いを保証する証憑（しょうひょう）のこと。**団体乗車券（団券）**は１枚の券で団体全員が乗車可能となる証票（⇔個札）。

プラスアルファ

団体減員証明書

当日取り消し等で人数の減少があった場合に、関係機関より**団体減員証明書**が発行される。

プラスアルファ

ジャパン・レール・パス

訪日外国人旅行者を対象に、JRグループ６社が共同して提供する**特別企画乗車券**。指定の鉄道、バス、フェリーで利用が可能。

②列車での添乗

駅構内の歩くコースや出発番線、乗車ホーム、改札口などを下見しておきます。短い停車時間内に電車に乗ることに慣れていないお客様もいるので事前に事情を説明しておきます。また、JRでは団体旅客につき様々な取り扱いがあり、時期によって随時変更されるので注意が必要です。

> ＋α プラスアルファ
> **JRの訪日観光団体割引**
> 訪日観光団体（訪日観光客**8人以上**と同行する全国通訳案内士等の旅行業者）は通年で**15%割引**を受けることができる。

③航空機での添乗

空港ターミナルの構内や、交通機関下車からチェックインカウンター、セキュリティゲートまでの動線を事前確認しておきます。搭乗手続きは、団体チェックインカウンターで、搭乗便出発予定時刻30分前までに、団券（包括旅行航空券引換証）とネームリストを渡します。また、手荷物の取り扱い区分は以下のようになっています。

> ＋α プラスアルファ
> **航空旅客の区分**
> **国際線**における小児は**2歳以上12歳未満**（幼児は2歳未満）、**国内線**における小児は**3歳以上12歳未満**である（幼児は3歳未満）。

■手荷物

①受託手荷物（国内線のエコノミークラスの場合）

最大重量	一人につき合計100kgまで（1個につき32kgまで）
無料手荷物許容量	20kg（超過分については超過手荷物料金を支払う）
個数	制限なし
サイズ（1個につき）	JAL：50×60×120cm ANA：3辺の和が203cm以内

②機内持込手荷物（国内線の場合。国際線は航空会社によって違いがある）

個数／サイズ	①　身回品1個： ②　荷物1個： （100席以上の機体の場合） 3辺の和が115cm以内で、 55×40×25cm以内 （座席数100未満の場合） 3辺の和が100cm以内で、 45×35×20cm以内
最大重量	①＋②＝10kg以内

④船舶での添乗

船内の座席やデッキ、売店の場所、救命具等の位置を確認します。

⑤立ち寄り先観光

もし人数に変更があれば、早めに連絡します。**禁止事項**（撮影禁止、フラッシュ使用禁止、禁煙、自撮り棒使用禁止、私語禁止等）がある場合は注意を喚起しておきましょう。

> ＋α プラスアルファ
> **航空関係の用語**
> **ロストバゲージ（Lost baggage）**は航空機に預けた荷物の紛失、他の空港への誤送のこと。**タリフ（Tariff）**は料金表のこと。

⑥食事・宿泊施設について

食事の際は、外国のお客様の場合、馴染みのない**食材**に戸惑っていることがあるので、必要に応じて**料理**の説明をします。

宿泊時、人数に変更があった場合は早めに連絡しましょう。部屋に分かれて入るときや夕食時など、施設スタッフとお客様との間で**通訳**が必要になる場合が多いので、常に全体の状況に気を配る必要があります。

⑦自由行動等について

自由行動（フリータイム）後の集合時間・場所を明確に案内します。また、**添乗員への連絡方法**(携帯電話番号等)を書いたものを渡しておきます。

⑧最終日／帰着・解散

必要がある場合は**アンケート**を配布し回収します。また、お客様の協力に感謝しつつ最後の**挨拶**を行います。必ず**忘れ物確認**は行いましょう。

（5）報告・精算

報告と精算をきちんと終えて、初めて一連の添乗業務が終了します。エージェントや旅行会社にとって、参加した旅行者の満足度やツアーの改善点は貴重な情報になるので、しっかりした報告になるよう心がけます。あとでまとめやすいように、ツアー中も1日の終了後にその日分の内容をまとめておくと良いでしょう。

領収書については、宛名、日付、金額、明細について不備がないか確認します。万が一不備があれば、正しい物を再発行してもらうように至急依頼します。

経理には**締日**があるので月末は要注意です。担当者に**提出期限**を確認しておくと良いでしょう。

プラスアルファ

入れ込み電話
ホテル・レストラン・観光施設等に到着前に到着予定連絡を入れることを**入れ込み電話**という。添乗業務では欠かすことはできない。

プラスアルファ

オプショナルツアー
自由行動中に、**旅行業者が別途募集する企画旅行**のこと。集合、出発、帰着の場所、時間、見学の場所、内容などを参加者に案内する。ツアーの内容によっては全国通訳案内士が同行する場合もある。旅行中にツアーを販売する際は、**旅行者に対して強制的にならないよう**に注意する。

スケジュールや運送機関で特に注意を要したものや、ツアー内容について添乗員の目から見て**改善**した方が良いと思われる内容があれば、今後の参考になるので**報告**しておきましょう。

要点マスター　旅程管理の実務

旅程管理	狭義の旅程管理、広義の旅程管理
添乗の注意点	近年の訪日外国人旅行者は多様化、相手の気持ちに合わせた対応

Let's Try 確認テスト

正解したらチェックマーク☑を入れましょう

□ ①　旅行業法第１条（目的）について、次の空欄にあてはまる最も適切な語句を次から一つ選びなさい。**2019**

この法律は、旅行業等を営む者について登録制度を実施し、あわせて旅行業等を営む者の業務の適正な運営を確保するとともに、その組織する団体の適正な活動を促進することにより、旅行業務に関する［ a ］の維持、旅行の［ b ］及び旅行者の［ c ］を図ることを目的とする。

a　ア　適正な取扱い　イ　契約の自由　ウ　取引の公正　エ　確実な手配
b　ア　円滑な実施　イ　企画の充実　ウ　健全化の推進　エ　安全の確保
c　ア　利便の増進　イ　権利の増大　ウ　利益の確保　エ　需要の増大

□ ②　旅程管理に関する記述として、正しいものを次から一つ選びなさい。**2020**

ア　広義の旅程管理とは、通訳案内を行うに当たって訪日外国人旅行者の旅行が円滑に実施されるよう、交通機関、宿泊施設、食事施設等の調整や案内等、訪日外国人旅行者のサポートを行うことを言う。
イ　全国通訳案内士が手配旅行の添乗を行う場合には、旅程管理主任者の資格が必要となる。
ウ　全国通訳案内士は、旅行業法に基づく旅程管理業務（狭義の旅程管理）と通訳案内士法に基づく通訳案内に付随する旅程管理（広義の旅程管理）を合わせた旅程管理業務を行わなければならない。
エ　訪日外国人旅行者から通訳案内を直接依頼された場合においても、狭義及び広義の旅程管理業務は実施する義務が発生する。

□ ③　次の空欄にあてはまる最も適切な語句を次から一つ選びなさい。**2022**

［ a ］とは、乗り合い・混載の観光ツアーや定期観光バス
［ b ］とは、スポーツ観戦や芸術探訪など特別な目的を持ったツアー

ア　a　ICT　b　SIT　イ　a　FAM　b　SIC
ウ　a　SIC　b　SIT　エ　a　ICT　b　FAM

解答　①aウ　bエ　cア／②ア／③ウ

LESSON 2

危機管理、災害発生時の対応

学習のPOINT　頻出度：★★☆

Check! ／ ／ ／

危機管理、災害発生時の対応は事前調査や冷静な対応が必要である。また、コンプライアンスの面から通訳案内士法以外の法律も知っておくべきである。

1 危機管理と事前調査

（1）全国通訳案内士にとっての危機管理の基本的考え方

なぜ、全国通訳案内士が**危機管理**の対応に努めなければならないのでしょうか。日本人の国内旅行と比較して、①時期変更が困難、②国内情報が不足している、③身体の対応、の３点で**訪日外国人**による旅行では危険への対応がより困難になるからです。

全国通訳案内士が危機に適切に対応し、**クレーム**や**トラブル**を減らすためには、①事前調査、②危機の事前防止及びトラブルの最小化、③危機発生後の適切な対応、が重要となります。

（2）事前調査

日本地理や観光情報など一般的な情報のほかに、当該地域について未知な領域があるときは**事前調査**が必要となります。

①依頼者からの情報の収集・整理

手配内容を事前に確認しておくと、添乗中に余裕ができ、確実に業務を行うことができます。

②事前調査のポイント

まず、**ウェブサイト**や**文献**による調査を行います。インターネットを活用すれば、名所・観光施設の情報、統計

プラスアルファ

日本の夏

摂氏35℃を超える暑さは南ヨーロッパなどでも見られるが、さらに**湿度の高い**日本の夏は外国人旅行者の多くにダメージを与える。

災害時等の危機管理だけでなく、**クレーム**も全国通訳案内士にとって**重大な危機**にあたります。クレームが出ないようにすることも**危機管理**の一つです。

プラスアルファ

手配内容の事前確認

ツアー参加者の人数・名前のほか、国籍や宗教なども事前にわかった方が対応しやすくなるが、必要以上の情報収集は**プライバシー侵害**の可能性があるので気をつける。

データなどはその大部分を入手することができます。ホームページやパンフレットを見てわからないことがあったら、直接施設にメールや電話で確認します（**ヒアリング**）。経験のある先輩や仲間からの情報、過去の日報なども非常に役に立ちます。そして、出発前に**シミュレーション**を行っておくことも大事です。事前に起こりそうなトラブルを想定し、その**対応策**を考えておくのです。

例えばロープウェーが故障して予定の山頂観光ができなかったときどうするか事前に考えておけば、現地でいざそうなったときにスムーズな対応ができます（山の近くで**代わりに楽しめる場所を探しておく**等）。

③下見による調査

日程に余裕がある場合、あまり経験がない場合は、下見が重要です。事前に下見を行い、十分に準備することで気持ちに**ゆとり**ができ、お客様の対応にも**ゆとり**ができます。

（3）危機の事前防止及びトラブルの最小化

①広義での危機としてのトラブルを防止する方法

ツアー中は当日しか収集できない情報（交通、天気など）の収集を心がけ、お客様に適切な提供、アドバイスをできるようにします。当初の予定通りいかない場合であっても、**適切な情報提供**があればクレームは少ないものです。

②トラブル事前防止の方法

スケジュールの遅延は、芋づる式に様々なトラブルを引き起こします。そこで、スケジュールの遅延はできるだけ避けるべきです。そのためには、**あらかじめスケジュールに余裕、遊び**をもたせておくことが重要です。

③迷子を出さないための工夫

集合時間・場所の連絡は徹底するほか、ツアー最初の案内時に緊急連絡時の電話番号を書いたものを渡すなどの工夫が必要です。

プラスアルファ

地図は最大の情報源
緯度と高度の組み合わせで**平均気温**が推定できる。**高度が100m上がると、気温は0.6℃下がる**。例えば、富士五湖は標高900mなので都心部と比べて約5.5℃低い。また、緯度が低くなると平均気温は上がる。

プラスアルファ

観光ガイド最大の難所は山岳ツアー
遭難は絶対に避けなければならない。山岳では**天候判断**が極めて重要である。

（4）危機発生後の適切な対応

①危機における基本姿勢

まず「あわてない」ことが第一です。現状を把握し可能な限り最善を尽くします。旅行会社など**管理責任**を有する機関があれば、すみやかに連絡を取り指示を仰ぎましょう。

②クレームへの適切な対処

初めにクレーム内容をよく聞きましょう。そして、エージェントに**報告・連絡・相談**します。お客様には状況を説明し、丁寧にお詫びします。ただ、安易な謝罪の言葉は**賠償責任**に発展するので要注意です。

要点マスター　危機管理と事前調査

通訳案内士と危機管理	訪日外国人旅行者の性質から特に注意する必要がある
事前調査	クレームやトラブルを減らすために必要

2 災害発生時等における適切な対応

（1）災害発生時等の対応の基本

①災害発生時における行動の基本

何よりもまず、**ツアー参加者全員の生命**を守り、**安全を確保**するように努めることが大切です。その際、**全国通訳案内士**は、お客様が外国人のため、①日本で発生する災害の基本的知識や避難行動について、日本人が通常もっている知識をもち合わせていない、②土地鑑がないため、いざというときの避難行動が円滑に進まない、③**日本語能力**に制限があり、災害時の情報入手や**コミュニケーション**が困難になる、④**文化の違い**から集団行動に慣れ親しんでいない、などの点に特に注意する必要があります。

プラスアルファ

主な危機管理対応の事例

① 遊覧船の欠航

代替サービスの提供が不可能な場合、**その部分のみ旅行契約を解除**することになる。返金する場合、多くは**帰着後ではなく、ツアー中に**行われる。

② 航空機内での緊急事態

冷静沈着を保ち、航空会社の指示に従う。避難した後は参加者が**全員いるかを確認**し、**速やかに旅行会社へ連絡**する。

③ 航空機等での荷物紛失

荷物を紛失されたお客様に対して必要に応じて補助し、航空会社と連絡を取りつつ、**他のお客様の誘導や待機場所の指定**等、適切な指示を行う。

プラスアルファ

謝罪の注意点

もしトラブルの原因が旅行会社や関係機関側にある場合、もちろんお詫びすべきである。しかし、**賠償責任**が発生する可能性がある場合は、**安易にガイドの一存で責任を認めて謝罪すると、賠償の支払いをする意思がある**とみなされることもある。

②初動対応ー災害が起きたらー

まずは大声で「大丈夫。落ち着いて！」と声をかけます。そして、落ち着いたところで状況を説明し**冷静な行動**をよびかけます。また、**エージェント**にはできるだけ早い段階で一度報告を入れます。その際、外部からの客観的情報を入手し今後の指示を仰ぎます。

③避難行動

情報を整理し、今後の方針を決定します。地理的な特徴（津波が発生しやすい等）を考慮に入れ、**科学的な思考**のもと**的確な判断・行動**を行うように努めましょう。

④けが人・急病人の対応

大きな災害ではない、行程中の事故・急な病気などへの対応でも、**お客様の保護**が最優先です。状況により、救急車の手配や病院への搬送を行います。お客様が任意の**旅行傷害保険**に加入している場合は必要書類を入手します。ツアー担当者への連絡をすみやかに行い、交通事故の場合は警察に届けましょう。

（2）救急救命措置

①救急救命措置における全国通訳案内士の役割

全国通訳案内士としては、119番への通報、医師・看護師等医療関係者、お客様の親族・友人等への協力依頼等、**語学を生かした対応**を最優先に行動します。

②応急手当

突然の怪我や疾病が起きた時に、家庭や職場など、その場でできる手当のことを「**応急手当**」といいます。応急手当にはどのようなものがあるか、次ページの図で確認してみましょう。緊急事態といってもすべてが生命にかかわるような重いものとは限りません。図のうち、「その他の応

例えば、地震のない国から来た人は、地震が起こる→建物が倒壊するかもしれないので避難する必要があるなど、とっさに想像できないこともあります。また、ずっと山奥や内陸で暮らしてきた人は、地震発生時に海辺は津波の被害を受ける可能性があると気付けないかもしれません。**お客様一人ひとりへの対応力**が問われます。

急処置（ファーストエイド）」に該当するものは足の捻挫、軽いやけど、慣れない食事による腹痛などで、全国通訳案内士が実際に遭遇する傷病は、こちらの方が圧倒的に多いといえます。

重度の傷病は**生命**にかかわることもあり、1分1秒を争います。**緊急事態発生**時には、ただちに対応できることが大切です。

例えば、**心臓停止**の場合、心臓停止後3分放置の場合50%は生存しますが、10分放置されると100%死亡してしまうのです。

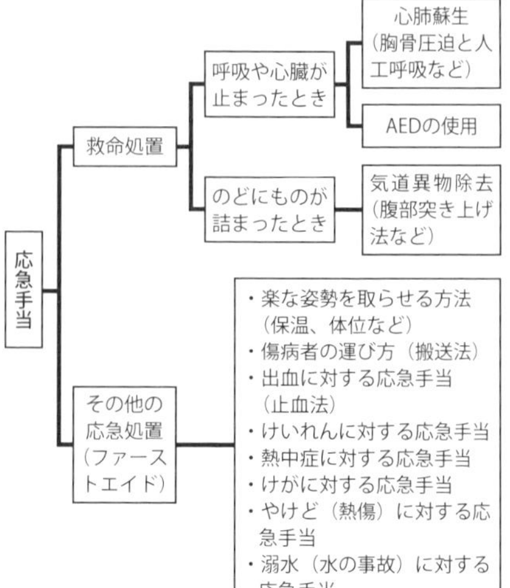

応急手当の種類

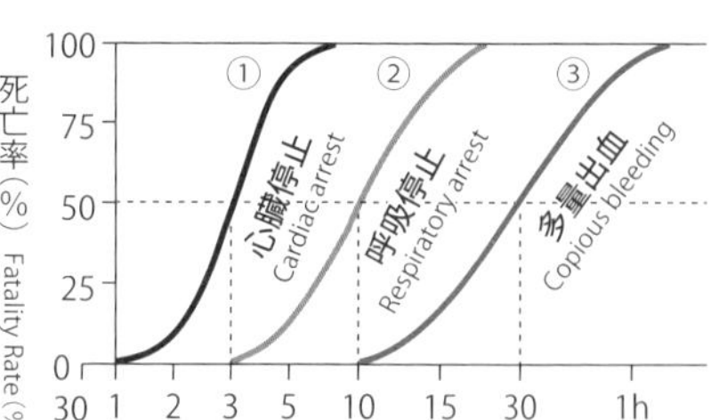

①心臓停止後3分で、死亡率約50%
A fatality rate of 50% 3 minutes after cardiac arrest

②呼吸停止後10分で、死亡率約50%
A fatality rate of 50% 10 minutes after respiratory arrest

③多量出血後30分で、死亡率約50%
A fatality rate of 50% 30 minutes after copious bleeding

カーラーの救命曲線

（3）外国人旅行者に対応可能な医療施設等に関する知識

①どの医療施設を受診するか

患者が外国人の場合、最初に直面するのが言語の問題、次に**保険**と**医療費**の問題です。例えば、無保険で治療を受けると全額患者負担になり思わぬ高額請求となり、旅行中

プラスアルファ

熱中症の対処法

熱中症は暑い時期のみではなく、**一年中発症**する可能性があるので注意が必要である。症状が現れたらすぐに涼しい所で安静に寝かせ、送風や体表面の冷却を行う。そして、意識がある場合に限り、スポーツドリンクや塩水等で水分補給する（**意識がない場合は水分を与えてはいけない**）。

子どもが病気になった場合、周囲の大人の家族（特に母親）が動揺することが多いので、子どもだけでなく、**家族のケア**も十分行う必要があります。

AED

自動体外式除細動器のこと。**電気ショック**を加えることで**心室細動を止め、正しい心臓のリズム**に戻す。

ゆえに手持ちの現金も少なく、医療施設は通常クレジットカード決済を扱わないため、患者は途方に暮れてしまいます。そこで、近年では、外国人患者受入れ医療機関認証制度（JMIP）やジャパンインターナショナルホスピタルズ（JIH）推奨制度が始まり、認証・推奨を受ける医療機関が少しずつ増えています。また、アメリカではじまったJCIという認証団体の国際版の認証を受けた医療施設も外国人患者を受け入れています。

②遠隔医療通訳サービス

まだ医療通訳が常駐している医療施設は少ないため、電話やスカイプ、端末等を利用した遠隔医療通訳サービスがあります。

（4）危機管理／災害時対応で有用な情報

①自然災害時に役立つアプリケーション等

Safety tips for travelers

観光庁が**日本政府観光局（JNTO）**のサイト上で運営する情報サイトです。

ジャパンホスピタルガイド
（訪日外国人用病院検索アプリケーション）

「訪日外国人医療支援機構」（東京）が開発した訪日外国人旅行者向け**医療支援用アプリ**です。

②インバウンド向け旅行保険

日本の医療では、まだまだ海外の保険を扱うことは少ないのが現状です。そこで、外国人のためのインバウンド向け旅行保険が誕生しました。**日本滞在期間中のみの保険**のため保険料も手頃で、日本の医療施設でも使える保険は外国人にとっても安心・便利です。

プラスアルファ

病院と診療所
病院とは、**20床以上の病床（入院施設）を有する施設**で、診療所は**20床未満の病床、もしくは病床をもたない医療施設**のことである。総合の救急病院であっても、夜間当直の医師が、病人の必要とする**診療科の専門医でないことがある**ので要注意。

JMIP、JIH、JCIのいずれかの**認証**を受けた**医療施設リスト**を作成しておりインターネット上で公開されています。また、**観光庁(JNTO)**もHP上で**情報を公開**しています。ここには、**受診方法**や**主な症状と診療科目、海外旅行保険、多言語対応可能**か等についても掲載されています。

要点マスター　災害発生時等における適切な対応

災害発生時	ツアー参加者の生命と安全を最優先に、避難行動は冷静かつ臨機応変に
救急救命措置	語学を活かした対応を最優先に、特に言語・保険・医療費が問題となる

3 コンプライアンス

法令や規則を守ることを、**法令順守（コンプライアンス）**といいます。**全国通訳案内士**の業務においても、**通訳案内士法**を初めとする様々なルールを守って業務を行わなければなりません。

> （通訳案内士法の定める**禁止行為**）
> 第三十一条　全国通訳案内士は、次に掲げる行為をしてはならない。
> 一　通訳案内を受ける者のためにする物品の購買その他のあっせんについて、販売業者その他の関係者に対し金品を要求すること。
> 二　通訳案内を受けることを強要すること。
> 三　登録証を他人に貸与すること。
> **第三十二条**　全国通訳案内士は、前条に規定するもののほか、**全国通訳案内士の信用又は品位を害するような行為**をしてはならない。

では、上の法第三十二条に関連して全国通訳案内士が把握すべき法律についてみていきましょう。

（1）著作権法

全国通訳案内士の業務で日本の文化や歴史を伝えようとするとき、DVDや写真、ガイドブックなどを用いたくなりますが、これらを利用する際には著作権法に定められたルールを守る必要があります。

＋α プラスアルファ

訪日外国人の旅行保険加入率
2020年3月の観光庁発表によると、旅行保険の加入率は全体の**7割**で、うち半数は通訳等の追加サービスが付いていないタイプのものであった。保険未加入の割合は、欧米豪（23%）、東アジア（27%）、東南アジア（27%）。

用語

著作権法
文芸、学術、美術、音楽等の作品は、人間の思想や感情を創作的に表現したものである。この表現されたものを「**著作物**」、その創作者を「**著作者**」、著作者に付与される法的権利を「**著作権**」という。**著作権法**は、これらの著作物、著作者、著作権等に関係するルールを定めた法律である。

①著作権制度の概要

著作権法は、著作物、著作者、著作権等に関するルールを定めた法律です。

著作権は、国際条約等に基づき、右の図に示す権利で構成されています。

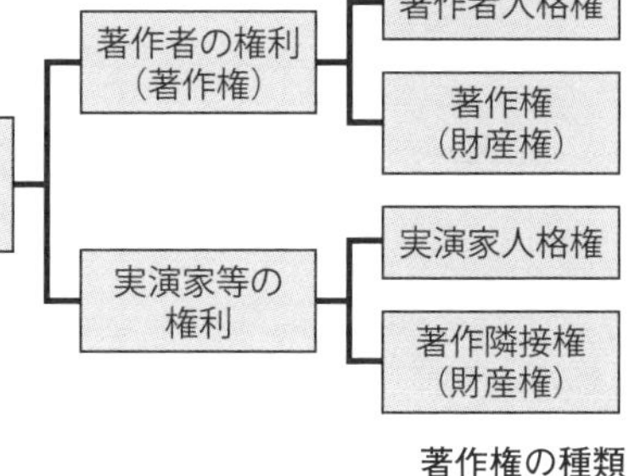

著作権の種類

著作権法では、著作物を「思想又は感情を創作的に表現したものであって、文芸、学術、美術又は音楽の範囲に属するもの」と定めています。著作権は、著作物を創作したタイミングで発生し、権利を得るための手続きは一切必要ありません。また、著作物の保護期間は、原則として**著作者の生存期間と死後70年間**と定められています。

②著作物の使用方法と罰則について

著作物を利用する際は、原則として著作者の許諾が必要になります。著作者の許諾が必要かどうかは右図の手順で調べることができます。

著作権侵害の罰則は、民事上の措置として侵害の差止、損害賠償、名誉の回復措置等を請求され、刑事上の罰則規定は**10年以下の懲役と1,000万円以下の罰金**のいずれか、又はその両方が科されます。法人の場合には３億円以下の罰金刑が科されます。

日本で保護されているものかどうか？ → No → 利用
Yes ↓
保護期間内のものか？ → No → 利用
Yes ↓
自由に使えるケースの場合かどうか？ → Yes → 利用
No ↓
著作権者を調べ、利用の許諾を得る → Yes → 利用

著作物の正しい利用手順

用語

著作者人格権

公表権（公表するかしないか、公表するとすれば、いつ、どのような方法で行うか）、**氏名表示権**（著作者名を公表するかしないか、実名か変名か）、**同一性保持権**（内容やタイトルを自分の意に反して変更されない）といった内容に分けられる。

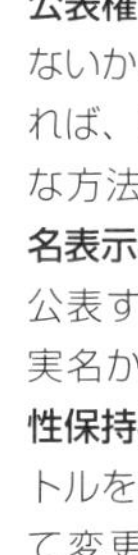

著作権（財産権）には複製権や上演権、上映権、展示権、譲渡権などはもちろん、**公衆送信権**や**二次的著作物の利用権**等も含まれます。

プラスアルファ

海外の著作物について

著作物は国境を越えて利用されるため、世界各国は条約を結ぶことで、お互いに著作物を保護し合っている。日本は著作権に関する主要な国際条約に加入しており、**大半の国々と保護関係にある。**

（2）道路運送法

①旅客自動車運送事業について

需要に応じ、自動車を使用して「有償」でお客様を運送する事業を「旅客自動車運送事業」といいます。自家用車で有償の運送を行うこと（いわゆる白タク行為）は原則として禁止されています。全国通訳案内士の業務との関連では、自家用車を用いた運送行為は「無償」で行い、その他の通訳案内業務を「有償」で行った場合が問題となりますが、違法行為になるというのが国土交通省の解釈です。

②旅客自動車運送事業者の利用について

近年の重大事故の発生を受けて、貸切バスのコンプライアンス整備が進み、運転時間・休息時間、交替運転者の確保等について定められています。

（3）商品・サービスの説明に関係する法令

買い物は旅行における楽しみの一つであり、訪日外国人旅行者に対し商品を紹介したり商品説明を翻訳したりするのは全国通訳案内士の業務の一つです。しかし、全国通訳案内士の口頭説明は、法で定められる「広告」又は「表示」に該当する場合があるので注意が必要です。

①医薬品、医療機器等の品質、有効性及び安全性の確保等に関する法律（薬機法）

誇大広告や、承認前の医薬品、医療機器及び再生医療等製品の広告は禁止されています。

②不当景品類及び不当表示防止法（景品表示法）

商品について不当な表示や過大な景品の提供がなされると消費者の選択に悪影響を与え、結果として消費者の利益を損なう場合があります。全国通訳案内士が直接の表示規

プラスアルファ

全国通訳案内士の業務における自家用車の使用

国土交通省は、運送行為自体につき、たとえ運送費の名目で金銭等を受け取っていなくても、**通訳案内業務に対価が支払われている場合**、運送にかかる経費は通訳案内業務で受け取る料金で賄われており、実態としては**有償**と判断されるとした。

プラスアルファ

貸切バスのコンプライアンス事項（一部要約）

・運転者の**連続運転時間は4時間を限度**とし、運転開始後4時間以内（又は4時間経過直後）に**30分以上の休憩**等を確保しなければならない。

・1日の運転時間は2日平均で9時間が限度である。

・1日の拘束時間（休憩・仮眠時間を含む）は13時間以内が基本である。

・実車距離が**原則500kmを超える場合**又は1日の運転時間が**原則9時間を超える場合、交替運転者**が必要である。

制の対象となることはありませんが、商品・サービス事業者と一体となって「不当な表示」を行ったとみられる場合、全国通訳案内士も規制の対象となる場合があります。

要点マスター コンプライアンス

通訳案内士法	あっせん行為につき金品の要求、通訳案内を受けることを強要、登録証の貸与等の禁止等
把握すべき法律	著作権法、道路運送法、薬機法、景品表示法等

Let's Try 確認テスト

正解したらチェックマーク☑を入れましょう

□ ① 事前調査に関する説明で誤っているものを次から一つ選びなさい。予想

ア ウェブサイトや文献調査で情報を入手できる。
イ お客様の情報は必要以上に調べない。
ウ トラブル時のシミュレーションは行わない。
エ 先輩の助言や過去の日報を参考にする。

□ ② 救急救命措置に関して、次の空欄に当てはまる最も適切な語句を次から一つ選びなさい。2018

心臓停止後［　　］分放置されると、その傷病者は50%死亡する。

ア 3分　イ 5分　ウ 7分　エ 10分

□ ③ 著作物の利用方法の中で、著作者の許諾なく使用した場合でも著作権に違反しないものを、次から一つ選びなさい。2020

ア 市販のガイドブックの地図のみを複写し、顧客の案内誘導用として使用した。
イ 大正時代に死亡している作詞家が創作した童謡の歌詞を、顧客向けの案内書面に掲載した。
ウ お客様が撮影した写真の中に独創的なアングルで表現された風景写真があったので、顧客向けのホームページに掲載した。
エ お客様（小学生）が書かれた旅行記を、旅行パンフレットに掲載した。

解答 ①ウ／②ア／③イ

生活文化への対応

Check! ／ ／ ／

学習のPOINT　頻出度：★★★

訪日外国人旅行者数が増え、文化・宗教的背景が異なる中、それぞれに応じた適切な対応が求められる。また、食は旅の楽しみだが、食物アレルギーへの注意も欠かせない。

1 宗教上の注意点

世界には**様々な宗教**があり、また、同じ宗教の信者でも居住地や年代によって**個人差**が大きいことを理解しましょう。

（1）イスラム教

①イスラム教について

イスラム教徒は、唯一絶対の神「**アッラー**」からの教えに従って生きている人々のことで、**ムスリム**とよばれます。イスラム教は「スンニ派」と「シーア派」の二つに大きく分類でき、スンニ派の信仰の基本は「六信五行」にまとめられます。六信とは、1）アッラー　2）天使　3）啓典（**クルアーン**：神の声の記録）　4）預言者　5）来世　6）天命（神が定めた運命）のこと。五行とは、1）信仰の告白　2）**礼拝**　3）喜捨　4）**断食**　5）巡礼のことです。シーア派では、スンニ派と異なる「五信十行」があります。

世界には約19.7億人のムスリムがおり、そのうち11.9億人近くがアジアで暮らしています。イスラム教というと、北アフリカや西アジアを想像しますが、**マレーシアやインドネシア**など東南アジアにもムスリムは多く、これらの国々からの訪日旅行者数は増えています。

全国通訳案内士がイスラム教に関して覚えておくべき言葉として、「**ハラル（HALAL）**」と「**ハラム（HARAM）**」があります。「**ハラル**」はアラビア語で「許可された」「合

キリスト教や仏教など、なじみのある宗教でも、宗派によって**教義**が異なり、多様な生活習慣や戒律、ルールがあります。

イスラム教
7世紀初めにアラビアの**ムハンマド**が預言者として神から授かった宗教である。唯一神「**アッラー**」を信じる一神教で、キリスト教、仏教とともに**世界三大宗教**の一つである。

用語

断食（ラマダン）
イスラム暦**9月**の1か月間は日中の飲食を絶つ。

法的」という意味で、「ハラム」は「禁じられた」「違法な」という意味をもちます。「ハラル」と「ハラム」の概念は、衣食住などムスリムの**日常生活すべて**に適用されます。

②食に対する禁止事項と嫌悪感

- 特に注意が必要な食材は**「豚」「アルコール」「血液」「宗教上の適切な処理が施されていない肉」**です。
- 「ブイヨン」「ゼラチン」「肉エキス」には豚の肉や骨が使われており、**注意**が必要です。また、市販の菓子や飲料に含まれる乳化剤は植物由来であるか否かを確認した方が良いでしょう。
- 「ラード」(豚の脂肪)は植物性油を代用すると良いでしょう。
- **豚を想起させる名称の料理**は、たとえ食材に豚が使用されていない場合でも感覚的に拒絶されることがあります。
- **アルコール**はいわゆる「お酒」以外にも「料理酒」や「調味料」「香り付け」等、様々に使われることがあり、特**に注意が必要**です。
- **血液**は不浄なものとして忌避されます。肉類や魚の焼き具合や調理方法に気を付けましょう。
- イスラム法に則り適切な処理を施した肉類は「**ハラル認証**」を取得することができます。

③ハラルフード（ハラル認証マークのついた食材）

ハラルフードは**ムスリムが安心して食べられる食材**ですが、国内では調達が困難な地域もあります。その場合は、はっきりとその旨をお客様に伝え、可能であれば「**ハラル**」対応の飲食施設等を紹介すると良いでしょう。

④礼拝

礼拝は日の出前・正午ごろ・日没前・日没直後・夜の1日5回行われ、ムスリムは**メッカのカアバ神殿の方角**に向かって礼拝します。1回の礼拝に要する時間は5～10分で、

「**ハラル**」や「**ハラム**」については地域や宗派により解釈が異なるので、事前のコミュニケーションや確認が大変重要となります。「ハラル」が単に「豚肉とアルコール抜き」といった寛容なものである可能性もあります。

プラスアルファ

ラマダンの時の食事
この期間の食事は**夜明け前と夜の2回**となり、夜の食事は普段の食事よりもむしろたくさんの量を食べる。**乳児や幼児、体調のすぐれない者（高齢者、重労働者、妊婦、生理中・授乳中の女性）**は断食をしなくてもよい。

プラスアルファ

イスラム教国のマクドナルドは？
ムスリムが食べてよい食材を用いた商品を開発し提供している。

ムスリムにとって毎日行う最も基本的な義務の一つです。ただし、**旅行中は回数を減らしたり、省略することもできる**とされています。ムスリムの旅行者に対応する場合は、彼らの習慣を尊重し、最寄りの**モスク**を調べておくなど、準備を整え柔軟な対応を行うのが望ましいでしょう。

（2）ユダヤ教

①ユダヤ教について

ユダヤ教徒は、厳格なユダヤ教徒（「超正統派」）と「改革派」、その中間の「保守派」の大きく三つに分けることができます。**イスラエル**のほか、米国やロシアなど世界各国に分布しています。

②ユダヤ教徒の食習慣

「**カシュルート**」とよばれる食事規定があり、食べてよいものと食べてはいけないものが厳格に区別されています。食べてよいものは、ヘブライ語で「適正な」という意味でKosher（「コーシャ」、「コーシェル」）とよばれます。

③食に対する禁止事項と嫌悪感

・特に注意が必要な食材は「**豚**」「**血液**」「**宗教上の適切な処理が施されていない肉**」「**乳製品と肉料理の組み合わせ**」です。
・ユダヤ教徒が食べてもよい食品は「**コーシャ（コーシェル）フード**」とよばれ、欧米などではスーパーマーケットで比較的簡単に手に入れることができますが、日本で「コーシャ認証」を受けた食品の入手は**困難**です。
・乳製品と肉料理の組み合わせとは、「**お腹の中で乳製品と肉料理が一緒になってはいけない**」ということで、チーズバーガーや肉入りシチューはもちろん、献立に乳製品と肉料理が一緒に存在すること、同じ調理器具で乳製品と肉料理を一緒に煮ることなども忌避されます。

プラスアルファ

ムスリムの礼拝
礼拝は基本的に**男女別々**で行うため、モスクでは入口も男女別々になっている。別々のスペースを確保できない場合は、カーテンやついたてで仕切ったりする。

「**キブラコンパス**」（メッカの方角がわかるコンパス）を持ち歩く人や、最近では、スマホにメッカの方角がわかるアプリを入れているムスリムもいます。

用語

ユダヤ教
古代イスラエルで起こった、唯一神「**ヤハウェ**」を信じる一神教である。ユダヤ人を神から選ばれた選民とみなし、救世主（**メシア**）の到来を信じる。モーセの律法「トーラー」、律法「タルムード」などの聖典がある。

④食事以外の禁止事項

安息日（シャバット）（金曜日の日没から土曜日の日没まで）には一切の労働が禁じられています。

（3）キリスト教

①キリスト教について

キリスト教徒は世界各地に居住しており、特にヨーロッパ、アメリカ大陸に多いとされます。

②食に対する禁止事項と嫌悪感

キリスト教では、基本的に食に関する禁止事項はほとんどありません。

（4）仏教

①仏教徒の多い地域

仏教徒は世界各地に居住していますが、その9割以上はアジアに分布しています（特に**東アジア**と**東南アジア**）。

②仏教徒の食習慣

一般には、殺生（せっしょう）すること、生き物を傷つけることを慎む意識がみられますが、肉食する人も多くみられます。

③食に対する禁止事項と嫌悪感

禁止事項がみられるのは、**一部の僧侶や厳格な信者**に限られます。

（5）ヒンドゥー教

①ヒンドゥー教とは

古代インドのバラモン教と民間信仰が融合したもので、**インドの宗教・社会制度・文化・風習**などが総合されたものを意味します。インド社会においては「**カースト**」とよ

プラスアルファ

安息日の過ごし方
火をおこすこと、書くこと、裁縫をすることなどはすべて**労働**とみなされ、現代でも一部の敬虔（けいけん）なユダヤ教徒は安息日には車の運転を控え、電気のスイッチさえ入れない人がいる。

用語

キリスト教
イエスを救世主として信じる宗教である。聖典は「**聖書**」（旧約、新約）であり、イスラム教、仏教とともに**世界三大宗教**の一つ。ローマ・カトリック教会、東方正教会、プロテスタント諸教会などの教派に分かれている。

用語

仏教
紀元前5世紀頃に**釈迦**を開祖として生まれた宗教で、仏となるための教えを説く。イスラム教、キリスト教とともに**世界三大宗教**の一つ。

ばれる独特な身分制度が今も残っています。ヒンドゥー教徒は**インド及びネパール**を中心に約12億人の信者がいるといわれています。

②食に対する禁止事項と嫌悪感

- 一般的に**乳製品**を多量に摂取します。高位のカーストや社会的地位の高い人ほど**肉食を避ける傾向**があります。
- ヒンドゥー教徒が食べることのできる肉の種類は、**鶏肉、羊肉、ヤギ肉**に限定されます。
- **牛は神聖な動物**として崇拝され、牛を食べることは禁忌とされます。
- **豚は不浄な動物**とみなされ、基本的に食べることはありません。

③テーブルマナー

ヒンドゥー教は穢れに対する意識が強いので、自分の皿によそわれたものは、決して**他人に取り分けてはいけません**（不浄は血液や唾液で感染すると考えられています）。

（6）ジャイナ教

①ジャイナ教とは

インドの宗教の一つで、徹底した**苦行**、**禁欲**、**不殺生**の実践を重視します。インドには約420万人のジャイナ教徒がいるといわれ、インド以外にはほとんど存在しません。

②食に対する禁止事項と嫌悪感

- **一切の肉食（肉類、魚介類）**が**禁止**されています。卵も食べません。

用語

カースト
「**バラモン**」（司祭者）、「**クシャトリヤ**」（王族）、「**バイシャ**」（庶民）、「**シュードラ**」（隷民）の四つを基礎に、現在では2,000以上のカーストが存在するといわれる。カースト内の団結は強く、カーストごとに職業、飲食、交際、通婚などに関し厳格なきまりが存在する。なお、**インド憲法**ではカーストが**否定**されている。

魚介類全般を忌避する場合、「**鰹節の出汁**」も対象となります。そのため「昆布出汁」などの野菜や海草を使った出汁を取る必要があります。また、一般的に**生ものを食べる習慣がない**ので、刺身や寿司は事前に確認した方が良いでしょう。

ジャイナ教徒のほとんどが宝石や貴金属を扱う仕事に就くという伝統があり、**経済的に大きな影響力**をもっています。

要点マスター 宗教上の注意点

基本的姿勢	お客様の宗教を尊重。個人によって信仰の程度に差がある
様々な宗教	イスラム教、ユダヤ教、キリスト教、仏教、ヒンドゥー教、ジャイナ教

2 食事制限の知識、飲食店等での受入れ

(1) ベジタリアン

①世界のベジタリアンの分布

ベジタリアンは世界各地に分布しており、アジアと欧米で多くなっています。

②ベジタリアンの分類

ベジタリアンはライフスタイルによっても様々なタイプがあります。次表はそれぞれの内容を整理したものです。

■ベジタリアンの分類

種類	野菜	肉類	乳製品	卵	魚介類	その他
①ビーガン、ピュア・ベジタリアン（純粋菜食）	○	×	×	×	×	・蜂蜜× ・一部は革など動物製品、根菜なども×
②ラクト・ベジタリアン（乳菜食）	○	×	○	×	×	
③ラクト・オボ・ベジタリアン（乳卵菜食）	○	×	○	○	×	・欧米のベジタリアンの大半がこのタイプ
④オリエンタル・ベジタリアン（仏教系菜食）	五葷のみ×	×	×	×	×	・食用以外の動物利用まで避けるとは限らない
⑤ペスキタリアン（魚菜食）	○	×	×	×	○	
⑥ポヨ・ベジタリアン	○	鶏のみ○	×	×	○	

プラスアルファ

主な国、地域別のベジタリアンの比率

国、地域	人口に占めるベジタリアンの比率
インド	約40%
台　湾	約13%
イタリア	約10%
スウェーデン	約10%
ドイツ	約9%
中　国	約5%
アメリカ	約3%

プラスアルファ

インドのベジ／ノンベジマーク

ベジタリアンが人口の半分近くを占めるインドでは、**ベジタリアン**と**ノンベジタリアン**の区分が明確で、レストランに行くとメニューの内容がベジとノンベジに明確に分かれており、テイクアウトや小売り食品には、ほとんど**ベジマーク**（緑色）または**ノンベジマーク**（赤色）が添付されている。

用語

五葷（ごくん）

ニンニク、ニラ、ラッキョウ、玉ねぎ、アサツキベジタリアンは一般的には前頁の表のように分類されますが、実際には鶏肉、魚肉、卵、乳製品の一部を食べる人もいるので、正確に確認しましょう。

（2）食物アレルギー

①食物アレルギーとは

食物アレルギーは、特定の食物を食べたときに体を守る**免疫**のシステムが**過敏**に働き、**アレルギー症状**が起きることです。食物アレルギーでみられる症状には、

1）**皮膚粘膜症状**（皮膚に湿疹やかゆみがみられる）
2）**消化器症状**（腹痛や吐き気）
3）**呼吸器症状**（くしゃみ、息苦しくなる）
4）**アナフィラキシー**（全身で起こるショック症状）

の四つがあります。

②食物アレルギーを起こす食べ物

アレルギーを起こす食物を「**食物アレルゲン**」といいます。食物アレルゲンの種類は多岐にわたるため、すべてのアレルゲンと症状を把握するのは不可能ですが、最低限理解しておきたいのは、**消費者庁**が表示義務等を規定している次の品目です。

【必ず表示される７品目】
そば、**落花生**、卵、乳、小麦、えび、かに
※そば、落花生は重篤な反応を引き起こす

【表示が奨励されている21品目】
あわび、いか、いくら、オレンジ、キウイフルーツ、牛肉、くるみ、さけ、さば、大豆、鶏肉、バナナ、豚肉、まつたけ、もも、やまいも、りんご、ゼラチン、ごま、カシューナッツ、アーモンド

和食がベジタリアンに対応した料理だと思い込んではいけません。野菜の炊き合わせであっても「**鰹節の出汁**」などを使っている場合があります。

プラスアルファ
特殊な食物アレルギー
生の果物や野菜で口の中が腫れたり、かゆくなったりする「**口腔アレルギー症候群**」もある。

プラスアルファ
見落としがちなアレルゲン
・てんぷらの衣に使われることがある牛乳（**乳アレルギー**）
・せんべいの衣に含まれていることがある魚粉（**魚アレルギー**）
・調味料に含まれていることがある発酵食品や各種エキス（**肉・魚アレルギー等**）

③食物アレルギーへの対応

アレルギーは人の命にもかかわる問題なので、しっかりした対応をしなければいけません。お客様の食物アレルギーの有無はできるだけ早くチェックし、食事予定の店や旅館に正確に連絡する必要があります。

（3）飲食店等での受入れ対応方法

①飲食店等での受入れにおける全国通訳案内士の役割

語学力を活かした的確なサポートが求められています。日本に興味があるが日本語や日本文化の知識がない**外国人旅行者**と、外国人に接した経験がないため、つい外国人旅行者の受入れに二の足を踏んでしまう**飲食店等**の橋渡しをしましょう。大事なのは、飲食店と連携して「**おもてなし**」の心で外国人旅行者に接することです。ゆっくり丁寧なおもてなしをするためには、お客様の食習慣・食文化に関する**事前の連絡・準備**が欠かせないことは言うまでもありません。

要点マスター　食事制限の知識、飲食店等での受入れ

食事制限の知識	ベジタリアンの種類、食物アレルギー、アレルゲンの品目
飲食店等での受入れ	おもてなしの心で、事前の連絡と準備を万全に

欧米では、食物アレルギーによるアナフィラキシーで死亡する例の大半は**ピーナッツ（落花生）**によるものです。ピーナッツは、お菓子だけではなく、**バンバンジー**や**担々麺**、炒め物などの料理にも使用されていることがあるため、注意が必要です。また、ピーナッツ類とナッツ類は分類上異なる食物ですが、ピーナッツアレルギー患者の3分の1が**ナッツアレルギー**を発症するとの報告があります。

宗教で**アルコール**が禁止されている**イスラム教徒**の中には、コース料理でワイングラスがテーブルに置かれていることに嫌悪感を表す人もいます。そのため、事前に飲酒の確認をするか、ワイングラスはさげておいた方が無難です。

Let's Try 確認テスト

正解したらチェックマーク☑を入れましょう

□ ① イスラム暦の9月にラマダンとよばれる1か月にわたる断食期間がある。この断食期間に関する事柄で最も適切なものを次から一つ選びなさい。**2018**

ア　断食期間中は一切の飲食が禁じられる。

イ　断食期間中であっても喫煙は自由にできる。

ウ　乳児や幼児、高齢者、妊婦などを含む体調がすぐれない者は断食をしないことが認められている。

エ　断食中でも水分は自由に摂取してよい。

□ ② アラビア語で「許可された」を意味する言葉を次から一つ選びなさい。**予想**

ア　モラル　　イ　ハラム

ウ　コラム　　エ　ハラル（ハラール）

□ ③ ベジタリアンのうちビーガンについての説明として正しいものを、次から一つ選びなさい。**2020**

ア　ビーガンは、牛などの動物は食べないが、鶏肉と魚介類は食べる部分的な菜食主義者をいう。

イ　ビーガンは、植物性食品だけを食べ、一切の動物性食品（肉類・魚介類・乳製品・卵など）のほか、蜂蜜も食べない。

ウ　ビーガンは、植物性食品と牛乳やチーズなどの乳製品のほか卵も食べる。欧米人のベジタリアンに多い。

エ　ビーガンは、植物性食品と魚介類を食べる食事法で、ペスコ・ベジタリアンとも呼ばれる。

□ ④ 食物アレルギーに関する次の記述のうち、最も適切なものはどれか、次から一つ選びなさい。**2019**

ア　アナフィラキシーは、蜂の毒が原因で生じるアレルギー症状であり、食物アレルギーの症状としては存在しない。

イ　消費者庁が食物アレルギー起こす食べ物として表示義務等を規定している7品目には、パクチー（香菜／シャンツァイ）が含まれる。

ウ　観光中に食事の予定がある場合は、お客様の食物アレルギーの有無を出来るだけ早くチェックし、該当した場合は直ちに利用予定の飲食店に報告をする必要がある。

エ　ピーナッツ（落花生）は、アレルギー症状が重篤であることが知られているが、ピーナッツ類とナッツ類は分類上異なる食品であるため他のナッツ類に関しては、アレルギー症状が出ることはない。

解答　①ウ／②エ／③イ／④ウ

ユーキャンの全国通訳案内士〈地理・歴史・一般常識・実務〉
速習テキスト＆予想模試　第３版

予想模擬試験

この「予想模擬試験」は、実際の試験に即した問題形式・構成になっています。時間配分を意識し、本試験をイメージしながら問題を解いてみましょう。試験時間は、下記の通り（本試験と同じ）です。また、間違えた問題については必ず復習し、再度チャレンジしてください。「解答・解説」は別冊となっています。予想模擬試験終了後、採点と弱点補強のため、ご活用ください。

- 日本地理　30分
- 日本歴史　30分
- 一般常識　20分
- 通訳案内の実務　20分

日本地理

各問題に対する解答はマークシートの解答欄にマークすること。例えば［1］と表示のある問題に対して④と解答する場合は、マークシート［1］の解答欄の④にマークすること。

1

北海道西部の［a］に面した小樽は、江戸時代にニシン漁の港として栄えた。明治以降、石狩炭田の積出港として発展し、b小樽運河が開削された。運河はその役割を終えたが、現在、人気の観光名所になっている。市の西隣り、［c］の付け根に位置する余市町とあわせて訪れる観光客も多い。

問1　空欄［a］・［c］に入る語句の正しい組み合わせはどれか、次の①〜④から一つ選びなさい。（2点）

① a石狩湾　c渡島半島　② a石狩湾　c積丹半島
③ a内浦湾　c渡島半島　④ a内浦湾　c積丹半島

［1］

問2　下線部b沿いに残る建造物はどれか、次の①〜④から一つ選びなさい。（2点）

① トラピスチヌ修道院　② 五稜郭　③ 旧篠田倉庫　④ 金森倉庫群

［2］

2

問1　東北地方では、馬に関する祭りが各地で行われている。次のうち、東北地方の馬の祭りではないものはどれか、次の①〜④から一つ選びなさい。（2点）

① チャグチャグ馬コ　② 相馬野馬追
③ シャンシャン馬　④ つがる市馬市まつり

［3］

問2　東北四大祭にあてはまらないものはどれか、次の①〜④から一つ選びなさい。（3点）

① 福島わらじまつり　② 仙台七夕まつり
③ 青森ねぶた祭　④ 山形花笠まつり

［4］

3

東京発青森行きのある観光ツアーのコースは、次の通りである。

ツアー１日目は、東京駅に集合し、新幹線で八戸駅へ。下車し、十和田市内を散策してから奥入瀬渓流へ移動。a 十和田湖遊覧船に乗船したあとで、十和田湖休屋を散策する。その後、b 八甲田山酸ヶ湯温泉付近を散策し、酸ヶ湯温泉に宿泊する。

ツアー２日目は、まずバスにて城ヶ倉大橋付近へ。その後、こけし館や黒石さくらまつりなど、黒石市を散策する。弘前市へ移動し、弘前さくらまつりを見学してから藤田記念庭園へ。青森空港から空路、羽田空港へ移動し、解散となる。

問1　下線部aに関連して、十和田湖の最大水深はどれか、次の①～④から一つ選びなさい。（2点）

① 127m　② 227m　③ 327m　④ 427m　　5

問2　下線部aに関連して、十和田湖の湖畔では、ある有名な魚の刺身や天ぷら、塩焼きなどを食べることができる。その魚とはどれか、次の①～④の中から一つ選びなさい。（2点）

① ワカサギ　② ウグイ　③ アユ　④ ヒメマス　　6

問3　下線部bに関連して、酸ヶ湯温泉の総ヒバ造りの大きな風呂が有名である。その風呂の名称はどれか、次の①～④から一つ選びなさい。（3点）

① 十人風呂　② 百人風呂　③ 千人風呂　④ 万人風呂　　7

4

新潟県には、日本海側で最大の人口を誇る$_{a}$新潟市をはじめ、日本で６番目に大きな島(北方領土を除く)・$_{b}$佐渡島、米のコシヒカリ、$_{c}$郷土料理では、のっぺい汁や笹寿司、塩引き鮭で有名な村上市、日本酒の$_{d}$八海山、スキーリゾートの越後湯沢など様々な魅力がある。県内の$_{e}$温泉も豊富にある。

問1　下線部aの新潟市に関して、1964年の新潟地震では、ある橋が液状化により落下する被害が出た。その橋の名称はどれか、次の①～④から一つ選びなさい。（3点）

①萬代橋　②永代橋　③勝鬨橋　④昭和大橋　[8]

問2　下線部bの佐渡島に関して、佐渡はある果物の栽培の北限とされている。その果物とはどれか、次の①～④から一つ選びなさい。（3点）

①温州みかん　②りんご　③キウイフルーツ　④メロン　[9]

問3　下線部cの郷土料理に関して、新潟県内の郷土料理はどれか、次の①～④から一つ選びなさい。（3点）

①じゃっぱ汁　②ザッパ汁　③へぎそば　④へしこ　[10]

問4　下線部dに関して、八海山は新潟県の山の名前でもある。新潟県内で気象庁が常時観測している活火山はどれか、次の①～④から一つ選びなさい。（3点）

①八海山　②新潟焼山　③小蓮華山　④雨飾山　[11]

問5　下線部eに関して、新潟県の温泉地のうちで、日本三大薬湯の一つとされ、温泉成分のホウ酸含有量が日本一の温泉はどこか、次の①～④から一つ選びなさい。（3点）

①松之山温泉　②瀬波温泉　③月岡温泉　④岩室温泉　[12]

5

栃木県は、関東地方の都道府県の中で最も広い面積をもっている。県内には観光地も多く、自然と温泉が豊かな地域である。北東部には那須温泉郷や$_a$なかがわ水遊園があり、北西部には、$_b$日光市や湯西川温泉などみどころが多く、東京からも日帰りの圏内にある。さらに、県の中心には餃子で有名な$_c$宇都宮市があり、また県南部には、$_d$栃木市、佐野市、$_e$足利市など歴史に触れることのできる場所が数多く揃っている。

問1　下線部aのなかがわ水遊園(大田原市)では、ある淡水魚を観察し、食べることができる。その魚とはどれか、次の①～④から一つ選びなさい。　(3点)

① ピラルク　② エンゼルフィッシュ
③ アリゲーターガー　④ レインボーフィッシュ　**13**

問2　下線部bの日光市には、いろは坂を登った先に有名な湖がある。湖畔には、フランスやイギリス、イタリア、ベルギー各国の大使館の別荘などがあることでも有名である。その湖の名称はどれか、次の①～④から一つ選びなさい。　(3点)

① 湯ノ湖　② 中禅寺湖　③ りんどう湖　④ 切込湖　**14**

問3　下線部cの宇都宮市には、いろいろな見どころがある。宇都宮市にないものはどれか、次の①～④から一つ選びなさい。　(3点)

① 二荒山神社　② 大谷資料館　③ 松が峰教会　④ 古峯神社　**15**

問4　下線部dの栃木市は蔵の街として有名であるが、その蔵の街をめぐる遊覧船が観光資源となっている。その河川の名称はどれか、次の①～④から一つ選びなさい。　(3点)

① 鬼怒川　② 箒川　③ 巴波川　④ 渡良瀬川　**16**

問5　下線部eの足利市にある国の史跡に指定されている寺で、真言宗大日派の本山であるものはどれか、次の①～④から一つ選びなさい。　(3点)

①輪王寺　②鑁阿寺(ばんなじ)　③惣宗寺　④大谷寺　**17**

6

埼玉県の川越は、かつての城下町であり、「小江戸」とも呼ばれる観光地である。川越のシンボルといえば蔵造りの町並みに高くそびえる a「時の鐘」で、今も昔と変わらず時を告げている。20件ほどの駄菓子屋が並ぶ[b]には素朴で昔懐かしい香りが漂い、環境省のかおり風景100選にも選ばれている。

問1　下線aに関連して、この高さについて正しいものはどれか、次の①～④から選びなさい。　(2点)

①6m　②16m　③26m　④36m　**18**

問2　空欄[b]に入る語句で正しいものはどれか、次の①～④から一つ選びなさい。　(2点)

①小江戸横丁　②おかげ横丁　③菓子屋横丁　④思い出横丁　**19**

問3　川越にある天台宗の名刹喜多院には、江戸時代、江戸城で化粧の間として使用されていた「書院」が移築されているが、この「書院」を江戸城で使用していたと伝えられるのは誰か、次の①～④から一つ選びなさい。　(3点)

①天璋院(篤姫)　②寛院宮(和宮)　③桂昌院　④春日局　**20**

7

千葉県の南房総地方には、自動車で都心から首都高速に乗り、京葉道路を経て向かうことになる。国道297号線を南に走ると、勝浦市に到着する。国道128号線を、半島の南端沿いに西へ走ったところにある$_a$誕生寺は、ある有名な鎌倉仏教の開祖の誕生を記念して建てられた寺院だ。そこからほど近い鯛の浦を経て、さらに西へ走ると、鴨川シーワールドがある。ここでは、イルカとシャチのショーなどが楽しめる。半島の南端へさらに進むと、和田港が見えてくる。港近くの飲食店では、$_b$くじら料理を食べることができる。半島最南端にある$_c$有名な灯台を見ながら北上し、$_d$館山市内へと向かう。

問1 下線部aに関連して、誕生寺は、ある有名な鎌倉仏教の開祖の誕生を記念して建てられた。その開祖とは誰か、次の①～④から一つ選びなさい。 (3点)

① 一遍　② 日蓮　③ 法然　④ 親鸞　**21**

問2 下線部bに関連して、現在、国内の捕鯨基地でないものはどれか、次の①～④から一つ選びなさい。 (3点)

① 和歌山県太地町　② 宮城県石巻市
③ 北海道網走市　④ 高知県高知市　**22**

問3 下線部cに関連して、明治時代の初めに造られた、この灯台の名称はどれか、次の①～④から一つ選びなさい。 (3点)

① 太東埼灯台　② 野島埼灯台
③ 飯岡灯台　④ 犬吠埼灯台　**23**

問4 下線部dに関連して、館山市にある館山城の城主としてこの地を治めていたのは誰か、次の①～④から一つ選びなさい。 (3点)

① 武石氏　② 臼井氏　③ 千葉氏　④ 里見氏　**24**

8

静岡県の熱海市は温泉で有名である。徳川家康が自分の子を連れて、熱海温泉で湯治をしていたことでも知られている。また、徳川４代将軍の家綱の時代には、熱海の湯を江戸城まで御汲湯（おくみゆ）として運んでいた。

問1　温泉地の熱海は、「貫一とお宮」が登場する小説の舞台としても知られている。この小説の作者は誰か、次の①～④から一つ選びなさい。　(3点)

① 夏目漱石　② 尾崎紅葉　③ 太宰治　④ 泉鏡花　【25】

9

紀伊半島は、近畿地方南部にあたり、日本最大の半島でもある。紀伊半島を構成する県は、三重、奈良、和歌山の３県である。

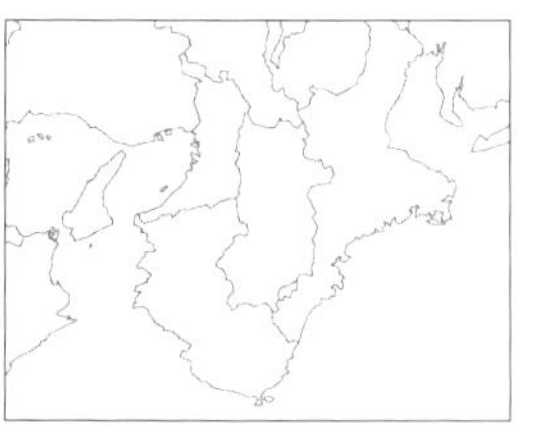

問1　和歌山県には、日本三大瀑布の那智の滝があるが、隣の三重県にも日本の滝100選に選ばれている滝がある。山岳信仰の聖地でもあり、滝のある渓谷が、およそ４kmのハイキングコースになっており、峠を挟んで香落渓（かおちだに・こおちだに）へとつながっている。この滝の名称はどれか、次の①～④から一つ選びなさい。　(2点)

① 原尻の滝　② 赤目四十八滝　③ 布引の滝　④ 吹割の滝　【26】

問2　三重県には日本を代表する神社である伊勢神宮がある。伊勢神宮の式年遷宮は、何年に一度行われるか、次の①～④から一つ選びなさい。　(2点)

① 5年　② 10年　③ 15年　④ 20年　【27】

問3　三重県は、ある宝石の量産技術が確立した場所として知られている。その宝石とはどれか、次の①～④から一つ選びなさい。　(2点)

① エメラルド　② 真珠　③ オパール　④ ダイヤモンド　【28】

10

京都観光の代表的なルートを挙げると、まず、「清水の［a］」で知られる清水寺だ。音羽の滝で清水を飲んだ後は、銀閣寺へ向かう。足利義政の造営で、東山文化のわびさびを味わえる。銀閣寺から熊野若王子神社まで、哲学者の西田幾多郎が思索にふけったことが名前の由来となった、哲学の道をゆっくりと散歩する。その後は、枯山水庭園と明治時代建築の赤レンガの水路閣で有名な［b］を訪れる。

問1　空欄［a］に入る語句として、最も適切なものはどれか、次の①～④から一つ選びなさい。（2点）

①柱　②屋根　③やぐら　④舞台　［29］

問2　空欄［b］に入る語句で正しいものはどれか、次の①～④から一つ選びなさい。（2点）

①龍安寺　②南禅寺　③知恩院　④三千院　［30］

11

本州と四国を結ぶ三つのルートについて、以下の問いに答えなさい。

問1　本州と四国を結ぶルートに、世界最大級の吊橋といわれている明石海峡大橋（神戸市と淡路島を結ぶ）がある。明石海峡大橋の中央支間（スパン）長はいくらか、次の①～④から一つ選びなさい。（2点）

①911m　②1,911m　③1,991m　④2,911m　［31］

問2　瀬戸大橋の北側に位置する中国地方について不適当なものはどれか、次の①～④から一つ選びなさい。（3点）

① 鳥取県の東部には、日本最大級の砂丘がある。
② 島根県の中部には、世界遺産である石見銀山遺跡がある。
③ 岡山県には、中国地方で唯一の原子力発電所がある。
④ 広島県には、中国地方で唯一の広域中心都市がある。

32

問3　瀬戸大橋の南側に位置する四国地方について不適当なものはどれか、次の①～④から一つ選びなさい。（3点）

① 香川県には四国地方で唯一の高等裁判所がある。
② 徳島県の北東部の沿岸には、日本有数の渦潮が見られ、重要な観光資源となっている。
③ 愛媛県の南西部には、リアス式海岸が広がっており、魚介類の養殖がさかんである。
④ 高知県の山間部には、四国地方で唯一のスキー場がある。

33

12

九州地方は、九州地方全体の都といってもいい福岡県をはじめ、伊万里焼で有名な佐賀県、畜産とフルーツで有名な宮崎県、西郷隆盛・大久保利通、シラス台地、大うなぎで有名な鹿児島県など各地域で特色がある。

問1　福沢諭吉の出身地としても有名な大分県の中津市は、あるご当地グルメでも有名である。専用のマップもあり、中津市の振興に役立っているグルメとはどれか、次の①～④から一つ選びなさい。（3点）

① からあげ　② とんかつ　③ カレーライス　④ やきそば

34

問2　九州のある市は、緑茶の生産量が市町村単位で全国1位である。この市で栽培されている緑茶の名前はどれか、次の①～④から一つ選びなさい。（3点）

① くまもと茶　② 嬉野茶　③ 八女茶　④ 知覧茶

35

問3　金属の金といえば、江戸時代に栄えた佐渡金山、西伊豆の土肥金山などが有名であるが、鹿児島県には、現在も商業ベースで稼働中の金鉱山がある。その鉱山名はどれか、次の①～④から一つ選びなさい。（3点）

① 天草鉱山　② 波佐見鉱山　③ 菱刈鉱山　④ 明延鉱山　36

13

沖縄県には、15世紀前半に成立した琉球王国の独特の文化が今に残る。2000年に、「a琉球王国のグスク及び関連遺産群」として世界文化遺産に登録され、今帰仁城跡、首里城跡など合計９資産が構成資産となっている。那覇市でおみやげ屋が並ぶ人気スポットはb国際通りで、焼き物体験をしたい観光客には、壺屋やちむん通りなどが人気だ。

問1　下線部aの「琉球王国のグスク及び関連遺産群」について、構成資産に含まれないものはどれか、次の①～④から一つ選びなさい。（2点）

① 斎場御嶽　② 識名園　③ 園比屋武御嶽石門　④ 宮良殿内　37

問2　下線部bに関連して、観光地になっている通りと、所在する都道府県の組み合わせが正しいものはどれか、次の①～④から一つ選びなさい。（3点）

① 高田雁木通り ― 新潟県　② 七日町通り ― 宮城県
③ 中町通り ― 岐阜県　④ おはなはん通り ― 長崎県　38

日本歴史

各問題に対する解答はマークシートの解答欄にマークすること。例えば［1］と表示のある問題に対して④と解答する場合は、マークシート［1］の解答欄の④にマークすること。

(1) 朝鮮半島や中国とさかんな交渉があった古代の日本では、新しい技術や文化が主として朝鮮半島からの渡来人によって伝えられた。6世紀に仏教を日本にもたらした国はどれか、次の①〜④から一つ選びなさい。 (3点)

① 新羅　② 渤海　③ 高句麗　④ 百済　［1］

(2) 奈良県の［a］にある石舞台古墳は、日本の古代史に登場する重要人物の墓ではないかと考えられている。

問1 空欄［a］に入る語句として、最も適切なものはどれか、次の①〜④から一つ選びなさい。 (3点)

① 明日香村　② 斑鳩町　③ 奈良市　④ 天理市　［2］

問2 石舞台古墳に関する説明として、最も適切なものはどれか、次の①〜④から一つ選びなさい。 (3点)

① 推古朝で活躍した蘇我馬子の墓と推定されている。
② 養蚕や機織で大和政権に仕えた弓月君の墓といわれている。
③ 万葉歌人として知られる柿本人麻呂の墓との伝承がある。
④ 乙巳の変で倒された蘇我入鹿の墓と伝えられている。　［3］

(3) 右の写真は、［a］が、皇后の病気回復を祈り創建した寺院に建つ［b］を代表する建築物である。この塔は、明治時代に来日した［c］によって「凍れる音楽」と評されたことでも有名である。

問1 空欄［a］に入る語句として、最も適切なものはどれか、次の①〜④から一つ選びなさい。 (2点)

① 聖武天皇　② 天武天皇　③ 醍醐天皇　④ 桓武天皇　［4］

問2　空欄 b に入る語句として、最も適切なものはどれか、次の①～④から一つ選びなさい。　(2点)

①天平文化　②国風文化　③飛鳥文化　④白鳳文化　5

問3　空欄 c に入る語句として、最も適切なものはどれか、次の①～④から一つ選びなさい。　(3点)

①コンドル　②フェノロサ　③キヨソネ　④ベルツ　6

(4) 右の阿修羅像は、奈良県の a に安置されていて、奈良時代のものといわれている。 a は藤原氏一門の氏寺であり、山階寺、厩坂寺という寺名を経て、710年平城遷都の際に、 b によって名づけられ、現在の名称になった。

問1　空欄 a に入る語句として、最も適切なものはどれか、次の①～④から一つ選びなさい。　(2点)

①興福寺　②法隆寺　③唐招提寺　④国分寺　7

問2　空欄 b に入る語句として、最も適切なものはどれか、次の①～④から一つ選びなさい。　(2点)

①藤原定家　②藤原不比等　③藤原道真　④藤原鎌足　8

(5) 右の写真は、空海が最澄に宛てた『風信帖』の一部である。空海は、 a を広めた宗教家としてのみならず能筆家としても知られ、後世、三筆の一人としても尊崇された。

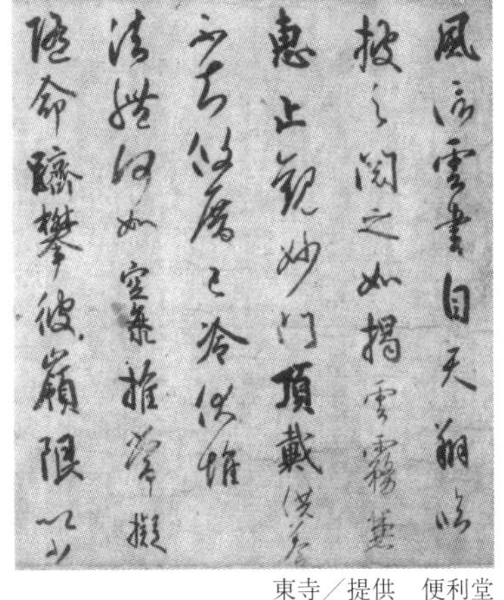

東寺／提供　便利堂

問1　空欄 a に入る語句として、最も適切なものはどれか、次の①～④から一つ選びなさい。　(2点)

①華厳宗　②真言宗
③天台宗　④浄土真宗　9

問2　空海と共に三筆の一人とされる人物は誰か､次の①～④から一つ選びなさい。（3点）

①橘逸勢　②藤原佐理　③小野道風　④藤原行成　10

(**6**) 右の写真は、1185年に行われた源氏と**a**平氏最後の戦いの古戦場跡である。２体の銅像のうち、右側のいかりをかついでいる人物が、平氏軍を率いた平知盛、左側の人物が、源氏軍を率いた［b］である。

問1　下線部**a**の一族が貿易に力を注いだ中国の王朝として最も適切なものはどれか、次の①～④から一つ選びなさい。（2点）

①隋　②唐　③宋　④明　11

問2　空欄［b］に入る語句として、最も適切なものはどれか、次の①～④から一つ選びなさい。（3点）

①源頼朝　②源義経　③源義仲　④源実朝　12

(**7**) 右の写真は、［a］が、中国南宋より来朝した［b］を開山として創建した寺院である。鎌倉五山第１位のこの寺は、同第２位の［c］とともに、今日多くの観光客に親しまれている。

問1　空欄［a］に入る語句として、最も適切なものはどれか、次の①～④から一つ選びなさい。（2点）

①北条高時　②北条時頼　③北条泰時　④北条時宗　13

問2　空欄［b］に入る語句として、最も適切なものはどれか、次の①～④から一つ選びなさい。（3点）

①無学祖元　②夢窓疎石　③蘭溪道隆　④春屋妙葩　14

問3　空欄 c に入る語句として、最も適切なものはどれか、次の①～④から一つ選びなさい。（3点）

① 円覚寺　② 天龍寺　③ 建長寺　④ 寿福寺　15

(8) 一条兼良は、室町中期に太政大臣・関白にまで昇進した公卿で、博学多才な人物として知られる。当代随一の学者と称された兼良は多くの著作を残したが、彼の著書でないものはどれか、次の①～④から一つ選びなさい。（3点）

① 源氏物語湖月抄　② 公事根源　③ 樵談治要　④ 花鳥余情　16

(9) 足利学校は、下野国(栃木県)にあった儒学・易学の学校である。その創建については諸説あるが、室町期に関東管領であった上杉憲実によって再興され、その後、海外に紹介されるほどの発展を遂げた。この学校を「坂東の大学」と評した人物は誰か、次の①～④から一つ選びなさい。（2点）

① ケンペル　② シーボルト　③ ザビエル　④ シドッチ　17

(10) 右の絵は、室町幕府の８代将軍足利義政が東山山荘に建てた観音殿である。山荘は、義政の死後、その法名をとって a となった。この２層の楼閣は、下層が b の建築様式をとっている。

問1　空欄 a に入る語句として、最も適切なものはどれか、次の①～④から一つ選びなさい。（3点）

① 大徳寺　② 龍安寺　③ 慈照寺　④鹿苑寺　18

問2　空欄 b に入る語句として、最も適切なものはどれか、次の①～④から一つ選びなさい。（3点）

① 寝殿造　② 数寄屋造　③ 書院造　④ 権現造　19

(11) 愛知県の観光地に関する、以下の問いに答えなさい。

問1 戦国時代、尾張の織田信長が駿河の今川義元をやぶった戦いの舞台が、現在、[a]古戦場公園として整備されている。空欄[a]に入る語句として、最も適切なものはどれか、次の①～④から一つ選びなさい。 (3点)

① 賤ケ岳　② 桶狭間　③ 関ヶ原　④ 姉川 [20]

問2 1575年の長篠の戦いでは、のちの日本の戦の戦術を変えたといわれる鉄砲隊を組織した織田信長・徳川家康軍が、戦国最強といわれた騎馬隊をもつ[b]から勝利をおさめている。空欄[b]に入る語句として、最も適切なものはどれか、次の①～④から一つ選びなさい。 (3点)

① 武田勝頼　② 浅井長政　③ 明智光秀　③ 豊臣秀吉 [21]

問3 「名古屋城」に関する説明として、最も適切なものはどれか、次の①～④から一つ選びなさい。 (3点)

① 初代藩主は徳川宗春である。
② かつて国宝の第1号として指定された天守閣が、2018年に復元されて当時の姿をみせている。
③ 石垣の中でももっとも重要な天守台の石垣づくりは、藤堂高虎が担っていたとされている。
④ 本丸御殿の襖や天井板絵などの障壁画は、狩野派の絵師によって描かれている。 [22]

(12) 右の作品は、桃山画壇の巨匠・狩野永徳の数少ない遺作の一つである。城郭建築の内部装飾として発展した写真のような［a］は、狩野派の画人によってよく描かれた。狩野派は、永徳によって基礎が築かれ、やがて彼の孫である［b］が江戸幕府の御用絵師となった。

問1　空欄［a］に入る語句として、最も適切なものはどれか、次の①～④から一つ選びなさい。（3点）

① 唐絵　② 錦絵　③ 似絵　④ 濃絵　［23］

問2　空欄［b］に入る語句として、最も適切なものはどれか、次の①～④から一つ選びなさい。（3点）

① 狩野元信　② 狩野探幽　③ 狩野正信　④ 狩野山楽　［24］

問3　狩野永徳と同時代の画家として最も適切な人物は誰か、次の①～④から一つ選びなさい。（3点）

① 土佐光信　② 如拙　③ 雪舟　④ 海北友松　［25］

(13)「風神雷神図屏風」は、［a］を代表する絵師であった［b］の最高傑作といわれている。大画面にユーモラスで躍動的な風神・雷神が描かれたこの作品は、［c］が所蔵している国宝としても有名である。

問1　空欄［a］に入る語句として、最も適切なものはどれか、次の①～④から一つ選びなさい。（3点）

①化政文化　②元禄文化　③寛永期の文化　④弘仁・貞観文化　［26］

問2　空欄［b］に入る語句として、最も適切なものはどれか、次の①～④から一つ選びなさい。（3点）

①巨勢金岡　②司馬江漢　③鈴木春信　④俵屋宗達　［27］

問3　空欄［c］に入る語句として、最も適切なものはどれか、次の①～④から一つ選びなさい。（3点）

①建仁寺　②東大寺　③高山寺　④神護寺　［28］

(14) 今日、「水戸黄門」の名で親しまれている水戸藩主徳川光圀は、歴史書『大日本史』の編纂に着手したことでも知られる。光圀が、この歴史書の編纂のために設立した編纂局はどれか、次の①～④から一つ選びなさい。（3点）

①時習館　②彰考館　③興譲館　④明徳館　［29］

(15) 右の写真は、江戸時代、［a］が制作したエレキテル（摩擦起電器）である。発明家・文芸家・画家などとして多彩な能力を発揮したこの人物は、『蘭学事始』の著者［b］との交友でも知られる。

郵政博物館提供

問1　空欄［a］に入る語句として、最も適切なものはどれか、次の①～④から一つ選びなさい。（3点）

①青木昆陽　②稲村三伯　③宇田川玄随　④平賀源内　［30］

問2　空欄［a］の人物の発明・制作でないものはどれか、次の①～④から一つ選びなさい。（3点）

①量程器（万歩計）　②寒暖計　③火浣布（不燃布）　④避雷針　［31］

問3　空欄［b］に入る語句として、最も適切なものはどれか、次の①～④から一つ選びなさい。（3点）

①前野良沢　②杉田玄白　③山脇東洋　④大槻玄沢　［32］

(16) 正岡子規は、新聞『日本』の記者として働きながら、俳句革新運動を開始し、松尾芭蕉よりも与謝蕪村を高く評価したことで、人々に大きな衝撃をあたえた。1898年には『［a］』を著し、短歌革新運動にも着手。学生時代に知り合った b 夏目漱石とは、生涯にわたって交友を続けた。

問1　空欄［a］に入る語句として、最も適切なものはどれか、次の①～④から一つ選びなさい。（3点）

①歌よみに与ふる書　②美的生活を論ず
③東洋の理想　④様々なる意匠　［33］

問2　正岡子規の出身地で、下線部bの夏目漱石が中学教師として赴任した場所（現在の市）はどこか、①～④から一つ選びなさい。（3点）

①弘前市　②金沢市　③松江市　④松山市　［34］

(17) 右の写真は、明治の新政府が a 富国強兵策の一環として1872年に公布した法令に基づいて建てられた旧開智学校の舎跡である。旧開智学校舎跡は現在も、長野県の［b］に残されている。

問1　下線部aの法令として、最も適切なものはどれか、次の①～④から一つ選びなさい。（3点）

①地租改正令　②学制　③徴兵令　④廃藩置県　［35］

問2　空欄［b］に入る語句として、最も適切なものはどれか、次の①～④から一つ選びなさい。（3点）

①長野市　②小諸町　③軽井沢町　④松本市　［36］

一般常識

各問題に対する解答はマークシートの解答欄にマークすること。例えば [1] と表示のある問題に対して④と解答する場合は、マークシート [1] の解答欄の④にマークすること。

1 2019年の訪日観光に関する次の各問に対して、それぞれ答えなさい。

(1) 日本政府観光局が統計を取り始めた1964年以降、訪日外国人旅行者数は最多の（　ア　）万人だった。韓国以外のアジア市場ではそれぞれ過去最多となり、中国の訪日旅行者数は（　イ　）万人を突破した。

空欄（　ア　）と（　イ　）に当てはまる数字の組み合わせとして、正しいものはどれか。次の①～④から一つ選びなさい。（2点）

① （ア）4,188　（イ）659　② （ア）3,188　（イ）959
③ （ア）2,188　（イ）859　④ （ア）5,188　（イ）759　[1]

(2) 訪日外国人旅行消費額が一番大きい国はどこか。次の①～④から一つ選びなさい。（2点）

① アメリカ　② 中国　③ 台湾　④ 韓国　[2]

(3) 日本へ寄港したクルーズ船で、総寄港回数が1位だった場所はどこか。次の①～④から一つ選びなさい。（2点）

① 那覇　② 神戸　③ 博多　④ 横浜　[3]

2 新型コロナウイルス感染症の拡大により、世界の国際会議は中止や延期になるなど影響を受けてきたが、その一方で、オンラインでの実施が広がりをみせている。2021年の世界の国際会議の開催状況について、オンラインの開催は全体の約何％となっているか。正しいものを次の①～④から一つ選びなさい。（2点）

① 27％　② 37％　③ 47％　④ 57％　[4]

3 世界遺産に関する次の各問いに対して、それぞれ答えなさい。

(1) 2021年に世界文化遺産に登録された「北海道・北東北の縄文遺跡群」について、この遺跡群や縄文時代に関する記述のうち、間違っているものはどれか。次の①～④から一つ選びなさい。（3点）

① この遺跡群から、国宝の土偶「縄文のビーナス」が出土した。

② 縄文時代は日本特有の時代区分で、世界の歴史でいう「新石器時代」に該当する。

③ 縄文人は土器を発明した。

④ 縄文人は、狩猟・採集・漁労を基盤としながら定住生活を発展させていった。

5

(2) 2021年に世界自然遺産に登録された「奄美大島、徳之島、沖縄島北部及び西表島」の記述について、正しいものはどれか。次の①～④から一つ選びなさい。（3点）

① 4つの島は、大陸と陸続きになったことはない。

② 4つの島は、日本の中でも生物多様性が突出して高い地域である中琉球・南琉球を最も代表する区域である。

③ アマミノクロウサギは、奄美大島のみに生息している。

④ 希少な生物が生息する「金作原原生林」は、西表島にある。

6

4 2020年にユネスコ無形文化遺産に登録された「伝統建築工匠の技：木造建造物を受け継ぐための伝統技術」に含まれていない技術はどれか。次の①～④から一つ選びなさい。（2点）

① 茅採取　② 木造彫刻修理　③ 建具製作　④ 日本産漆生産・精製

7

5 日本国憲法の第25条は、「すべて国民は、健康で文化的な最低限度の生活を営む権利を有する」と定めている。国の政策のプログラム規定という意見もあるが、日本国民に保証されているこの権利を何というか。正しいものを次の①～④から一つ選びなさい。 (2点)

① 市民権　② 公民権　③ 生存権　④ 人格権　[8]

6 日本文化の能(能楽)についての説明を読んで、次の各問に対して、それぞれ答えなさい。

(1) 能の起源は古代に遡るが、大きく発展したのは14世紀後半である。諸座が競うなか、大和猿楽の結崎座を率いる観阿弥が曲舞や音曲を取り入れ、能楽として芸術の域に高めた。さらに息子の世阿弥は足利義満の庇護の下、観阿弥が追求した(**ア**)の様式を確立し、現在に伝わる能楽の原型を完成させた。同時に世阿弥は、芸術論『(**イ**)』を著している。

空欄(**ア**)および(**イ**)に当てはまる語句の組み合わせで正しいものはどれか。次の①～④から一つ選びなさい。 (3点)

① (**ア**) 幽玄　(**イ**) 無名抄　② (**ア**) 幽玄　(**イ**) 風姿花伝
③ (**ア**) 風雅　(**イ**) 無名抄　④ (**ア**) 風雅　(**イ**) 風姿花伝　[9]

(2) 能は分業制になっており、面をつけた主役(主人公)のことを(**ア**)という。主役の演技に、面をつけない脇役の(**イ**)が応じながら、進行していく。背後には、地謡と囃子の演奏が流れる。演目は主役の役柄により、「神・男・女・狂・鬼」に分類され、江戸時代にはこれを順に演じる五番立が主流になった。

空欄(**ア**)および(**イ**)に当てはまる語句の組み合わせで正しいものはどれか。次の①～④から一つ選びなさい。 (3点)

① (**ア**) ツレ　(**イ**) アド　② (**ア**) ツレ　(**イ**) ワキ
③ (**ア**) シテ　(**イ**) アド　④ (**ア**) シテ　(**イ**) ワキ　[10]

7 伝統的工芸品は「伝統的工芸品産業の振興に関する法律」に基づく要件を満たし、経済産業大臣の指定を受けた工芸品のことである。その要件に含まれていないものはどれか。次の①〜④から一つ選びなさい。 (3点)

① 100年以上の歴史を有し、今日まで継続している伝統的な技術・技法により製造されるものであること。

② 製造工程のうち、製品の持ち味に大きな影響を与える部分は、手作業が中心であること。

③ 日常生活で使用することが主たる目的ではなく、鑑賞用として高い価値を持ち、芸術性を有している工芸品であること。

④ 一定の地域で当該工芸品を製造する事業者がある程度の規模を保ち、地域産業として成立していること。

11

8 2021年、アジア初となるアドベンチャートラベル・ワールド・サミット(ATWS)が開催されたのはどこか。次の①〜④から一つ選びなさい。 (3点)

① 福岡県　② 北海道　③ 和歌山県　④ 沖縄県

12

9 第二次世界大戦中、ナチス・ドイツに迫害されていた多くのユダヤ人にビザを発給した外交官、杉原千畝の出生地はどこか。次の①〜④から一つ選びなさい。 (2点)

① 岐阜県八百津町　② 愛知県名古屋市
③ 大阪府大阪市　④ 神奈川県鎌倉市

13

10 カンヌ国際映画祭で日本初の脚本賞を含む4部門を受賞し、アカデミー賞で国際長編映画賞を受賞した日本の作品とその監督の組み合わせで正しいものはどれか。次の①〜④から一つ選びなさい。 (2点)

① ドライブ・マイ・カー — 濱口竜介　② 影武者 — 大島渚
③ うなぎ — 北野武　④ 万引き家族 — 新海誠

14

11 ポストコロナに向けた観光地の環境整備として、ユニバーサルデザインの街づくりが進められている。国土交通省は、1日当たりの平均利用者数が(　**ア**　)人以上の鉄軌道駅等について、(　**イ**　)年度末までに、原則としてすべてバリアフリー化することとする整備目標を掲げている。

空欄(　**ア**　)と(　**イ**　)に当てはまる語句として正しいものはどれか。次の①～④から一つ選びなさい。 (3点)

①（**ア**）1,500　（**イ**）2024　　②（**ア**）2,000　（**イ**）2025
③（**ア**）2,500　（**イ**）2026　　④（**ア**）3,000　（**イ**）2027　　15

12 2022年4月20日、旅券の(　**ア**　)の実施を内容とする「旅券法の一部を改正する法律」が国会で成立し、同27日に公布された。それにより、旅券法施行令等が閣議決定され、旅券法施行規則の改正とともに公布された。改正旅券法令は2023年に施行される。

空欄(　**ア**　)に当てはまる語句として正しいものはどれか。次の①～④から一つ選びなさい。 (3点)

① 電子申請　② 延長申請　③ 返納申請　④ 代理申請　　16

13 2022年9月、佐賀県の(　**ア**　)と長崎県の長崎駅間を結ぶ西九州新幹線が開通し、(　**ア**　)と博多駅を結ぶ在来線特急との対面乗り換えにより、長崎～博多間の所要時間が約1時間20分となった。

空欄(　**ア**　)に当てはまる語句として正しいものはどれか。次の①～④から一つ選びなさい。 (3点)

① 嬉野温泉駅　② 唐津駅　③ 武雄温泉駅　④ 伊万里駅　　17

14 2023年にラグビーワールドカップが開催される国はどこか。次の①～④から一つ選びなさい。（2点）

① オーストラリア　② フランス　③ 南アフリカ　④ ウルグアイ

18

15 決済テクノロジーが進化する中で、クレジットカードの利用者が、安全・安心に多様な決済手段を利用できるようにキャッシュレス環境を改善、整備することを目的として、2021年４月に改正（　**ア**　）法が施行された。

空欄（　**ア**　）に当てはまる語句として正しいものはどれか。次の①～④から一つ選びなさい。（3点）

① 金融商品取引法　② 割賦販売法　③ 貸金業法　④ 銀行法

19

16 2025年、大阪府大阪市の夢洲で、「大阪・関西万博」が開催されるが、万博が国際博覧会条約に則り開催されるよう監督する国際機関BIEの本部があるのはどこか。次の①～④から一つ選びなさい。（2点）

① 東京　② ウィーン　③ ニューヨーク　④ パリ

20

通訳案内の実務

各問題に対する解答はマークシートの解答欄にマークすること。例えば［1］と表示のある問題に対して④と解答する場合は、マークシート［1］の解答欄の④にマークすること。

問1　通訳案内士法第２条(業務)について、空欄ａ、ｂ、ｃに当てはまる語句の組み合わせとして正しいものはどれか、①～④の中から一つ選びなさい。　(3点)

第二条　全国通訳案内士は、［a］を得て、［b］（外国人に付き添い、外国語を用いて、［c］に関する案内をすることをいう。）を行うことを業とする。

① a 信頼　b 施設案内　c 地理
② a 資格　b 観光案内　c 経済
③ a 報酬　b 通訳案内　c 旅行
④ a 推奨　b 交通案内　c 産業

［1］

問2　次の記述のうち、通訳案内士法の規定として正しいものはどれか、①～④の中から一つ選びなさい。　(3点)

① 訪日観光客への接遇の向上と国際観光振興のため、全国通訳案内士又は地域通訳案内士の資格が無い者は、通訳案内を有償で行ってはならない。

② 全国通訳案内士の名称の使用の停止を命ぜられた者で、当該停止を命ぜられた期間中に全国通訳案内士の名称を使用した場合は、50万円以下の罰金が適用される。

③ 全国通訳案内士の資格を有さない者は、全国通訳案内士と名乗ってはならないが、これに類似する名称も用いてはならない。

④ 通訳案内士の名称独占規制が廃止され、業務独占規制だけが存続している。

［2］

問3 次の記述のうち、通訳案内士法にある規定として正しいものはどれか、①～④の中から一つ選びなさい。 (3点)

① 全国通訳案内士は、業務で使用しない時なら登録証を他人に貸与することができる。

② 全国通訳案内士は、旅行客のために行った物品の購買その他のあっせんに関して、販売業者に対し金品を要求することができる。

③ 全国通訳案内士は、日本語に不慣れな外国人旅行客の便宜のために旅行客に通訳案内を受けることを強制できる。

④ 全国通訳案内士は、法に明確に規定されている禁止行為のほか、信用又は品位を害するような行為をしてはならない。

3

問4 旅行業法にある規定に関して、次のa～dの中で正しい説明の組み合わせはどれか、①～⑥の中から一つ選びなさい。 (3点)

a 旅行業者代理業とは、所属旅行業者から委託された業務に限って旅行業務を行う事業者であり、当該旅行業者を代理して旅行者と契約を締結することができる。

b 旅行サービス手配業務とは、旅行者の依頼を受けて、運送等サービス又は運送等関連サービスの手配を行う行為をいう。

c 旅程管理主任者は、登録研修機関が実施する旅程管理研修の課程を修了すれば、実務経験がなくても業務を行うことができる。

d すでに旅行業の登録のある旅行業者は、旅行サービス手配業務にあたる行為を行う場合でも、重複して旅行サービス手配業の登録を受ける必要はない。

① aとb　② aとc　③ aとd　④ bとc　⑤ bとd　⑥ cとd

4

問5 旅行業法に関する「契約締結時の書面の交付」について説明した次の文章の空欄a、bに当てはまる語句の組み合わせとして正しいものはどれか、①～④の中から一つ選びなさい。 (3点)

旅行業者等は、訪日外国人旅行者等と企画旅行契約等を締結する場合、遅滞なく、旅行者に旅行内容の詳細を説明した契約書面を交付する必要がある。その書面には、旅行者が旅行業者等に支払うべき対価に関する事項、［ a ］の氏名、全国通訳案内士もしくは地域通訳案内士の［ b ］等を記載しなければならない。

① a 第1種旅行業者　b 職歴
② a 旅行業務取扱管理者　b 同行の有無
③ a 訪日旅行客代表者　b 英語の資格
④ a 旅程管理主任者　b 海外渡航歴

［ 5 ］

問6 旅行業等の種別ごとの旅行業務取扱範囲で、第2種旅行業が取り扱えないものはどれか、①～④の中から一つ選びなさい。 (3点)

① 受注型企画旅行　② 海外の募集型企画旅行
③ 手配旅行　④ 国内の募集型企画旅行

［ 6 ］

問7 行程中のトラブルやその防止策としてガイドや添乗員を兼ねる全国通訳案内士の対処方法として適切なものはどれか、①～④の中から一つ選びなさい。 (3点)

① 全国通訳案内士がガイドを兼ねるウォーキングツアーでは、お客様のうち歩くのが遅い人は最後列に配置しておくと、全体の行程で遅れが生じにくい。

② バスツアーでお客様が集合時間に戻ってこない場合は、連れの人に探しに行ってもらう。

③ 悪天候のため予定していた遊覧船が欠航となり、代替サービスの提供が不可能なときは、ツアーの添乗員であった全国通訳案内士が乗船代金の返金の手続きを行う。

④ 宿泊施設でお客様から所持品の紛失のお申し出があったため、お客様へすぐに警察へ届けを出すように伝えた。

［ 7 ］

問8 次の各用語の説明として正しいものはどれか、①～④の中から一つ選びなさい。（3点）

① 登山やスポーツ観戦、文化体験ツアーなど、特定の興味や目的に絞ったツアーのことをFITという。

② 企業や行政機関などを訪問する産業視察や行政視察をTVという。

③ 国際会議、展示会、見本市などをSITという。

④ 個人または家族などによる少人数の外国旅行のことをFAMという。

［8］

問9 著作権法に関する記述として正しいものはどれか、①～④の中から一つ選びなさい。（3点）

① 保護期間が過ぎ著作権が消滅した著作物であっても、著作権を有していた者の許可を得ないと利用できない。

② 憲法やその他の法令、裁判所の判決等も著作物であるので著作権法保護の対象となる。

③ 著作権は、著作物を創作したタイミングで発生し、権利を得るための手続きは一切必要無い。

④ 他人の著作物を利用する際には、いかなる場合も著作者の許諾が必要で、個人や学校で使用される場合でも例外なく必要である。

［9］

問10　道路運送法に関する記述として正しいものはどれか、①～④の中から一つ選びなさい。
(3点)

①「貸切バス」や「タクシー事業」等の一般旅客自動車運送事業を経営しようとする者は、都道府県知事の許可を受けなければならない。

② 実車距離が原則500kmを超える場合、貸切バス事業者は交替運転者の配置をしなければならない。

③ 貸切バスの運転者の連続運転時間は６時間が限度である。運転開始後６時間経過直後に運転を中断し休憩等をとらねばならない。

④ 通訳案内業務において、有償で自家用車を使用することは原則禁止であるが、通訳案内士が、案内業務の旅行客に対してお客様サービスの一環として無償で行う自家用車運送行為まで違法とはされていない。

10

問11　景品表示法で禁止されている「不当な表示」を説明した次の文章の空欄a、bに当てはまる語句の組み合わせとして正しいものはどれか、①～④の中から一つ選びなさい。
(2点)

優良誤認表示とは、商品・サービスの「 a 、規格、その他の内容」について、実際のものや競争事業者のものより著しく優良であると誤認される表示である。有利誤認表示とは商品・サービスの「 b やその他の取引条件」について、実際のものや競争事業者のものより著しく有利であると誤認される表示が該当する。

① a 品質　b 価格
② a 品質　b 効能
③ a 認知　b 効果
④ a 価格　b 認証

11

問12 イスラム教やイスラム教徒の習慣について、説明が正しいものはどれか、①～④の中から一つ選びなさい。（3点）

① ラクダ、ウサギ、ほとんどの昆虫類、肉食動物、一部の鳥類などを食べることは禁忌であると聖典「クルアーン」に記されている。

② イスラム教徒はムスリムと呼ばれ、世界に約８億人存在しており、中東諸国の人々が多数を占める。

③ ラマダンと呼ばれる断食期間は、必ず守らなければならないものであり、イスラム教徒はどんなときでも一切の飲食をしない。

④ 礼拝は日の出前・正午ごろ・日没前・日没直後・夜の１日５回、カアバ神殿の方角に向かって行う。

[12]

問13 イスラム教徒の食習慣について説明した次の文章の空欄 a 、b に当てはまる語句の組み合わせとして正しいものはどれか、①～④の中から一つ選びなさい。（3点）

イスラム教において、ハラルフードに該当しない食べ物で、特に注意が必要な食材は、「[a]」「アルコール」「血液」「宗教上の適切な処理が施されていない肉」である。[b] を食べる行為は禁じられているため、料理を提供する際には注意する必要がある。

① a 豚　b ブイヨンを使用したスープ
② a 羊　b 漬け物などの発酵食品
③ a 牛　b 植物性油で焼いた卵料理
④ a 魚　b 植物性油で揚げたエビの天ぷら

[13]

問14 宗教に関する内容として最も適切なものはどれか、①～④の中から一つ選びなさい。（3点）

① 仏教では、左より右を優先するという思想がある。

② ジャイナ教はネパールに信者が多く、厳格なジャイナ教徒は、誤って虫を殺さないように、火を使って調理することを避ける。

③ ヒンドゥー教では、自分の皿によそわれた食事を他の人と共有したり、周りの人のために、自分のスプーンで取り分けて食べたりする習慣がある。

④ ユダヤ教では「カシュルート」と呼ばれる食事規程が存在し、食べてよいものと食べてはいけないものが厳格に区別されている。

14

問15 食物アレルギーに関する次の記述のうち正しいものはどれか、①～④の中から一つ選びなさい。（3点）

① 消費者庁により表示が奨励されている食品は、いか、いくら、キウイフルーツなどを含む17品目である。

② 食物アレルギーの症状が重篤のもので、微量でも表示が義務付けられているものは、えび、かにである。

③ 欧米では、食物アレルギーによるアナフィラキシーで死亡する例の大半はそばによるアレルギーである。

④ 小麦アレルギーがある人には、味噌、醤油、酢などの調味料にもグルテンが含まれているので、注意が必要である。

15

問16 外国人旅行者の案内中に、交通事故や急な病気でけが人・病人が出た場合の全国通訳案内士の対応として最も適切なものはどれか、①～④の中から一つ選びなさい。 (3点)

① 治療代について旅行者が不安にならないように「会社で負担する」という旨を伝える。

② 腹痛、下痢、嘔吐などの症状が複数人に出た場合は、食中毒の可能性を考え、第一に、直前に食事をしたレストランなどに問い合わせる。

③ 旅行者が軽傷で、全国通訳案内士だけで対応できる場合には、どんなときでも旅行会社に連絡を入れなくてよい。

④ 旅行者が任意の旅行傷害保険に加入している場合は、領収書、診断書などの必要書類を入手する。

16

問17 救急救命措置に関して、次のa～dの中で正しい説明の組み合わせはどれか、①～⑥の中から一つ選びなさい。 (3点)

a 呼吸や心臓が止まったときには、人工呼吸など心臓蘇生の措置とAED(Automated External Defibrillator)の使用が望ましく、のどにものが詰まったときには、気道異物除去の措置が必要である。

b 旅行者が倒れて心停止と確認した場合、胸骨圧迫10回、人工呼吸１回の組み合わせを絶え間なく繰り返す。

c 旅行者に緊急の傷病が発生した場合、通訳案内士は119番への通報、医療関係者、親族・友人等関係者への協力依頼等、語学を活かした対応を最優先に行動する。

d「カーラーの救命曲線」によると、多量出血で20分放置されると100%の確率で死亡するとされる。

① aとb　② aとc　③ aとd　④ bとc　⑤ bとd　⑥ cとd

17

予想模擬試験　答案用紙

キリトリセン

日本地理

問題番号		解答番号	解答欄			
1	問1	1	①	②	③	④
	問2	2	①	②	③	④
2	問1	3	①	②	③	④
	問2	4	①	②	③	④
3	問1	5	①	②	③	④
	問2	6	①	②	③	④
	問3	7	①	②	③	④
4	問1	8	①	②	③	④
	問2	9	①	②	③	④
	問3	10	①	②	③	④
	問4	11	①	②	③	④
	問5	12	①	②	③	④
5	問1	13	①	②	③	④
	問2	14	①	②	③	④
	問3	15	①	②	③	④
	問4	16	①	②	③	④
	問5	17	①	②	③	④
6	問1	18	①	②	③	④
	問2	19	①	②	③	④
	問3	20	①	②	③	④
7	問1	21	①	②	③	④
	問2	22	①	②	③	④
	問3	23	①	②	③	④
	問4	24	①	②	③	④
8	問1	25	①	②	③	④
9	問1	26	①	②	③	④
	問2	27	①	②	③	④
	問3	28	①	②	③	④
10	問1	29	①	②	③	④
	問2	30	①	②	③	④
11	問1	31	①	②	③	④
	問2	32	①	②	③	④
	問3	33	①	②	③	④
12	問1	34	①	②	③	④
	問2	35	①	②	③	④
	問3	36	①	②	③	④
13	問1	37	①	②	③	④
	問2	38	①	②	③	④

日本歴史

問題番号		解答番号	解答欄			
(1)		1	①	②	③	④
(2)	問1	2	①	②	③	④
	問2	3	①	②	③	④
(3)	問1	4	①	②	③	④
	問2	5	①	②	③	④
	問3	6	①	②	③	④
(4)	問1	7	①	②	③	④
	問2	8	①	②	③	④
(5)	問1	9	①	②	③	④
	問2	10	①	②	③	④
(6)	問1	11	①	②	③	④
	問2	12	①	②	③	④
(7)	問1	13	①	②	③	④
	問2	14	①	②	③	④
	問3	15	①	②	③	④
(8)		16	①	②	③	④
(9)		17	①	②	③	④
(10)	問1	18	①	②	③	④
	問2	19	①	②	③	④
(11)	問1	20	①	②	③	④
	問2	21	①	②	③	④
	問3	22	①	②	③	④
(12)	問1	23	①	②	③	④
	問2	24	①	②	③	④
	問3	25	①	②	③	④

（日本歴史続き）

(13)	問1	26	① ② ③ ④
	問2	27	① ② ③ ④
	問3	28	① ② ③ ④
(14)		29	① ② ③ ④
(15)	問1	30	① ② ③ ④
	問2	31	① ② ③ ④
	問3	32	① ② ③ ④
(16)	問1	33	① ② ③ ④
	問2	34	① ② ③ ④
(17)	問1	35	① ② ③ ④
	問2	36	① ② ③ ④

一般常識

問題番号		解答番号	解答欄
1	(1)	1	① ② ③ ④
	(2)	2	① ② ③ ④
	(3)	3	① ② ③ ④
2		4	① ② ③ ④
3	(1)	5	① ② ③ ④
	(2)	6	① ② ③ ④
4		7	① ② ③ ④
5		8	① ② ③ ④
6	(1)	9	① ② ③ ④
	(2)	10	① ② ③ ④
7		11	① ② ③ ④
8		12	① ② ③ ④
9		13	① ② ③ ④
10		14	① ② ③ ④
11		15	① ② ③ ④
12		16	① ② ③ ④
13		17	① ② ③ ④
14		18	① ② ③ ④
15		19	① ② ③ ④
16		20	① ② ③ ④

通訳案内の実務

問題番号	解答番号	解答欄
問1	1	① ② ③ ④
問2	2	① ② ③ ④
問3	3	① ② ③ ④
問4	4	① ② ③ ④ ⑤ ⑥
問5	5	① ② ③ ④
問6	6	① ② ③ ④
問7	7	① ② ③ ④
問8	8	① ② ③ ④
問9	9	① ② ③ ④
問10	10	① ② ③ ④
問11	11	① ② ③ ④
問12	12	① ② ③ ④
問13	13	① ② ③ ④
問14	14	① ② ③ ④
問15	15	① ② ③ ④
問16	16	① ② ③ ④
問17	17	① ② ③ ④ ⑤ ⑥

画像提供一覧（掲載順）

天童桜まつり実行委員会／岩泉町 龍泉洞事務所／東京都港湾局／みなかみ町観光協会／茨城県観光物産課／©潮来市／国立国会図書館デジタルコレクション（日光東照宮）／（公社）びわこビジターズビューロー／京丹後市観光公社／龍安寺／広島県（縮景園）／鳥取県／三徳山三佛寺／出雲大社／佐賀県立名護屋城博物館／対馬野生生物保護センター／©熊本県観光連盟／公益社団法人鹿児島県観光連盟／©沖縄観光コンベンションビューロー／堺市博物館（大仙陵古墳）／©平等院／薬師寺／興福寺･飛鳥園（阿修羅像）／清浄光寺（遊行寺）蔵（後醍醐天皇肖像画）／大田市教育委員会（石見銀山）／徳川美術館所蔵 ©徳川美術館イメージアーカイブ・DNPartcom（長篠合戦図屏風〈3-4扇、部分〉）／宮内庁三の丸尚蔵館（唐獅子図屏風）／建仁寺（風神雷神図屏風）／TNM Image Archives（見返り美人図・老猿）／すみだ北斎美術館・DNPartcom（富嶽三十六景 神奈川沖浪裏〈部分〉）／川越市教育委員会 文化財保護課（時の鐘）／史跡足利学校事務所／東寺・株式会社便利堂（風信帖）／建長寺／郵政博物館（エレキテル）／フォトライブラリー／PIXTA／アート工房／大迫編集事務所

●法改正・正誤等の情報につきましては、下記「ユーキャンの本」ウェブサイト内「追補（法改正・正誤）」をご覧ください。
https://www.u-can.co.jp/book/information

●本書の内容についてお気づきの点は
・「ユーキャンの本」ウェブサイト内「よくあるご質問」をご参照ください。
https://www.u-can.co.jp/book/faq
・郵送・FAXでのお問い合わせをご希望の方は、書名・発行年月日・お客様のお名前・ご住所・FAX番号をお書き添えの上、下記までご連絡ください。
【郵 送】〒169-8682 東京都新宿北郵便局 郵便私書箱第2005号
ユーキャン学び出版　全国通訳案内士資格書籍編集部
【FAX】03-3378-2232
◎より詳しい解説や解答方法についてのお問い合わせ、他社の書籍の記載内容等に関しては回答いたしかねます。

●お電話でのお問い合わせ・質問指導は行っておりません。

ユーキャンの全国通訳案内士〈地理・歴史・一般常識・実務〉速習テキスト＆予想模試　第３版

2019年１月25日　初　版　第１刷発行
2021年１月29日　第２版　第１刷発行
2023年３月17日　第３版　第１刷発行

編　者　ユーキャン全国通訳案内士試験研究会
発行者　品川泰一
発行所　株式会社 ユーキャン 学び出版
〒151-0053
東京都渋谷区代々木1-11-1
Tel 03-3378-2226

編　集　株式会社 エディット

発売元　株式会社 自由国民社
〒171-0033
東京都豊島区高田3-10-11
Tel 03-6233-0781（営業部）

印刷・製本　カワセ印刷株式会社

※落丁・乱丁その他不良の品がありましたらお取り替えいたします。お買い求めの書店か自由国民社営業部（Tel 03-6233-0781）へお申し出ください。

ISBN978-4-426-61470-6

ユーキャンの全国通訳案内士〈地理・歴史・一般常識・実務〉
速習テキスト＆予想模試　第３版

予想模擬試験

解答・解説編

日本地理

1

解答	解答番号
問1：②	1
問2：③	2

解説

問1　渡島半島の南部は、西部の松前半島と東部の亀田半島に分けられます。亀田半島から突き出た砂州上には、函館市の市街地が形成されています。

問2　正解以外は、すべて函館市にある歴史的建造物です。

2

解答	解答番号
問1：③	3
問2：①	4

解説

問1　シャンシャン馬は、宮崎県日南市の祭りです。

問2　東北四大祭は、青森ねぶた祭、秋田竿燈まつり、山形花笠まつり、仙台七夕まつりです。

3

解答	解答番号
問1：③	5
問2：④	6
問3：③	7

解説

問1　十和田湖の最大水深は 327 mで、日本で３番目に深い湖です。

問2　十和田湖で有名な養殖魚は、ヒメマスです。

問3　酸ケ湯（すかゆ）温泉は、広さ 160 畳の浴場「ヒバ千人風呂」で有名です。

4

解答	解答番号
問1：④	8
問2：①	9
問3：③	10
問4：②	11
問5：①	12

解説

問1　新潟市の橋といえば萬代（ばんだい）橋が有名ですが、1964 年の新潟地震で甚大な被害を受けたのは④の昭和大橋です。

問2　②のりんごは青森県、③のキウイフルーツは秋田県、④のメロンは北海道夕張市など、佐渡島より北の地域でも収穫できます。

問3　じゃっぱ汁は青森県、ザッパ汁は秋田県など、へしこは福井県の郷土料理です。

問4　新潟焼山は、全国 111 の活火山のうち、気象庁が防災のため 24 時間体制で観測している 50 の火山の一つです。

問5　日本三大薬湯は、群馬県の草津温泉、兵庫県の有馬温泉、松之山温泉です。

5

解　答	解答番号
問1：①	13
問2：②	14
問3：④	15
問4：③	16
問5：②	17

解　説

問1　なかがわ水遊園では、大型淡水魚のピラルクを飼育していて、食べることもできます。

問2　日光市の各国大使館の別荘地は、②の中禅寺湖畔にあります。

問3　古峯神社は鹿沼市の神社で、日本武尊（ヤマトタケルノミコト）をまつっています。

問4　鬼怒川と箒川は、栃木市内には流れていません。県南部を流れる渡良瀬川は栃木市内にも流れていますが、遊覧船は運航されていません。

問5　足利市内にある真言宗大日派の寺は、鑁阿寺（ばんなじ）です。

6

解　答	解答番号
問1：②	18
問2：③	19
問3：④	20

解　説

問1　「時の鐘」の高さは 16 mです。

問2　菓子屋横丁という名称で親しまれています。

問3　徳川 3 代将軍家光の乳母である春日局が使用していたといわれています。

7

解　答	解答番号
問1：②	21
問2：④	22
問3：②	23
問4：④	24

解説

問1　誕生寺ゆかりの鎌倉仏教の開祖は、日蓮です。

問2　現在の捕鯨基地でないのは、高知県高知市です。

問3　野島埼灯台は、白亜の八角形をした大型灯台で、「日本の灯台 50 選」にも選ばれています。

問4　館山城は現在、博物館になっており、里見氏を題材にした『南総里見八犬伝』に関する資料が展示してあります。

8

解答	解答番号
問1：②	25

解説「貫一とお宮」とは、尾崎紅葉の代表作『金色夜叉』の登場人物です。

9

解答	解答番号
問1：②	26
問2：④	27
問3：②	28

解説

問1　三重県、山岳信仰の聖地、香落渓のキーワードから、②の赤目四十八滝です。

問2　伊勢神宮の式年遷宮は、20 年に一度行われます。次回は 2033 年です。

問3　三重県で真珠の養殖とブランド化に成功した御木本幸吉は有名です。

10

解答	解答番号
問1：④	29
問2：②	30

解説

問1　清水寺は、本堂の前面に張り出すように広がる高さ約 13m の舞台で有名です。

問2　南禅寺は、水路閣と小堀遠州作といわれる枯山水庭園、三門などが見どころです。

11

解答	解答番号
問1：③	31
問2：③	32
問3：④	33

解説

問1　明石海峡大橋の中央支間長は、当初 1,990 mでしたが、阪神・淡路大震災で地盤がずれ、1 mのびて 1,991 mとなりました。

問2　岡山県には原子力発電所はありません。なお、中国地方には、島根県に一つ、山口県に一つ（建設中）原子力発電所があります。

問3　四国地方のスキー場は、すべての県にあります。

12

解答	解答番号
問1：①	34
問2：④	35
問3：③	36

解説

問1　中津市のご当地グルメは、①のからあげです。

問2　知覧(ちらん)茶は、鹿児島県南九州市で生産されています。

問3　熊本県の天草鉱山、長崎県の波佐見鉱山、兵庫県の明延鉱山は、いずれもすでに閉山しています。

13

解答	解答番号
問1：④	37
問2：①	38

解説

問1　宮良殿内は石垣島にある琉球王国時代の邸宅で、国の重要文化財となっています。

問2　七日町通りは福島県会津若松市にあります。中町通りは白壁と黒なまこの土蔵が並ぶ通りで、長野県松本市にあります。おはなはん通りは愛媛県大洲市にあり、江戸時代や明治時代の面影を残す町並みがきれいです。

日本歴史

(1)

解答	解答番号
④	1

解説　百済の聖明王が日本の欽明天皇に仏教を伝えたとされますが、この仏教公伝には、538年説と552年説があります（現在は、前者の538年説をとる学者が多い）。

(2)

解答	解答番号
問1：①	2
問2：①	3

解説

問1　奈良県中部の明日香村には、石舞台古墳のほか、高松塚古墳や飛鳥寺など、飛鳥時代の名所・旧跡が集まっています。

問2　石舞台古墳は蘇我馬子の墓との説が有力視されています。

(3)

解答	解答番号
問1：②	4
問2：④	5
問3：②	6

解説

問1　写真の薬師寺は、天武天皇が皇后（のちの持統天皇）の病気平癒を祈って発願し、698年、藤原京に開創されました。法相宗の大本山であり、また、南都七大寺の一つとしても著名な寺院です。

問2　白鳳文化は、大化の改新から平城遷都に至る時代（7世紀後半～8世紀初頭）の文化であり、律令国家形成期の清新さと初唐文化の影響を特徴としています。

問3　アメリカの東洋美術研究家フェノロサは、東京大学で政治学・哲学などを講じました。彼は、日本美術を高く評価し、岡倉天心と共に、東京美術学校の設立に尽力したことでも知られます。なお、コンドルはイギリス人の建築家（鹿鳴館・ニコライ堂が代表作）、キヨソネはイタリアの銅版画家（明治天皇や西郷隆盛の肖像画でも有名）、ベルツはドイツ人の内科医（『ベルツの日記』は明治時代を知る好史料）です。

(4)

解答	解答番号
問1：①	7
問2：②	8

解説

問1　阿修羅像は奈良時代の作といわれ、現在は興福寺の国宝館に安置されています。像高153.4cm、三面六臂のその姿は数ある日本美術の像の中でも特に人気が高く、国宝となっています。

問2　藤原不比等は藤原鎌足の次男で、現在の明日香村で生まれました。天武天皇から持統天皇、文武天皇に引き継がれた律令制度の確立に尽力し、701年には刑部親王とともに大宝律令の制定を成し遂げています。

(5)

解答	解答番号
問1：②	9
問2：①	10

解説

問1　空海は真言宗の開祖です。

問2　三筆は、平安初期の3人の能書家、嵯峨天皇・空海・橘逸勢です。なお、平安中期、能書として尊重された三蹟（跡）が、②～④の3人です。三筆が、唐風の力強い筆跡を特色とするのに対し、三蹟は優美流麗な和様書風が特長です。

(6)

解　答	解答番号
問1：③	11
問2：②	12

解　説

問1　平氏一族は、日宋貿易で財を成していました。

問2　1185年の壇ノ浦の戦いでは、平知盛と源義経の軍が戦い、源氏側が勝利を収めました。

(7)

解　答	解答番号
問1：②	13
問2：③	14
問3：①	15

解　説

問1　写真の建長寺は、1253年、②の北条時頼（鎌倉幕府5代執権）によって創建されました。④の北条時宗（8代執権）は、その時頼の嫡子であり、二度の蒙古軍の来襲を撃退したことで知られます。また、③の北条泰時（3代執権）は日本最初の武家法である御成敗式目を制定しました。なお、鎌倉幕府は1333年、14代執権であった①の北条高時の時代、新田義貞に鎌倉を攻められ滅亡しました。

問2　蘭溪道隆は、1246年に来日した南宋の臨済僧。北条時頼の帰依を受け、鎌倉に建長寺を開きました。天龍寺開山の夢窓疎石は、伊勢国に生まれた臨済僧で、その甥にあたるのが、初代の僧録（五山・十刹以下の禅宗寺院の管理とその人事をつかさどった僧職）となった春屋妙葩です。

問3　円覚寺は、1282年、北条時宗によって創建されました。開山は、臨済僧の無学祖元です。彼は、時宗の招きで1279年に南宋より来日しました。

(8)

解　答	解答番号
①	16

解説　②は有職故実書（有職故実は公家社会の儀礼典礼を研究する学問）、③は9代将軍足利義尚の問いに答えた正道論、④は『源氏物語』の注釈書であり、すべて一条兼良の作品。なお、①は、北村季吟（江戸時代の古典研究者・俳人）が著した『源氏物語』の注釈書です。

(9)

解　答	解答番号
③	17

解説 宣教師のザビエルは、1549年、イエズス会（インド・ゴア）への通信の中で、足利学校を「坂東の大学」と紹介しています。なお、ケンペル（1651～1716）とシーボルト（1796～1866）は、オランダ商館医師として来日したドイツ人で、シドッチ（1668～1714）はイタリア人のイエズス会宣教師でした。

⑽

解　答	解答番号
問1：③	18
問2：③	19

解　説

問1　①の大徳寺と②の龍安寺は、共に枯山水の庭園で有名な京都の寺院です。なお、3代将軍足利義満が営んだ京都北山殿（山荘）の舎利殿は、義満の死後、その法号鹿苑院にちなんで鹿苑寺となりました。

問2　書院造は、室町後期に成立した武家住宅の建築様式。書院・広間・対面所を中心に構成され、現代の日本住宅の基本となりました。なお、①の寝殿造は、平安時代の貴族住宅の様式であり、②の数寄屋造は、桂離宮や修学院離宮に代表される茶室風建築のことです。また、徳川家康（東照大権現）をまつった日光東照宮にちなんだ④の権現造は、本殿と拝殿を石の間でつなぐ霊廟建築様式の一つです。

⑾

解　答	解答番号
問1：②	20
問2：①	21
問3：④	22

解　説

問1　織田信長、豊臣秀吉、徳川家康の三英傑を輩出した愛知県には、桶狭間や長篠など、その地名が歴史上の重要な戦いの舞台となっているところがあります。織田信長は、桶狭間の戦いで今川義元に勝利したことで、その名が一躍知れ渡るようになりました。

問2　長篠の戦いの舞台となった場所は、現在、長篠・設楽原決戦場跡として、整備されています。騎馬隊を擁する、武田軍の攻撃をかわすためにつくられた馬防柵が再現されていて、当時の様子を思い描くことができます。

問3　「名古屋城」は、1610年、徳川家康の命により築城が開始され、初代藩主は家康の子義直。築城には豊臣方の大名が動員され、天守の石垣の普請を行ったのは加藤清正でした。絢爛豪華なつくりで、城郭として旧国宝第1号に指定されましたが1945年の空襲により焼失。残っていた史料をもとに2018年「本丸御殿」が復元されています。その襖や天井板絵などの障壁画は、狩野派の絵師によるものです。

(12)

解　答	解答番号
問1：④	23
問2：②	24
問3：④	25

解　説

問1　濃絵は、金箔地に群青・緑青などを厚く塗った装飾画。写真はその代表的作品である「唐獅子図屏風」。②の錦絵は、多色摺の浮世絵版画。③の似絵は、鎌倉時代に発展した大和絵の肖像画。なお、中国的主題を描いた唐絵に対し、日本的風物を主題にした絵画を大和絵といいます。

問2　狩野正信・元信の父子は、室町時代の東山文化期に狩野派の画風を確立しました。狩野山楽は、画才を認められ、秀吉の小姓から永徳の門弟となりました。京都の山楽一門は「京狩野派」と称されます。

問3　海北友松は、近江浅井家の重臣の家に生まれた桃山文化期の画家。武人らしい気迫があふれる画風を生み出しました。なお、土佐派の地位を確立した土佐光信と日本の水墨山水画を完成させた雪舟は、東山文化を代表する画家であり、如拙は北山文化期に活躍した水墨画家です。

(13)

解　答	解答番号
問1：③	26
問2：④	27
問3：①	28

解　説

問1　寛永期の文化は、寛永年間（1624 ～ 44）を中心とする江戸初期の文化。貴族的・古典的な美の追究を特色とします。

問2　鈴木春信は、18 世紀後半、錦絵（浮世絵の色刷版画）を創始した人物。巨勢金岡は、大和絵の祖と称された国風文化期の絵師。司馬江漢は、1783 年、蘭書を参照して日本最初の銅版画を作成しました。

問3　建仁寺は、日本臨済宗の開祖である栄西が、源頼家の援助で 1202 年に創建。京都五山第三位の寺院です。

(14)

解　答	解答番号
②	29

解 説　②の彰考館以外は、江戸時代、諸藩が藩士の子弟教育のために設立した藩校（藩学）です。時習館・興譲館・明徳館は、それぞれ熊本藩・米沢藩・秋田藩の藩校です。

⒂

解答	解答番号
問１：④	30
問２：④	31
問３：②	32

解説

問１　①の青木昆陽（こんよう）は、将軍徳川吉宗の命で蘭学を学び、甘藷（かんしょ）の栽培を進めました。②の稲村三伯は、最初の蘭日対訳辞書『ハルマ和解』の訳出で有名。また、③の宇田川玄随は、日本最初のオランダ医学の内科書『西説内科撰要』を翻訳刊行しました。

問２　④の避雷針は、アメリカの科学者フランクリン（1706～90）によって考案されました。なお、フランクリンはアメリカ独立革命の指導者の一人で、政治家・外交官としても活躍した人物です。

問３　『蘭学事始』は、『解体新書』翻訳の苦心談を中心とした杉田玄白の回想録です。①の前野良沢は、杉田玄白らとともに、翻訳解剖書『解体新書』を訳述しました。③の山脇東洋は、日本最初の解剖図録『蔵志』を著述。④の大槻玄沢は、蘭学入門書の『蘭学階梯』を著し、蘭学塾の芝蘭堂を開いたことで知られます。

⒃

解答	解答番号
問１：①	33
問２：④	34

解説

問１　②は高山樗牛（ちょぎゅう）、③は岡倉天心、④は小林秀雄の著作です。

問２　夏目漱石は松山中学での体験をもとに、『坊っちゃん』を著しました。

⒄

解答	解答番号
問１：②	35
問２：④	36

解説

問１　明治政府は経済発展と軍隊強化をめざした富国強兵政策を実行しました。1872年に公布された法令は学制であり、小学校から大学までの学校制度が定められました。

問２　日本で最古の小学校である旧開智学校は、長野県松本市にあります。

一般常識

1

解　答	解答番号
(1)：②	1
(2)：②	2
(3)：①	3

解　説

(1)　2019（令和元）年の訪日外国人旅行者数は3,188万人で、前年2018年より2.2%増加し、過去最多となりました。アジア圏からの訪日外国人旅行者数が多く、なかでも中国からは959万人で全体の約30%を占めています。年々増加傾向にあった訪日外国人旅行者数ですが、2020（令和２）年初めからの新型コロナウイルス感染症の世界的流行の影響により、2020（令和２）年は412万人、2021（令和３）年は25万人になりました。

(2)　最も多かったのは中国で36.8%を占めています。次いで台湾、韓国、香港、アメリカとなっています。

(3)　2019年、日本におけるクルーズ船の寄港回数が一番多かったのは那覇港で、260回でした。2015年から2018年まで４年連続で１位だった博多港は、2位となりました。沖縄ではクルーズ船の誘致にも積極的に取り組んでいて、５位に石垣港、６位に平良港と、10位までに３港がランクインしています。なお、2020年３月以降、日本は国際クルーズの受入を停止していましたが、2022年11月より再開しました。

2

解　答　③　　**解答番号**　4

解　説　国際会議におけるオンライン会議は、47%と半数近くを占めています。今後は対面会議も増えていく見込みです。

3

解　答	解答番号
(1)：①	5
(2)：②	6

解　説

(1)「縄文のビーナス」の通称で知られる土偶は、長野県茅野市の棚畑遺跡から出土しました。この土偶は、ハート形の顔に吊り上がっている目、妊娠した女性の姿を思わせる形が特徴的です。国宝の土偶は、北海道函館市からは通称「中空土偶」、青森県八戸市からは通称「合掌土偶」が出土しています。

(2) 琉球列島は、約1,200万年前～約200万年前ごろ、地殻変動によって大陸から分離して誕生しました。現在、奄美大島と徳之島のみに生息しているアマミノクロウサギは、このときに島に取り残された種が祖先です。巨大なシダ植物などが生い茂る「金作原原生林」は、奄美大島に位置しています。

4

解答 ② **解答番号** 7

解説 木造彫刻修理は、仏像・神像・能面などの木造の彫刻作品の修理を対象としています。無形文化遺産に登録されたのは、木造建造物に対して用いられる伝統技術です。

5

解答 ③ **解答番号** 8

解説 人間が人間らしく生きる権利のことで、生存権といいます。基本的人権の一つである社会権に含まれます。憲法に規定されたのは、1919年のワイマール憲法（ドイツ）が最初です。

6

解答	解答番号
(1)：②	9
(2)：④	10

解説

(1) 世阿弥は、静かで深い趣のある「幽玄」の美を確立しました。また、父・観阿弥の教えをもとに『風姿花伝』（通称「花伝書」）や『花鏡』などの歌論書も著しています。

(2) 能の主役をシテ、脇役をワキといいます。シテは面をつけますが、ワキは面をつけません。アドは狂言における脇役のことです。

7

解答 ② **解答番号** 11

解説 日常生活や冠婚葬祭など、一般の人々の暮らしのなかで使われているものが、伝統的工芸品として指定される要件の一つです。

8

解答 ② **解答番号** 12

解説 2021年に北海道で開催されましたが、エクスカーション（ATツアー視察）が実施できなかったことから、2023年に改めて対面でのATWSを北海道で開催することが決まっています。

9

解答　①　**解答番号**　13

解説　1900年、岐阜県八百津町で誕生、その後は父親の仕事の関係で三重県や愛知県名古屋市で生活しました。晩年は神奈川県鎌倉市で過ごし、その地で生涯を終えています。

10

解答　①　**解答番号**　14

解説　②『影武者』の監督は黒澤明、③『うなぎ』の監督は今村昌平、④『万引き家族』の監督は是枝裕和です。

11

解答　②　**解答番号**　15

解説　バリアフリー化は、鉄道の駅だけにとどまらず、タクシーやバス、宿泊施設、観光施設、国宝・重要文化財等の建築物に至るまで、あらゆるところで進められています。

12

解答　①　**解答番号**　16

解説　旅券（パスポート）の電子申請の実施や、査証欄の増補の廃止などがあります。

13

解答　③　**解答番号**　17

解説　西九州新幹線の開業により、博多～長崎間の所要時間が約30分短縮されました。新幹線の列車名は「かもめ」です。

14

解答　②　**解答番号**　18

解説　2023年に開催されるラグビーワールドカップは、フランスのボルドー、リール、リオン、マルセイユ、ナント、ニース、サン＝テティエンヌ、サン＝デニ、トゥールーズの9都市で開催されます。

15

解答　②　**解答番号**　19

解説　訪日外国人旅行者のニーズにも対応できるように、キャッシュレス化が進められています。

16

解答　④　**解答番号**　20

解説　BIE(博覧会国際事務局)は1928年に発足し、現在169か国が加盟しています。

通訳案内の実務

問1

解　答　③　　**解答番号**　1

解　説　「全国通訳案内士は、報酬を得て、通訳案内（外国人に付き添い、外国語を用いて、旅行に関する案内をすることをいう。）を行うことを業とする。」と法に定められています。

問2

解　答　③　　**解答番号**　2

解　説　有資格者であるとの誤認を避けるため、類似する名称は使用してはなりません。①について、全国通訳案内士又は地域通訳案内士の資格を有さない者であっても、有償で通訳案内を行うことができるようになりました。②について、停止が命ぜられた期間に名称を使用した場合、30万円以下の罰金が科されます。④について、業務独占規制が廃止されましたが、名称独占規制は存続しています。

問3

解　答　④　　**解答番号**　3

解　説　①～③については、法による禁止行為にあたります。

問4

解　答　③　　**解答番号**　4

解　説　aとdは記述の通りです。bの旅行サービス手配業務とは、旅行業者（外国の旅行会社を含む）の依頼を受けて、運送等サービス又は運送等関連サービスの手配を行う行為をいいます。cの旅程管理主任者は、旅行業法で定められた一定の実務経験を有することが必要です。

問5

解　答　②　　**解答番号**　5

解　説　旅行業法では、「旅行業者等は、訪日外国人旅行者等と企画旅行契約等を締結する場合、遅滞なく、旅行者に旅行内容の詳細を説明した契約書面を交付する必要がある。その書面には、旅行者が旅行業者等に支払うべき対価に関する事項、旅行業務取扱管理者の氏名、全国通訳案内士もしくは地域通訳案内士の同行の有無等を記載しなければならない。」と定められています。

問6

解　答　②　**解答番号**　6

解　説　第2種旅行業は海外の募集型企画旅行だけが業務範囲外になります。

問7

解　答　③　**解答番号**　7

解　説　③の代金の返金は基本的にはツアー担当者が実施しますが、その手続きは添乗員が行います。全国通訳案内士が添乗員であれば、その全国通訳案内士が行います。①の歩くのが遅い人は、前から2～3番目に歩くように誘導すると良いでしょう。②は、連れの人ではなく、全国通訳案内士が探しに行くようにします。④は、すぐに警察へ届けるのではなく、まずは情報を整理し、紛失した場所が宿泊施設であればフロントへ届け、その後、状況によって警察へ届けを出すことが最適です。

問8

解　答　②　**解答番号**　8

解　説　①はSIT(Special Interest Tour)、②はTV(Technical Visit)、③はMICE(Meeting, Incentive, Convention, Event)、④はFIT（Foreign Independent Tour）という。

問9

解　答　③　**解答番号**　9

解　説　①について、保護期間を経て著作権が消滅した著作物は、誰でも利用可能になります。②について、憲法やその他の法令、裁判所の判決等は著作物であるが、著作権はないので著作権保護の対象にはなりません。④について、私的使用や学校等の教育機関における複製等が例外的に認められています。

問10

解　答　②　**解答番号**　10

解　説　①について、一般旅客自動車運送事業を営む者は、国土交通大臣の許可が必要です。③について、連続運転時間は4時間が限度で、運転開始後4時間以内か、4時間経過直後に運転を中断して休憩等を確保しなければなりません。④について、運送費の名目で金銭等をもらっていなくても、有償の通訳案内業務の対価と一体のものとみなされるので、実態としては有償と判断され違法行為にあたります。

問11

解　答　①　**解答番号**　11

解　説　商品・サービスの「品質、規格、その他の内容」について実物や他社のものより著しく優良であると誤認される表示が優良誤認にあたります。「価格やその他の取引条件」等について、著しく有利であると誤認される表示が、有利誤認に該当します。

問12

解答 ④　**解答番号** 12

解説 1日5回、決められた時間までにサウジアラビアのメッカにあるカアバ神殿の方角に向かって礼拝をします。①はユダヤ教の聖典に書かれていることです。②は約18.5億人でアジアに多いので誤りです。③は、旅行中や乳児や幼児、体調が優れない者は断食をしなくてもよいので誤りです。

問13

解答 ①　**解答番号** 13

解説 ①bのブイヨンには豚の肉や骨が使われているため、注意が必要です。

問14

解答 ④　**解答番号** 14

解説 ユダヤ教では「豚」「血液」「宗教上の適切な処理が施されていない肉」「乳製品と肉料理の組合せ」などは禁忌とされており、特に注意が必要です。①はイスラム教の思想です。②のジャイナ教はインドに信者が多いです。③のヒンドゥー教では、不浄は血液や唾液で感染すると考えられているため、自分の皿のものを他人に取り分けることなどはしません。

問15

解答 ④　**解答番号** 15

解説 ①はあわび、いか、いくら、オレンジ、キウイフルーツ、牛肉、くるみ、さけ、さば、大豆、鶏肉、バナナ、豚肉、まつたけ、もも、やまいも、りんご、ゼラチン、ごま、カシューナッツの20品目です。②はそば、落花生（ピーナッツ）、③は落花生（ピーナッツ）によるアレルギーです。

問16

解答 ④　**解答番号** 16

解説 ①の治療代については、安易に会社での負担を約束しないよう気をつけなければなりません。②は、第一にする行動としては不適切であり、病人を病院へ搬送する手続きが先です。③は軽傷であっても、旅行会社に責任がある場合や、旅行会社に問い合わせがされる可能性がある場合には、前もって旅行会社に連絡を入れておく必要があります。

問17

解答 ②　**解答番号** 17

解説 bは、胸骨圧迫30回、人工呼吸2回の組み合わせが正しいです。dは、多量出血で30分放置されると50%の確率で死亡するとされます。